SPHINX NEUE DIMENSIONEN

Robert Anton Wilson

DER NEUE PROMETHEUS

Die Evolution unserer Intelligenz

SPHINX VERLAG BASEL

Aus dem Amerikanischen
von Pociao

CIP-Kurztitelaufnahme der Deutschen Bibliothek

Wilson, Robert Anton:
Der neue Prometheus: d. Evolution unserer Intelligenz
Robert Anton Wilson. [Aus d. Amerikan. von Pociao]
Basel: Sphinx-Verlag, 1985.
(Neue Dimensionen)
Einheitssacht.: Prometheus rising ⟨dt.⟩
ISBN 3-85914-220-8

1985

Originaltitel: Prometheus Rising
Erschienen bei Falcon Press, Phoenix, Arizona
Umschlag: Thomas Bertschi
Typographie: Stefan Sessler
Satz: Uhl + Massopust GmbH, Aalen
Herstellung: Fuldaer Verlagsanstalt
Printed in Germany
ISBN 3-85914-220-8

INHALT

Vorwort *Seite 9*
Einleitung *Seite 11*
Kapitel 1 Der Denker und der Beweisführer *Seite 19*
Kapitel 2 Hardware und Software: Das Gehirn und seine Programme *Seite 27*
Kapitel 3 Der orale Bio-Überlebensschaltkreis *Seite 39*
Kapitel 4 Der anal-emotional-territoriale Schaltkreis *Seite 55*
Kapitel 5 Dickens und Joyce: Die oral-anale Dialektik *Seite 77*
Kapitel 6 Der zeit-bindende semantische Schaltkreis *Seite 85*
Kapitel 7 Die zeit-bindende Dialektik: Beschleunigung und Verlangsamung *Seite 99*
Kapitel 8 Der «moralische» sozio-sexuelle Schaltkreis *Seite 117*
Kapitel 9 Geistwäsche und Gehirnprogrammierung *Seite 145*

Kapitel 10 Wie man Freunden eine Gehirnwäsche verpasst
und Leute zu Robotern macht *Seite 159*
Kapitel 11 Der ganzheitliche
neurosomatische Schaltkreis *Seite 177*
Kapitel 12 Der kollektive neurogenetische Schaltkreis *Seite 199*
Kapitel 13 Der Relativitätsfaktor *Seite 209*
Kapitel 14 Der metaprogrammierende Schaltkreis *Seite 219*
Kapitel 15 Umrisse und Wirnisse *Seite 231*
Kapitel 16 Das Snafu-Prinzip *Seite 245*
Kapitel 17 Quanten-Evolution *Seite 259*
Kapitel 18 Der nicht-örtliche Quanten-Schaltkreis *Seite 273*
Kapitel 19 Der Neue Prometheus *Seite 281*
Anhang *Seite 293*

Kurt Smith
Timothy Leary
und
G. I. Gurdjieff
gewidmet
dove sta memora

VORWORT

Das ursprüngliche Modell der acht Schaltkreise des Bewusstseins stammt von Timothy Leary, dessen Briefe und Gedanken auch viele andere Ideen in diesem Buch beeinflusst haben. Ich danke Dr. O. R. Bontrager, der mich in die allgemeine Semantik und Kommunikationswissenschaft einführte, R. Buckminster Fuller für seine soziologischen und technologischen Perspektiven aktueller Problemstellungen, sowie Barbara Hubbard, Alan Harrington, F. M. Esfandiary, Dr. Paul Watzlawik, Dr. Eric Berne, Dr. Paul Segall, Dr. Israel Regardie, Alvin Toffler, Phil Laut, Dr. Sigmund Freud, Dr. C. G. Jung, Alan Watts, Alfred Korzybski und Aleister Crowley. Die Mitglieder der Physics/Consciousness Research Group (Dr. Jack Sarfatti, Dr. Nick Herbert und Saul Paul Sirag) haben mehr zu diesem Buch beigetragen, als meine Abstecher in die Quantentheorie ahnen lassen, – sie machten mir erst klar, was es mit der Epistomologie auf sich hat.

Keine der oben genannten Personen ist jedoch für meine Fehler oder Übertreibungen verantwortlich zu machen.

EINLEITUNG

Die Fähigkeit, verschiedene Standpunkte wissenschaftlicher, sozialer oder philosophischer Natur miteinander zu verbinden, ist eine seltene Gabe. Nur wenige Schriftsteller von Rang würden sich an eine solche Aufgabe wagen.

Stellen Sie sich einen Autor vor, der versuchte, einen Sinn in einer Mischung aus Timothy Learys acht Schaltkreisen des Gehirns, Gurdjieffs Selbstbeobachtungs-Übungen, Korzybskis allgemeiner Semantik, Aleister Crowleys magischen Theoremen, verschiedenen Yoga-Disziplinen, christlicher Wissenschaft, der Relativitätstheorie und der modernen Quantenmechanik und vielen anderen Möglichkeiten, die Welt um uns herum zu verstehen, zu entdecken! Eine solche Aufgabe würde einen Mann oder eine Frau mit einer geradezu enzyklopädischen Bildung, einem unglaublich flexiblen Geist, einer Intelligenz, die sich mit den Einsichten, die er oder sie zu verbinden sucht, messen kann, und, *mirabile dictu,* einem wunderbaren Sinn für Humor erfordern.

Schon seit vielen Jahren, seit ich Robert Anton Wilson zum ersten Mal las, haben mich sein allgegenwärtiger Humor und der Umfang seiner intellektuellen Interessen immer wieder aufs neue beeindruckt. Einmal war ich sogar vermessen genug, ihn in einem Brief darauf aufmerksam zu machen, dass dieser sprudelnde Sinn für Humor viel zu kostbar wäre, um an den Pöbel verschwendet zu werden, der ihn im allgemeinen sowieso nicht verstehen und vielleicht sogar übelnehmen würde. Doch kristallisierte sich diese heitere Leichtigkeit in den späteren Büchern, *Cosmic Trigger,* und dann in der Trilogie *Schrödingers Katze,* immer deutlicher heraus. Manchmal musste man sich fragen, ob dieses aussergewöhnlich grosse Interesse an der Erforschung der Welt nicht den Horizont des Normalverbrauchers überstieg und ihn nur verwirrte. Nichtsdestotrotz sind der Humor und die übrigen Qualitäten dieses brillanten und ehrgeizigen Werkes *Der Neue Prometheus* nicht zu übersehen.

Auch wenn Sie schon einige der Konzepte, die Wilson in diesem Buch durchspielt, kennen sollten, so sind doch seine Darstellungen auch der simpelsten und grundlegendsten Phänomene immer wieder eine Erleuchtung. Ich meine damit besonders seine «Prägungs»-Theorie, auf die er hier ausführlich eingeht, doch liesse sich das Gleiche auch von seinen Hinweisen auf und Interpretationen von Learys acht neurologischen Schaltkreisen sagen. Er führt sie uns noch einmal so vor Augen, als hätten wir nie zuvor von ihnen gehört.

Darüber hinaus gefällt mir vor allem die subtile und fast unmerkliche Verwendung mystischer Dogmen, die sich durch all seine Werke zieht. Nehmen wir beispielsweise den Anfang des sechsten Kapitels, das mit einem bedeutungsvollen Zitat William S. Burroughs' eingeleitet wird. Wilson erwähnt keine einzige der zu diesem Dreiergesetz, wie man es nennen könnte, gehörigen Lehren, und das ist auch gar nicht nötig. Eine Doktrin, die aus einer mittelalterlichen mystischen Schule hervorging, stellt die These auf, dass es immer zwei widerstreitende Kräfte gibt – der Einfachheit halber hier «Strenge» und «Milde» genannt –, die von einer dritten miteinander versöhnt werden. Sie prägt diese Doktrin, die im Lauf der Jahrhunderte in immer neuen Variationen formuliert wurde und schliesslich in der Idee Burroughs' und natürlich Wilsons Verwendung ihren Höhepunkt fand.

Und so sind jede Menge ähnlicher Weisheiten über das ganze

Buch verstreut und verbreiten ihre inspirierende Wirkung, wo immer und wann immer dieses Buch auch gelesen wird. Darin besteht übrigens auch eine seiner guten Eigenschaften: es wird all jene, die es lesen, auf irgendeine Art und Weise kennzeichnen, auch die eher prosaisch veranlagten Gemüter. Seine Weisheit wird auch bei denen Fuss fassen und zur Blüte kommen, bei denen man es am wenigsten erwarten würde. Beispielsweise die Anhänger des Tarot: hier finden sie die ungewöhnlichsten und erstaunlichsten Interpretationen ihrer Lieblingskarten mitten in der Erläuterung der ersten vier neuralen Schaltkreise. Ich selbst erlebte dieses Buch wie eine Erleuchtung, weil es neue Perspektiven bietet, die ich in meine eigene Ansicht von der Welt integrieren musste.

Der einzige Bereich, bei dem ich ihm, wenn auch zögernd, widersprechen will, ist der, wo es um seine Utopie geht, die er beredt als «Geburtswehen eines kosmischen Prometheus» darstellt, «der aus dem langen Alptraum der domestizierten Primatengeschichte» erwacht. Die Geschichte der Menschheit ist auch die Geschichte der Utopien. Immer wieder wurde eine neue Version verkündet, voller Enthusiasmus und Überzeugung, die sich auf sämtliche Tatsachen der Wissenschaft und des Glaubens stützte, die in diesem Moment von Raum und Zeit bekannt waren und die Phantasie beflügelten. Ein Jahrzehnt oder auch vielleicht ein Jahrhundert vergingen – und die Phantasie war verblüht. Zusammen mit all denen früherer Primaten ist auch diese Utopie im Meer des Vergessens untergegangen. Trotzdem hoffe ich von ganzem Herzen, dass Wilson in diesem Fall recht behält.

Ich bin mir durchaus darüber im klaren, dass Wilsons Utopie, die sich auf die hervorragendsten Wissenschaftler und Philosophen unserer Zeit stützt, eine vage Möglichkeit für irgendwann in der Zukunft ist, aber dass sie schon innerhalb des nächsten Jahrzehnts wahr werden sollte, erscheint mir ziemlich unwahrscheinlich. Das trifft natürlich nur dann zu, wenn man vom gegenwärtigen Erleuchtungszustand der Welt, beziehungsweise seinem Nicht-Erleuchtetsein ausgeht. Ausserdem würde diese Entwicklung ein «Wunder» voraussetzen, das bei sehr vielen lebenden Primaten zugleich passieren müsste, unabhängig davon, welche semantischen Theorien in der Bedeutung des Wortes «zugleich» mitschwingen mögen.

Doch ist dies vor dem Hintergrund der kreativen Ausstrahlung dieses Buches ein ziemlich unwesentlicher Punkt.

In einem seiner früheren Bücher spricht Wilson von Dr. John

S. Bell, «der 1964 einen Beweis publizierte, von dem sich die Physiker bis heute nicht erholt haben. Anscheinend hatte Bell bewiesen, dass die Quanteneffekte in Bohms Sinne ‹nicht-örtlich› sind, d. h., sie sind nicht hier oder da, sondern beides zugleich. Dies hat anscheinend zu bedeuten, dass die Dimensionen Raum und Zeit nur für unsere säugetierischen Sinnesorgane real sind, nicht aber *wirklich*.»

Ich musste dabei sofort an das Hindu-Konzept von Indras Netz denken. Darunter verstanden die Hindus ein riesiges Netz, das sich durch das gesamte Universum erstreckt. Vertikal repräsentiert es die Zeit und horizontal den Raum. Dort, wo die Fäden von Indras Netz sich kreuzen, funkelt ein Edelstein oder ein Kristall, Symbol für eine bestimmte Existenz. Jeder Kristall spiegelt auf seiner schimmernden Oberfläche nicht nur jeden anderen Edelstein im ganzen Netz, sondern auch alle Reflektionen der anderen Reflektionen auf den unzähligen Kristallen, ist also ein unendlicher Spiegel. Wie bei der Kerze, die in der Mitte eines grossen Saales steht. An allen Wänden ringsum hängen Dutzende von Spiegeln, und wenn man die Kerze anzündet, sieht man ihr Spiegelbild nicht nur in jedem einzelnen Spiegel, sondern auch noch die Reflektionen der Reflektionen in allen anderen Spiegeln.

Zu den guten Eigenschaften des *Neuen Prometheus* gehört auch Wilsons Überzeugung von einem neuen philosophischen Paradigma, das auf Learys neurologischen Schaltkreisen basiert. Dies ist auch seine Antwort auf die von mir vorgebrachte Kritik an seiner utopischen Welt. Mag sein, dass es länger dauert als zehn Jahre, bis wir wissen, ob Wilson recht hatte oder nicht, das ist ja gar nicht so wichtig. Es ist wohl einsichtig, dass bedeutende intellektuelle Entwicklungen dank der Inspiration vieler moderner Denker nicht nur aus dem langsamen und mühevollen Erarbeiten kleiner Entdeckungen oder aus neuen Theorien resultieren, die wir einfach nur unserem aktuellen Arsenal von altehrwürdigen Binsenwahrheiten einverleiben, sondern sich in Quantensprüngen à la Teilhard de Chardin vollziehen, die mit phantastischer Geschwindigkeit am Horizont oder in unserem beschränkten Blickwinkel auftauchen. Solche Einsichten werden normalerweise aus einem revolutionären Überblick gewonnen, der das bisherige Denken entweder in einen intelligenten neuen Bezugsrahmen stellt oder es völlig verändert.

All dies steht mit der ebenso faszinierenden These in Zusammenhang, dass alles Lebendige im vollsten und dynamischsten Sinne auch wirklich lebendig ist. Es zuckt, sucht, strebt und pulsiert, es organisiert sich und scheint sich sogar seiner aufwärts gerichteten Bewegung bewusst zu sein. «Zuckt» scheint genau das richtige Wort zu sein, wenn man an die Myoclonismen von Wilhelm Reichs Vegetotherapie denkt. Irgendwann werden sie dem Patienten auf der Couch so zu schaffen machen, dass er glaubt, ihretwegen völlig zusammenbrechen zu müssen, und sich in tausend Stücke aufzulösen. Das stimmt aber nicht wirklich so. Es kommt einem eher so vor, als ob sich der Organismus vor einem Sprung nach vorn oder nach oben sammeln müsste, um die höhere Ordnung, von der aus er die Dinge ganz anders betrachtet als vorher, überhaupt erreichen zu können.

Der Übergang zu einer höheren Ordnung – oder das Öffnen eines neuralen Schaltkreises – ist oft von panischer Angst und heftigen Turbulenzen im Privatleben begleitet. Dieses Phänomen der Instabilität entspricht in Wirklichkeit der Art und Weise, in der alle lebenden Organismen – Gesellschaften, menschliche Primaten, chemische Lösungen usw. – sich in Myoclonismen oder ähnlichen Zuckungen schütteln, um neue Kombinationen oder Permutationen für höhere oder neue Ebenen der Entwicklung zu bilden. So hat vielleicht letztendlich die Raum/Zeit-Utopie in einem neuen Bereich von Primaten-Forschung doch einen Wert, indem sie beweist, dass je heftiger die Myoclonismen sind, um so grösser auch der Sprung zu einem höheren neurologischen Schaltkreis sein wird. Dies ist ein Grund, warum ich davon überzeugt bin, dass sich der Übergang zur nächsten Spirale keineswegs reibungslos und nicht ohne sehr viel menschliches Leiden und allgemeines Chaos vollziehen wird

All dies scheint Wilsons und Learys Theorie zu verstärken, dass das Gehirn beträchtlich komplexer ist, als man je zuvor angenommen hatte. Es scheint durchaus möglich, dass es in Dimensionen arbeitet, die so weit über unser normalerweise niedriges Schaltkreissystem hinausgeht, dass es uns Tag für Tag «einen Knochen hinwirft», nur damit wir in der Scheinwelt des alltäglichen Status Quo weiterfunktionieren können. Dabei sind wir in Wirklichkeit darauf programmiert, in einer multidimensionalen Struktur zu existieren, die viel bequemer ist als unsere enge Primatenwelt. Sie ist in der Lage, Wellen und Frequenzen aus anderen Dimensionen zu entschlüsseln, Reichen aus «Licht», aus bedeutungsvoller und uneingeschränkter Realität – die hier und jetzt sind – und die gegenwärtigen myopischen Tunnelrealitäten unserer rigiden Wahrnehmungs- und Konzeptualisierungsmöglichkeiten zu transzendieren.

Dann ist aber auch der Titel dieses Buches mehr als nur ein verkaufsfördernder Slogan. Er steht für ein Programm. Wir werden den Versuch unternehmen, mit einem Quantensprung über uns selbst hinaus in eine neue Welt hineinzuwachsen, die nur wenige von uns bisher gesehen haben. Wilson gehört zu denen, die nicht nur sich, sondern, wenn wir es zulassen, auch den Rest der Menschheit darauf vorbereiten, seinen Platz in einem neuen Zeitalter einzunehmen.

Und so will ich auch mit einer von Wilsons Einsichten schliessen: «Wir alle sind Riesen, die von Zwergen erzogen wurden und sich deshalb angewöhnt haben, stets mit einem Buckel herumzulaufen. Dieses Buch handelt davon, wie wir uns zu voller Grösse – totalem Bewusstsein – erheben können.»

Israel Regardie
Phoenix, Arizona
Juli 1983

KAPITEL 1

DER DENKER UND DER BEWEISFÜHRER

Alles was wir sind,
ist das Resultat dessen,
was wir gedacht haben.
Unsere Existenz gründet auf Gedanken.
Sie basiert auf dem,
was wir denken.

Buddha
Dhammapada

William James, der Vater der amerikanischen Psychologie, berichtet von einer Begegnung mit einer alten Dame, die davon überzeugt war, dass die Erde auf dem Rücken einer riesigen Schildkröte ruhte.

«Aber gute Frau», meinte Professor James so höflich er konnte, «was hält die Schildkröte denn aufrecht?»

«Ach», antwortete sie, «das ist doch ganz einfach. Sie sitzt nämlich auch wieder auf dem Rücken einer Schildkröte.»

«Verstehe, verstehe», murmelte der Professor, immer noch höflich. «Aber wären Sie wohl so gut, mir zu sagen, was die zweite Schildkröte aufrecht hält?»

«Geben Sie sich keine Mühe, Professor», sagte die alte Dame, die wohl merkte, dass er versuchte, sie in eine logische Falle zu locken. «Es sind Schildkröten und nochmals Schildkröten, eine auf der anderen!»

Lachen Sie nicht über diese kleine alte Dame. Jedes menschliche Gehirn funktioniert grösstenteils nach dem gleichen Prinzip. Mag sein, dass ihr Universum ein kleines bisschen ausgeflippter war als die meisten anderen, aber es basierte auf den gleichen geistigen Prinzipien wie all die anderen Universen, an die die Menschen je glaubten.

Laut Dr. Leonard Orr verhält sich das menschliche Gehirn so, als wäre es in zwei Hälften geteilt, den Denker und den Beweisführer.

Der Denker kann buchstäblich alles Mögliche denken. Die Geschichte zeigt, dass er beispielsweise denken kann, die Erde balanciere auf dem Rücken unendlich vieler übereinandergestapelter Schildkröten, oder die Erde sei hohl oder die Erde schwebe im Raum. Das glauben übrigens Millionen von Menschen, einschliesslich der Autor. Vergleichende Religionswissenschaft und Philosophie zeigen, dass der Denker sich für sterblich, unsterblich, für sterblich und unsterblich zugleich (das Reinkarnationsmodell) oder auch für nichtexistent (Buddhismus) halten kann. Er kann sich jederzeit in ein christliches, ein marxistisches, ein wissenschaftlich-realistisches oder ein nationalsozialistisches Universum hineindenken – unter vielen anderen Möglichkeiten.

Wie Psychiater und Psychologen häufig beobachten (sehr zum Verdruss ihrer Kollegen von der medizinischen Fakultät), kann der Denker sich krank, aber auch selber wieder gesund denken.

Beim Beweisführer handelt es sich um einen sehr viel einfacheren Mechanismus. Er funktioniert einzig und allein nach folgendem Gesetz: was immer der Denker denkt, wird der Beweisführer beweisen.

Um auf ein berüchtigtes Beispiel zurückzukommen, das zu Anfang unseres Jahrhunderts unvorstellbares Grauen provozierte: wenn der Denker denkt, dass alle Juden reich sind, wird der Beweisführer das beweisen. Er wird sogar Indizien dafür finden, dass auch der ärmste Jude im heruntergekommensten Ghetto noch irgendwo irgendwelche Schätze versteckt hat.

Wenn der Denker denkt, dass sich die Sonne um die Erde dreht, wird der Beweisführer geflissentlich sämtliche Sinneseindrücke so filtern, dass sie in dieses Gedankengebäude hineinpassen; wenn der Denker jedoch seine Meinung ändert und entscheidet, dass sich die Erde um die Sonne dreht, wird der Beweisführer wiederum sämtliche Indizien umorganisieren.

Wenn der Denker glaubt, dass das «Heilige Wasser» von Lourdes seinen Hexenschuss kurieren kann, wird der Beweisführer alle Signale von Drüsen, Muskeln und Organen so aufeinander abstimmen, dass sie wie von selbst genesen.

Natürlich ist es ein Leichtes, zu beobachten, dass die Gehirne anderer Leute auf diese Art und Weise funktionieren, aber verhältnismässig schwierig, sich darüber klar zu werden, dass es mit dem eigenen Gehirn nicht viel anders ist.

So glaubt man beispielsweise, dass es Menschen gibt, die *objektiver* sind als andere (von Frauen wird das übrigens nur ganz selten behauptet) . . . Geschäftsleute sind angeblich knallhart, pragmatisch und in diesem Sinne *objektiv*. Doch eine kurze Überprüfung der ausgeflippten Geschäftspraktiken, die die meisten dieser Geschäftsleute an den Tag legen, wird diesen Eindruck schnell korrigieren.

Wissenschaftler gelten heute noch als objektiv. Dabei wird nicht eine Biographie grosser Wissenschaftler dies bestätigen. Sie waren genauso leidenschaftlich und von daher mit Vorurteilen ausgestattet wie jede x-beliebige Versammlung von grossen Malern oder Musikern. Es war ja nicht nur die Kirche, es waren auch die etablierten Astronomen seiner Zeit, die Galileo verdammten. Und 1905 lehnte die Mehrheit der Physiker Einsteins spezielle Relativität ab. Einstein selbst weigerte sich bis 1920, auch nur Teile seiner Quantentheorie zu akzeptieren, ganz gleich, wie viele Experimente auch seine Entdekkung erhärten mochten. Edisons Leidenschaft für elektrische Gleichstrom-Dynamos brachte ihn so weit, dass er allen Ernstes darauf bestand, Wechselstrom-Dynamos für gefährlich zu halten, und das noch Jahre, nachdem ihre Sicherheit längst allgemein anerkannt war. Edisons Starrköpfigkeit in dieser Angelegenheit war teilweise das Resultat seiner Eifersucht auf Nikola Tesla, den Erfinder der Wechselstrom-Dynamos. Tesla wiederum weigerte sich, den Nobelpreis in Empfang zu nehmen, der ihm und Edison *gemeinsam* verliehen worden war, weil er nicht mit Edison zusammen auf der Bühne stehen wollte. So waren auch diese beiden Genies zu «Objektivität» nur unter bestimmten, eingeschränkten Laborbedingungen in der Lage. Wenn Sie glauben, Sie hätten einen höheren «Objektivitätsquotienten» als diese beiden – wieso sind Sie dann noch nicht für den Nobelpreis vorgeschlagen worden?

Die Wissenschaft erreicht die Objektivität, oder kommt ihr zumindest nahe, nicht weil der individuelle Wissenschaftler immun gegen die psychologischen Gesetze wäre, die den Rest der Menschheit regieren, sondern weil sich die wissenschaftliche Methode – eine Gruppenschöpfung – auf lange Sicht und letztendlich über alle individuellen Vorurteile hinwegsetzt.

Nehmen wir ein berühmtes Beispiel aus den sechziger Jahren. Da gab es einen bestimmten Zeiptunkt, zu dem drei Forschungsprojekte «bewiesen» hatten, daß LSD die Chromosomen schädigt, während drei andere Forschungsprojekte zu dem Schluss gekommen waren, dass LSD überhaupt keinen Effekt auf die Chromosomen hat. In beiden Fällen hatte jedoch der Beweisführer bewiesen, was der Denker gedacht hatte.

In der Physik laufen momentan vier Experimente, die ein sehr umstrittenes Konzept, das unter der Bezeichnung Bells Theorem bekannt ist, erhärten sollen und zwei weitere, die es widerlegen. Im Bereich der aussersinnlichen Wahrnehmung hat sich seit mehr als einem Jahrhundert nichts Wesentliches verändert: jeder, der sich vornimmt zu beweisen, dass es ASW gibt, hat Erfolg und jeder, der das Gegenteil beweisen will, hat ebenfalls Erfolg.

Die «Wahrheit» oder doch eine relative Wahrheit kommt erst nach Jahrzehnten von Experimenten mit Tausenden von Gruppierungen auf der ganzen Welt ans Licht.

Auf lange Sicht kommen wir hoffentlich im Lauf der Jahrhunderte der Wahrheit immer näher.

Auf kurze Sicht gilt immer noch Orrs Gesetz:

Was immer der Denker denkt, wird der Beweisführer beweisen.

Wenn Sie, lieber Leser, Wissenschaftler sein sollten – regen Sie sich nicht auf. Das bezieht sich nicht auf Sie, sondern nur auf die umnachteten Schwachköpfe aus dem anderen Lager, die einfach nicht einsehen wollen, dass Ihre Theorie die einzig wahre ist. Ist doch klar.

Und wenn der Denker leidenschaftlich genug denkt, wird der Beweisführer den Gedanken so schlüssig beweisen, dass man dem betreffenden Individuum seinen Glauben nie im Leben ausreden kann, selbst wenn es etwas so Bemerkenswertes ist wie die Idee, dass es ein gasförmiges Wirbeltier von astronomischen Ausmassen geben muss («Gott»), das von Ewigkeit zu Ewigkeit nichts Besseres zu tun hat, als denjenigen, die nicht an seine Religion glauben, die Hölle heiss zu machen.

So traurig es ist, aber Sie werden nie etwas wirklich verstehen, wenn Sie einfach nur ein Buch lesen. Deshalb gehören zu jeder wissenschaftlichen Ausbildung auch Experimente im Labor und deshalb verlangt jede bewusstseinsbefreiende Bewegung praktische Übungen in Yoga, Meditation, Konfrontationstechniken usw., mit denen die verschiedenen Ideen im Labor Ihres Nervensystems getestet werden können.

Folglich wird der Leser dieses Buch auch auf keinen Fall verstehen, wenn er auf die am Ende jedes Kapitels empfohlenen Übungen verzichtet.

Zur Erforschung Ihres Denkers, bzw. Beweisführers versuchen Sie folgendes:

1. Denken Sie so intensiv wie möglich an ein normales 10-Pfennig-Stück und stellen Sie sich vor, Sie würden eine solche Münze auf der Strasse finden. Jedesmal, wenn Sie spazierengehen, suchen Sie auf der Strasse nach ihr und versuchen Sie auch weiter, ihr Bild stets vor Augen zu haben. Warten Sie ab, wie lange Sie brauchen, um ein solches 10-Pfennig-Stück zu finden.

2. Erklären Sie das oben beschriebene Experiment mit der Hypothese der «selektiven» Wahrnehmung, d. h. *glauben* Sie, dass die Strassen voll sind von verlorengegangenen 10-Pfennig-Stücken und dass Sie garantiert eines finden, wenn Sie nur die Augen offen halten. Suchen Sie jetzt nach einem zweiten 10-Pfennig-Stück.

3. Erklären Sie das Experiment anschliessend mit der «mystischen» Hypothese, dass das Gehirn alles beeinflusst. *Glauben* Sie, dass Sie selbst das 10-Pfennig-Stück in diesem Universum manifestiert haben. Suchen Sie nach einem zweiten 10-Pfennig-Stück.

4. Vergleichen Sie die Zeit, die Sie benötigen, um das zweite 10-Pfennig-Stück mit Hilfe der ersten Hypothese (selektive Wahrnehmung) zu finden, mit der, die Sie brauchen, wenn Sie von der zweiten Hypothese (Gehirn über Materie) ausgehen.

5. Strengen Sie Ihr Köpfchen an und erfinden Sie ähnliche Experimente. Vergleichen Sie jedes Mal die beiden Theorien, also «selektive Wahrnehmung» (= Zufall) im Gegensatz zu «Kontrolle des Gehirns» (= Psychokinese).

6. Vermeiden Sie es, irgendwelche voreiligen Schlüsse zu ziehen. Nach einem Monat lesen Sie dieses Kapitel noch einmal, denken Sie von neuem darüber nach, verzichten aber auch weiterhin auf jede

dogmatische Folgerung. *Glauben Sie, dass es möglich ist, nicht alles wissen zu können und vielleicht noch etwas dazulernen zu müssen.*

7. Wenn Sie nicht sowieso schon davon überzeugt sind, dann versuchen Sie einmal sich einzureden, dass Sie unattraktiv, hässlich und langweilig sind. Gehen Sie mit dieser Einstellung auf eine Party und beobachten Sie, wie die Leute Sie behandeln.

8. Wenn Sie nicht sowieso schon davon überzeugt sind, dann versuchen Sie einmal sich einzureden, dass Sie hübsch, witzig und unwiderstehlich sind. Gehen Sie mit dieser Einstellung auf eine Party und beobachten Sie, wie die Leute Sie behandeln.

9. Jetzt kommt die schwierigste Übung, sie besteht aus zwei Teilen. *Erstens,* beobachten Sie aufmerksam, aber unbeteiligt, zwei gute Freunde und zwei relativ Fremde. Versuchen Sie, dahinter zu kommen, was ihre Denker denken und wie ihre Beweisführer sich methodisch daran machen, dies zu beweisen. *Zweitens,* wenden Sie dieselbe Übung auf sich selber an.

Wenn Sie der Meinung sind, die Lektionen dieser praktischen Übungen in weniger als sechs Monaten gelernt zu haben, haben Sie irgendwas falsch gemacht. Ansonsten sollten Sie nach sechs Monaten gerade anfangen zu begreifen, wie wenig Sie über irgendwas auf der Welt wissen.

10. Glauben Sie, dass es möglich ist, vom Boden abzuheben und durch die Luft zu schweben, nur weil Sie es wollen. Warten Sie ab, was passiert. Wenn Sie von dieser Übung genauso enttäuscht sind wie ich, dann fahren Sie mit Übung 11 fort, die nie enttäuschend ist.

11. Glauben Sie, dass Sie all Ihre bisherigen Wünsche und Hoffnungen in sämtlichen Bereichen Ihres Lebens übertreffen können.

KAPITEL 2

HARDWARE UND SOFTWARE: DAS GEHIRN UND SEINE PROGRAMME

Als Spezies existieren wir in einer Welt
mit Millarden von Energiebündeln.*
Über diese Matrizen von Energiebündeln stülpen wir eine Struktur**
und schon ergibt die Welt einen Sinn für uns.
Der Entwurf dieser Struktur hat seinen Ursprung
innerhalb unserer biologischen und soziologischen Fähigkeiten.***

Persinger und Lafreniere
Transients and Unusual Events

* Diese Energiebündel sind in unserer Terminologie
Ereignisse oder *Aktionen,* d. h. Verben, nicht Substantive.
** *Modelle* oder *Karten;* Substantive, nicht Verben.
*** Hardware und Software des Gehirns.

Im Verlauf dieses Buches werden wir das menschliche Gehirn immer wieder wie eine Art Bio-Computer betrachten, also einen elektrisch-kolloidalen Computer, im Gegensatz zu den elektronischen, die in einem festen Zustand und ausserhalb unseres Kopfes existieren.

Bitte achten Sie darauf und denken Sie immer wieder daran, dass wir nicht gesagt haben, das menschliche Gehirn *ist* ein Computer. Die aristotelische Vorstellung, dass man erst wissen muss, was etwas ist, um es verstehen zu können, wurde von einer Wissenschaft nach der anderen aufgegeben, einfach, weil der Begriff «ist» so viele metaphysische Voraussetzungen ins Spiel bringt, dass man bis in alle Ewigkeiten über die sich daraus ergebenden Schlüsse diskutieren könnte. In den fortgeschrittenen Wissenschaften, beispielsweise der mathematischen Physik, redet schon lange keiner mehr davon, dass irgendetwas *ist*. Man diskutiert höchstens darüber, welches Modell (oder welches

Schema) eingesetzt werden könnte, um zu verstehen, was man gerade untersucht.

Diese wissenschaftliche Angewohnheit, dem «ist» möglichst aus dem Wege zu gehen, kann im allgemeinen mit Erfolg auch auf alle anderen Bereiche des Denkens übertragen werden. Wenn Sie also irgendwo lesen, A ist gleich B, dann trägt es durchaus zum Verständnis der Angelegenheit bei, wenn Sie übersetzen: A kann als B angesehen werden, oder A könnte nach dem Vorbild von B aufgebaut sein.

Wenn wir behaupten, A ist gleich B, dann implizieren wir, dass A *nur* das ist, was es innerhalb unseres Lernbereichs oder Spezialgebiets zu sein scheint. Das aber wäre schon zuviel. Wenn wir dagegen behaupten, A kann als B angesehen werden oder A könnte nach dem Vorbild von B aufgebaut sein, dann sagen wir gerade nur so viel, wie wir rechtmässig können und kein Wort mehr.

Wir behaupten daher, dass man das Gehirn mit einem Computer vergleichen kann, wir behaupten aber nicht, dass es sein Computer *ist*.

Anscheinend besteht das Gehirn aus Materie in elektrisch-kolloidaler Suspension (Protoplasma).

Kolloide ziehen sich gegenseitig an und bilden wegen ihrer Oberflächenspannung eine Art Gel-Zustand. Oberflächenspannungen ziehen nämlich alle zähflüssigen Substanzen zusammen.

Kolloide stossen sich umgekehrt aber auch gegenseitig ab und bilden eine Art Sol-Zustand. Das hängt damit zusammen, dass ihre elektrischen Ladungen ähnlich sind, und ähnliche elektrische Ladungen stossen sich immer gegenseitig ab.

Im Gleichgewicht zwischen Gel und Sol behauptet sich die kolloidale Suspension und das Leben geht weiter. Würde sich die Suspension zu weit in eine der beiden Richtungen verschieben, dann würde das Leben aufhören.

Jede chemische Substanz, die ins Gehirn eindringt, stört das Gel-/Sol-Gleichgewicht und beeinflusst das Bewusstsein. Deshalb sind Kartoffeln genauso wie LSD Psychedelika – nur viel weniger stark. Und auch die Veränderungen, die mit der Umstellung von vegetarischer auf fleischhaltige Kost einhergehen, sind «psychedelischer» Natur.

Wenn es also stimmt, dass der Beweisführer all das beweisen wird, was der Denker denkt, dann sind all unsere Ideen psychedelisch. Selbst ohne mit verschiedenen Diäten oder Drogen zu experimentieren, werden Sie immer das sehen, was Sie glauben sehen zu müssen –

es sei denn, dies wäre in unserem Universum rein physikalisch nicht möglich.

Alle Erfahrungen bleiben nur vage Umrisse, bis wir ein Modell finden, mit dessen Hilfe wir sie erklären können. Das Modell kann den Umriss erhellen, aber es ist nie der Umriss selbst. «Die Landkarte ist nicht das Territorium» – die Speisekarte schmeckt nicht wie das Menü.

Jeder Computer besteht aus zwei Aspekten, bekannt als Hardware und Software.

Die Hardware in einem Feststoff-Computer ist fassbar und konkret. Sie besteht aus einer Zentraleinheit, dem Monitor, der Tastatur, dem Diskettensystem usw., – all den Teilen also, die man zum Fachhändler bringen kann, wenn der Computer nicht korrekt funktioniert.

Die Software besteht aus verschiedenen Programmen, die in vielfältigen Ausführungen, inklusive völlig abstrakter Versionen, zu haben sind. Ein Programm kann sich «im» Computer befinden. d. h. es kann auf einer Diskette oder in der Zentraleinheit gespeichert sein. Es kann aber auch einfach aus einem Stück Papier bestehen, wenn man es beispielsweise selbst entwickelt hat oder aus einem Manual, wenn es ein Standardprogramm ist. In diesen Fällen befindet es sich nicht «im» Computer, kann aber jederzeit eingegeben werden. Ein Programm kann aber auch noch knapper sein als das – es kann vielleicht nur in meinem Kopf existieren, weil ich es nie aufgeschrieben habe oder weil ich es einmal benutzt und dann gelöscht habe.

Die Hardware ist «wirklicher» als die Software, weil man sie jederzeit in Raum und Zeit lokalisieren kann. Wenn Sie sie im Arbeitszimmer nicht finden können, muss sie jemand ins Wohnzimmer transportiert haben usw. Auf der anderen Seite aber scheint die Software «wirklicher» und zwar in dem Sinne, dass man die Hardware in tausend Stücke zertrümmern kann (den Computer «killen»), die Software jedoch weiter existiert und sich in einem anderen Computer jederzeit wieder «materialisieren» oder «manifestieren» kann.

(Jede Spekulation bezüglich der Reinkarnation zu diesem Zeitpunkt geht ausdrücklich zu Lasten des Lesers, nicht des Autors.)

Wenn wir uns unter dem menschlichen Gehirn so etwas wie einen elektrisch-kolloidalen Computer vorstellen, dann wissen wir genau, wo sich die Hardware befindet: im menschlichen Schädel. Die Software dagegen scheint überall und nirgends zu sein. Die Software «in» meinem Gehirn existiert zum Beispiel auch ausserhalb davon und zwar in Form von, sagen wir einem Buch, das ich vor zwanzig Jahren gelesen habe. Es handelt sich um eine englische Übersetzung von diversen Signalen, die vor etwa 2400 Jahren von einem Mann namens Plato ausgestrahlt worden sind. Andere Teile meiner Software schliessen die von Konfuzius, James Joyce, meinem Lehrer in der zweiten Klasse, den Three Stooges, meinen Eltern, Richard Nixon, meinen zahllosen Hunden und Katzen, Dr. Carl Sagan, und bis zu einem gewissen Grad auch von allem und jedem ein, das oder der je irgendeinen Einfluss auf mein Gehirn ausübte. Das mag sich merkwürdig anhören, aber es ist die Art und Weise, wie Software (oder Information) funktioniert.

Wenn nun aber das Bewusstsein aus nichts anderem als diesem formlosen Brei von zeit/raumloser Software bestünde, dann würden wir weder Individualität, noch innere Stabilität, noch ein Ich kennen.

Wir wollen also rauskriegen, wie sich aus dem universellen Ozean der Software eine spezifische Persönlichkeit herausbilden kann.

Was immer der Denker denkt, wird der Beweisführer beweisen.

Da das menschliche Gehirn genauso wie andere tierische Gehirne nicht wie ein Feststoff-Computer, sondern wie ein elektrisch-kolloidaler Computer arbeitet, folgt es auch den gleichen Gesetzen wie andere tierische Gehirne. Das heisst, die Programme gelangen auf leisen Quantensohlen als elektrisch-chemische Verbindungen ins Gehirn.

Jeder Programmsatz besteht aus drei grundlegenden Teilen:

1. Prägungen: Dies sind mehr oder weniger eingeschweisste Programme, die das Gehirn von seiner Anlage her *nur* in bestimmten Stadien seiner Entwicklung verarbeiten kann. Diese Stadien werden in der Ethologie als Zeiten besonderer Prägungs-Empfindlichkeit bezeichnet.

2. Konditionierungen: Diese Programme bauen sich auf den Prägungen auf. Sie sitzen loser und lassen sich mit Hilfe von Gegen-Konditionierungen ziemlich leicht verändern.

3. Lernen: Dies ist noch lockerer und durchlässiger als die Konditionierungen.

Im allgemeinen kann die erste Prägung alle späteren Konditionierungen oder erlernten Reflexe überlagern. Eine Prägung gehört zu der Art von Software, die zur tiefsitzenden Hardware geworden ist. Sie wird den zarten Nervenzellen genau in dem Stadium aufgezwungen, wenn diese besonders offen und verletzlich sind.

Prägungen (Software, die sich zu Hardware verdichtet hat) sind unveränderliche Aspekte unserer individuellen Persönlichkeit. In der Vielfalt von möglichen Programmen, die sich als potentielle Software anbieten, setzt die Prägung Grenzen, Para- und Perimeter fest, die alle späteren Konditionierungen und Lektionen einschränkt.

Das Bewusstsein des Säuglings vor der ersten Prägung ist noch «formlos und leer» – wie das Universum zu Beginn der Genesis oder auch die Beschreibungen des nicht konditionierten («erleuchteten», d. h. explodierten) Bewusstseins in den mystischen Traditionen. Sobald die erste Prägung erfolgt ist, entwickelt sich aus der kreativen Leere eine Struktur. Und in dieser Struktur stolpert der wachsende Geist prompt in die Falle. Er identifiziert sich mit ihr – *wird* in gewissem Sinne selber zu Struktur.

Dieser Prozess liegt G. Spencer Browns *Laws of Form* zugrunde, dabei schrieb Brown eigentlich über die Fundamente der Logik und der Mathematik. Doch jeder sensible Leser, der es versteht, zwischen den Zeilen zu lesen, merkt, dass Spencer auch über die Entwicklung des menschlichen Geistes spricht, der aus dem unendlichen Ozean von Signalen die speziellen Konstrukte schuf, die wir «ich» oder «meine Welt» nennen. So nimmt es nicht wunder, dass viele Acid-Heads behauptet haben, Browns Mathematik sei die beste Beschreibung von einem LSD-Trip, die sie je gesehen hätten.

Jede weitere Prägung macht die Software, die unsere Erfahrung programmiert und die wir als «Realität» wahrnehmen und verstehen, komplexer.

Die verschiedenen Konditionierungen und Lektionen schlingen weitere Netzwerke um dieses Fundament von Prägungs-Software. Die Gesamtheit dieses Gehirn-Schaltkreis-Systems bildet unsere «Weltkarte». Es ist das, was unser Denker denkt, wobei der Beweisführer automatisch dafür sorgt, dass alle aufgefangenen Signale sofort den Grenzen dieser Landkarte angepasst werden.

Folgen wir einmal Dr. Timothy Leary (wenn auch mit leichten Veränderungen) und unterteilen diese Gehirn-Hardware der Einfachheit halber in acht sogenannte Schaltkreise. (Der Einfachheit halber heisst, dass dies die beste Karte ist, die mir momentan bekannt ist. Ich nehme an, dass sie in zehn bis fünfzehn Jahren überholt und durch eine verbesserte ersetzt worden ist und für alle Fälle wiederhole ich noch einmal: die Karte ist nicht das gleiche wie das Territorium).

Vier dieser Schaltkreise sind «klassisch» und konservativ; sie existieren bei allen menschlichen Wesen (ausser bei verwilderten Kindern).

1. Der orale Bio-Überlebens-Schaltkreis:

Er wird von der Mutter oder auch dem erstbesten Muttterersatz geprägt und später durch die Ernährung oder Bedrohung, je nachdem, konditioniert. Hier geht es vorrangig um Stillen, Füttern, Schmusen, Körpersicherheit. Er vermeidet automatisch alles, was ihm gefährlich oder bedrohlich erscheint, oder alles, was (durch Prägung oder Konditionierung) mit gefährlich oder bedrohlich assoziert wird.

2. Der anale gefühls-territoriale Schaltkreis:

Er wird in der Krabbelphase geprägt, also dann, wenn der Säugling anfängt, sich aufzurichten, herumzulaufen und innerhalb der Familie Machtansprüche durchzusetzen. Solche, meist säugetierischen Schaltkreisprogramme vermitteln territoriale Spielregeln, emotionale Tricks, Hackordnung und Herrschafts- bzw. Unterwerfungsrituale.

3. Der zeit-bindende
oder zeit-überbrückende semantische Schaltkreis:

Er wird von menschlichen Artefakten und Symbolsystemen geprägt und konditioniert. Er handhabt und «ordnet» seine Umgebung und klassifiziert alle Eindrücke nach dem lokalen Realitätstunnel. Seine Funktion besteht in Erfindungen, Entdeckungen, Berechnungen, Vorhersagen und Übermittlung von Signalen über Generationen weg.

4. Der «moralische» sozio-sexuelle Schaltkreis:

Dieser Schaltkreis wird von den ersten Orgasmus- oder Paarungserfahrungen in der Pubertät geprägt und von den jeweils herrschenden Stammestabus konditioniert. Er beherrscht die sexuelle Lust, die lokalen Definitionen von «richtig» und «falsch», die Fortpflanzung, die Persönlichkeit des Erwachsenen oder Elternteils (Geschlechtsrolle), sowie die Ernährung der Jungen.

So wie das Gehirn sich über Jahrhunderte hinweg entwickelte und jedes domestizierte Primaten- oder Menschengehirn die gesamte Evolution während des Reifeprozesses vom Kind zum Erwachsenen rekapituliert, ermöglicht die Ausbildung dieser Schaltkreise umgekehrt Gen-Pool-Überleben, säugetierische Soziobiologie (Hackordnung oder Politik) und die Übermittlung von Kultur.

Die zweite Gruppe der Gehirnschaltkreise ist sehr viel jünger und momentan existieren die jeweiligen Ausprägungen nur bei Minderheiten. Während die alten Schaltkreise die Evolution von den Anfängen bis heute nachvollziehen, nehmen diese futuristischen Schaltkreise unsere zukünftige Entwicklung vorweg.

5. Der ganzheitliche neurosomatische Schaltkreis:
Er wird von ekstatischen Erfahrungen geprägt, beispielsweise durch biologische oder chemische Yoga-Praktiken. Er kontrolliert das neurosomatische (Geist-Körper-)Feedback, somatisch-sinnliche Verzükkung, das Gefühl, «high» zu sein, «Gesundbeterei» usw. Die christliche Wissenschaft und die ganzheitliche Medizin bedienen sich bestimmter Tricks, mit denen sie diesen Schaltkreis wenigstens vorübergehend ankurbeln, während das Tantra-Yoga versucht, das Bewusstsein völlig in diesen Schaltkreis zu verlagern.

6. Der kolletkive neurogenetische Schaltkreis:
Er wird durch fortgeschrittene Yoga-Praktiken (biochemische elektrische Spannung) geprägt, beherrscht das System des DNS-RNS-Feedbacks im Gehirn und ist «kollektiv», weil er das ganze evolutionäre «Drehbuch» der Vergangenheit und Zukunft umfasst und jederzeit anzapfen kann. Erfahrungen mit diesem Schaltkreis gelten als «ehrfurchtsgebietend», «mystisch» und erschütternd. Hier sind die Archetypen von Jungs kollektivem Unbewusstem zu Hause: Götter und Göttinnen, Dämonen, behaarte Zwerge und andere Personifikationen der DNS-Programme, die uns beherrschen.

7. Der metaprogrammierende Schaltkreis:
Er wird von sehr fortgeschrittenen Yoga-Praktiken geprägt und besteht, wie wir heute sagen würden, aus einem kybernetischen Bewusstsein, das sämtliche vorangegangenen Schaltkreise neu programmieren und neu prägen, ja, sich selbst reprogrammieren kann und eine bewusste Entscheidung zwischen alternativen Universen oder Realitätstunneln ermöglicht.

8. Der nicht-örtliche Quanten-Schaltkreis:
Er wird durch Schock, Erfahrungen am Rande des Todes oder gar dem Zustand des klinischen Todes, Astralkörperreisen, Wahrnehmungen jenseits von Zeit («Hellsehen») und Visionen jenseits von Raum

(ASW) usw. geprägt. Er stimmt das Gehirn auf das nicht-örtliche Quantenkommunikations-System ein, das von den Physikern Bohm, Walker, Sarfatti, Bell und anderen beschrieben wurde.

Auf all diese Schaltkreise werden wir im Verlauf des Buches noch ausführlich zurückkommen.

Übungen

1. Gehen Sie zu einem Fachhändler für Heimcomputer und besorgen Sie sich eine Gebrauchsanweisung für einen Computer. Dann lesen Sie dieses Kapitel noch einmal.

2. Wenn Sie es sich leisten können – und das wird nicht mehr lange dauern, denn auf diesem Gebiet fallen die Preise ziemlich rasch –, dann kaufen Sie sich einen Heimcomputer.

3. Um zu begreifen, was es mit Hardware und Software, auf das menschliche Gehirn angewendet, auf sich hat, versuchen Sie folgende Meditation.

Sorgen Sie dafür, dass Sie mindestens eine halbe Stunde ungestört bleiben und fangen Sie an, indem Sie Ihre Gedanken auf einen Punkt konzentrieren: «Ich sitze in diesem Zimmer und mache diese Übung, weil . . .», und dann machen Sie sich eine Liste mit all den «Gründen», die Ihnen dazu einfallen.

Beispielsweise machen Sie diese Übung, weil Sie sie in diesem Buch gelesen haben. Warum aber haben Sie das Buch überhaupt gekauft? Hat es Ihnen irgend jemand empfohlen? Wie kam es, dass diese Person Einfluss auf Sie ausüben konnte? Wenn Sie das Buch aber einfach irgendwo gesehen und mitgenommen haben, wieso waren Sie ausgerechnet an diesem Tag in diesem bestimmten Buchladen?

Warum lesen Sie überhaupt Bücher dieser Art? Was bedeuten Psychologie, Evolution, Bewusstsein für Sie? Warum interessieren Sie sich dafür? Wer hat Sie darauf gebracht und wie lange ist das jetzt her? Welche Faktoren aus der Kindheit machten Sie später für diese Themen empfänglich?

Wieso machen Sie diese Übung in diesem Zimmer und nicht irgendwo anders? Warum haben Sie gerade diese Wohnung/dieses Haus gemietet oder gekauft? Warum wohnen Sie in dieser Stadt und nicht woanders? Warum auf diesem Kontinent und nicht auf einem anderen?

Warum glauben Sie, sind Sie überhaupt auf der Welt – d. h. wie haben Ihre Eltern sich kennengelernt? Wissen Sie, ob es eine bewusste Entscheidung ihrerseits war, ein Kind zu bekommen, oder waren Sie ein Zufall? In welchen Städten wurden Ihre Eltern geboren? Wenn in verschiedenen Städten, warum bewegten sie sich in Raum und Zeit, so dass ihre Pfade sich kreuzen konnten?

Warum ist dieser Planet dazu in der Lage, Leben zu spenden und warum gerade die Art von Leben, die sich derartige Übungen ausdenkt?

Wiederholen Sie diese Übung ein paar Tage später. Versuchen Sie, die fünfzig Fragen zu stellen und zu beantworten, auf die Sie vorher nicht gekommen sind. (Machen Sie sich aber auch klar, dass Sie nie auf alle denkbaren Fragen kommen werden!) Vermeiden Sie alle metaphysischen Erklärungsversuche (also Karma, Reinkarnation, Schicksal usw.). Die Wirkung dieser Übung wird auch ohne die Zuhilfenahme «okkulter» Theorien ziemlich erschütternd sein und sie wird noch erstaunlicher, wenn Sie solche offensichtlich «mystischen» Spekulationen ausser acht lassen.

4. Nehmen Sie irgendeinen Haushaltsgegenstand in die Hand – einen Löffel, einen Bleistift, eine Tasse oder ähnliches. Machen Sie damit dieselbe Übung wie vorher – warum gibt es diesen Gegenstand? Können Sie rauskriegen, wer ihn erfunden hat? Wie gelangte diese Erfindung auf Ihren Kontinent? Wer hat ihn hergestellt? Warum hat die betreffende Firma sich ausgerechnet auf ihn spezialisiert und nicht auf Vogelkäfige? Warum ist der Direktor dieser Firma Direktor geworden und nicht Musiker? Warum haben Sie den betreffenden Gegenstand gekauft? Warum haben Sie bei dieser Meditation von allen möglichen Dingen im Haus ausgerechnet dieses genommen?

Antworten Sie ohne zu überlegen:
Sind sie Ihre Hardware
oder Ihre Software?
Oder beides?

KAPITEL 3

DER ORALE BIO-ÜBERLEBENS-SCHALTKREIS

Wie Leibniz' Monaden
haben auch Gene keine Fenster;
die höheren Eigenschaften des Lebens
werden sichtbar.

Edward Wilson
Sociobiology

Nur wenige unserer Vorfahren waren echte Damen und Herren, bei der Mehrheit handelte es sich noch nicht mal um Säugetiere.

Jeder multi-zellulare Organismus muss, wenn er überleben will, einen eingebauten Bio-Überlebensschaltkreis haben, der eine einfache Entweder-/Oder-Alternative programmiert: *Geh vorwärts* auf das Nährende und/oder Schützende zu, oder *zieh Dich zurück,* weg vom Gefährlichen, Bedrohlichen.

Jedes Säugetier assoziiert den Bio-Überlebensschaltkreis mit dem ersten Bio-Überlebensobjekt: der Brust. Bio-Überleben und orale Fixiertheit sind in allen Säugetieren anzutreffen, einschliesslich der domestizierten Primaten (Menschen). Deshalb rauchen trotz des Terrors, den der Krebs ausübt, immer noch schätzungsweise 85 Millionen Amerikaner Zigaretten. Andere steigen um auf Kaugummi (Spearmint, Juicy-Fruit und sogar ohne Zucker: etwas für jeden

Geschmack), kauen an den Fingernägeln, beissen auf den Fingerknöcheln herum, auf Bleistiften, oder essen ganz einfach mehr, als gut für sie ist. (Noch jemand Potato Chips? Oder ein Mars? Kekse, Erdnüsse, Cashew-Nüsse; bevorzugen Sie Käse oder Cracker zum Bier, alter Junge? Sie müssen unbedingt noch unsere belegten Brötchen probieren, Mrs. Miller!) Manche zerbeissen sich die Lippen, schlucken Beruhigungs- oder Aufputschmittel, kauen gar auf ihrem Schnurrbart herum. Und was sich so im allgemeinen in den Schlafzimmern tut, weiss nicht nur das Kinsey-Institut, sondern jeder, der sich schon mal einen Pornofilm angeschaut hat.

Wie wichtig ist aber nun die orale Prägung? Da fällt mir die Geschichte von dem Giraffenbaby ein, dessen Mutter direkt nach der Geburt von einem Jeep überfahren wurde. Das Neugeborene folgte seinem eingebauten genetischen Programm und fixierte sich auf das erste Objekt, das auch nur in etwa dem Archetyp einer Giraffe entsprechen konnte: den Jeep. Es lief dem Wagen hinterher wie ein Hündchen, «sprach» mit ihm, versuchte, an ihm zu saugen und als es erwachsen war, wollte es sich sogar mit ihm paaren.

Ähnliches berichtet Konrad Lorenz von einem Gänschen, das versehentlich auf einen Pingpongball geprägt war, und sein erwachsenes Leben, gleichgültig gegenüber weiblichen Gänsen, mit Versuchen verbrachte, Pingpongbälle zu begatten.

Da fällt mir ein Zitat von Charles Darwin ein:

> Wenn wir in reiferen Jahren irgendeinem visuellen Objekt begegnen, dass auch nur die geringste Ähnlichkeit mit der Form einer weiblichen Brust aufweist . . . dann erfüllt uns ein warmes Entzücken, das all unsere Sinne zu betäuben scheint . . .

Die Antike stellte die große Muttergöttin Diana von Ephesus mit buchstäblich Dutzenden von Brüsten dar und der heilige Paulus berichtet, dass er ihre Anhänger ekstatisch «Gross ist Diana» singen hörte. Es gibt fast keinen bedeutenden Künstler, der uns nicht wenigstens einen weiblichen Akt hinterlassen hat oder doch mindestens das Porträt eines nackten Busens, und selbst in nicht-menschlichen Kreisen werden Kurven, so oft es eben geht, bevorzugt. Architekten genügt der kleinste Vorwand, um die strenge euklidische Linie zu brechen und solche Kurven zu verwirklichen: Bögen, maurische

Kuppeln, Arkaden usw. Die Krümmung einer Hängebrücke wird von Newtons Gesetzen vorgeschrieben («Gravity's Rainbow», um mit Pynchon zu sprechen), und trotzdem sind diese doppelten Kettenlinien eine reine ästhetische Freude und zwar eben aus den von Darwin genannten Gründen. Und was die Musik angeht – wo haben wir zuerst Musik gehört, wer hat uns vorgesungen oder gesummt und an welchem Teil ihres Körpers ruhten wir damals?

Wenn Bergsteiger definieren sollen, warum es sie immer wieder von neuem treibt, die konischen Erhebungen auf der Welt zu bezwingen, wissen sie wie Mallory oft nicht mehr zu sagen als «Weil sie nun mal da sind!».

Unsere Essenswerkzeuge sind meistens rund oder geschwungen (orale Befriedigungswerkzeuge). Quadratische Teller oder Untertassen wirken entweder komisch oder kitschig.

UFOs tauchen in den verschiedensten Formen auf, aber die bekanntesten sind doch oval und/oder kegelförmig.

Die Freudianer haben vorgeschlagen, dass die Sucht nach Opiaten ein Versuch ist, wieder in den Mutterschoss zurückzukehren. Im Sinne unserer Theorie ist es jedoch wahrscheinlicher, dass Opium und seine Derivate uns wieder in die sichere Sphäre des Bio-Überlebensschaltkreises zurückbefördern, zu dem warmen gemütlichen Plätzchen von Bio-Geborgenheit. Möglich ist auch, dass Opiate Neurotransmitter freisetzen, die für den Zustand des Saugens (Gestilltwerdens) charakteristisch sind. Neurotransmitter sind Chemikalien, die die elektro-kolloidale Balance des Gehirns verändern und so den Wahrnehmungsbereich verschieben. Es sind sogenannte bewusstseinsverändernde Mittel.

Kurz: der Bio-Überlebensschaltkreis ist von der DNS-Schleife her darauf programmiert, sich eine bequeme und geschützte Zone um seinen Mutterorganismus herum zu suchen. Wenn keine «Mutter» in der Nähe ist, prägt er das nächstbeste Substitut, das ihm über den Weg läuft. Das kleine Giraffenbaby wählte zum Beispiel einen *vierrädrigen Jeep*, um seine *vierbeinige Mutter* zu ersetzen. Lorenz' Gänschen, das den *runden weissen* Körper der Muttergans nicht finden konnte, fixierte sich auf einen *runden weissen* Ping-Pong-Ball.

Die «Inbetriebnahme» dieses Schaltkreises fand in sehr primitiver Form vor etwa drei bis vier Milliarden Jahren in den ersten Organismen statt. Im modernen Menschen hat sich diese Struktur im Hirnstamm und im *autonomen («unwillkürlichen») Nervensystem* erhalten, wo sie mit den endokrinen Drüsen und anderen lebenswichtigen Systemen des Körpers verbunden ist. Deshalb wirken sich Störungen in diesem Schaltkreis auch immer gleich am ganzen Körper aus und zeigen sich im allgemeinen eher in körperlichen als geistigen Symptomen. Daher werden sie meistens auch von Internisten statt Psychiatern behandelt.

Ich möchte darauf hinweisen, dass wir uns auch heute noch in einem recht primitiven Stadium der Evolution befinden und die Bedingungen auf diesem Planeten mehr als brutal sind. Radikale Kinderärzte behaupten hartnäckig und nicht ohne Grund, dass eine konventionelle Geburt in einem konventionellen Krankenhaus fast immer ein traumatisches Erlebnis für das Baby ist – dass sie also eine negative Prägung schafft, um es in unseren Termini zu sagen. Unsere Erziehungsmethoden sind ebenfalls weit davon entfernt, ideal zu sein, und häufen weitere negative Konditionierungen auf die ohnehin schon negative Prägung. Und die allgemein vorherrschende Gewalt in unsern heutigen Gesellschaften, einschliesslich Krieg, Revolutionen, Bürgerkriege und «unerklärter Bürgerkriege» der räuberischen Kriminellenklasse in jeder «zivilisierten» Nation hält den ersten Schaltkreis der meisten Menschen viel zu oft in Alarmbereitschaft.

1968 zeigte ein Gutachten des amerikanischen Gesundheitsdienstes, dass 85 % der Bevölkerung ein oder mehrere Symptome zeigten, die wir einer negativen Prägung oder Konditionierung des ersten Schaltkreises zuordnen würden. Sie umfassten unter anderem Schwindelanfälle, Herzklopfen, feuchte Hände und häufige Alpträume.

Das heisst, Sie können 85 der nächsten hundert Leute, die Ihnen heute und morgen über den Weg laufen, als mehr oder weniger ausgeprägte «wandelnde Invalide» betrachten.

Dies ist die erste Bedeutungsebene unserer zynischen und vielleicht brutalen Behauptung, dass die meisten Menschen so mechanisch reagieren wie Science Fiction-Roboter. Ein Mann oder eine Frau, die sich einer neuen Situation gegenübersehen, werden nicht in der Lage sein, sehr genau zu beobachten, beurteilen oder zu entscheiden, denn es sind die angsterregenden chemikalischen Substanzen eines erschreckten kleinen Kindergehirns, die durch ihren Gehirnstamm jagen. Wir beziehen uns dabei besonders auf Adrenalin und Adrenalutin, die dem ganzen Organismus signalisieren, sich entweder auf Kampf einzustellen oder aber zu fliehen.

Deshalb sagte Gurdjieff auch, dass die Menschheit schläft und an Alpträumen leidet.

«Fairness? Anstand?
Wie kann man auf einem schlafenden Planeten
Fairness und Anstand erwarten?»
G. I. Gurdjieff

Dies war auch die Erfahrung der ersten Christen, die von den römischen Bürokraten als Ketzer (Gnostiker) verurteilt wurden. Das *Evangelium der Wahrheit* aus dem ersten Jahrhundert sagt ganz offen, dass die Geschichte ein einziger Alptraum ist.:

> ... als ob (die Menschheit) in einen tiefen Schlaf gefallen wäre und sich mit verwirrenden Alpträumen herumschlagen müsste. Entweder (es gibt) einen Ort, an den sie fliehen kann ... oder sie ist damit beschäftigt, Schläge auszuteilen und auch selber welche einzustecken ... manchmal scheint es, als gäbe es nichts als Mord und Totschlag ... als müsste man selbst seine Nachbarn töten ...

Für diese ersten Christen bedeutete das *Erwachen,* genau wie für die Buddhisten, buchstäblich, aus diesem Alptraum schrecklicher Wahnvorstellungen zu entfliehen. Wir würden heute sagen, sie versuchten, die Prägungen zu korrigieren, die dafür verantwortlich sind, dass wir auf unsere Umwelt ragieren wie schlecht eingestellte Roboter, und plötzlich mit der wirklichen Welt konfrontiert werden.

Dieser Schaltkreis ist nicht nur der älteste in der evolutionären Entwicklung, sondern auch der schnellste und automatischste. Beobachten Sie einmal, mit welcher Geschwindigkeit Ihr Hund auf das erste Geräusch eines Eindringlings reagiert: er fängt an zu bellen, sein ganzer Körper streckt und spannt sich, und dieser Übergang erfolgt *automatisch.* Erst danach achtet er auch auf andere Zeichen, um herauszukriegen, wie er diesen spezifischen Eindringling am besten behandeln sollte.

Robert Ardrey berichtet von einer Bemerkung des Primatologen Ray Carpenter, in der es darum geht, wie man diesen Teil des Gehirns verstehen sollte:

> Stellen Sie sich vor, Sie wären ein Affe, der einen Pfad entlangläuft und plötzlich hinter einem Felsbrocken unerwartet einem anderen Tier gegenübersteht. Ehe er mit Sicherheit weiss, ob er angreifen oder besser fliehen soll, muss er eine ganze Reihe von Entscheidungen treffen. Ist der andere ein Affe oder nicht? Wenn es keiner ist, ist er dann pro oder kontra Affen? Wenn es aber einer ist, ist es dann ein Männchen oder ein Weibchen? Wenn es ein Weibchen ist, zeigt es Interesse? Wenn es ein Männchen ist, ist es schon ausgewachsen oder noch ein junges Tier? Wenn es ausgewachsen ist, gehört es zur eigenen Gruppe oder einer anderen? . . . Und er hat nur etwa ein Fünftel Sekunde Zeit für all diese Überlegungen, denn der andere könnte ihn angreifen.

Das Bio-Überlebens-Programm fixiert sich zunächst auf die geschützte Sphäre um die Mutter herum (orale Prägung), weitet sich dann aber mit zunehmendem Alter immer mehr aus und erforscht, welche Umgebung sicher ist und welche nicht. Ohne genetisch eingebaute Programme (d. h. *automatische* Programme) wäre dieses zweite Stadium gar nicht möglich, und kein Säugetier würde die mütterlichen Zitzen je überwinden können. Die eingebauten Programme funktionieren wie ein Autopilot («unbewusst»), denn wenn man innehalten und über jede Einzelentscheidung erst nachdenken müsste, wäre man ein leichtes Opfer für jedes erstbeste Raubtier.

Natürlich erfolgt eine solche Prägung mehr oder weniger zufällig und ist von den Gegebenheiten im Stadium der Prägungsempfindlichkeit abhängig. (Erinnern wir uns an das Gänschen, das sich auf einen Ping-Pong-Ball fixierte.) Manche Menschen sind auf Tapferkeit, Neugier und Forscherdrang programmiert, andere auf Ängstlichkeit, Neophobie (die Angst vor allem Neuen) und Rückzug, dessen extremster Ausdruck wahrscheinlich das traurige Phänomen des *Autismus* oder der kindlichen Schizophrenie ist.

All das läuft so ab wie ein bestimmtes Programm bei einem Roboter, bis man lernt, wie man seine Gehirnschaltkreise neu programmieren und prägen kann. In den meisten Fällen bleibt diese metaprogrammatische Kunst unerreicht. Alles zischt an uns vorbei wie ein Blitz. «Ich habe nicht lange nachgedacht – es passierte einfach», antwortet ein Soldat, wenn man ihn wegen Feigheit vor ein Kriegsgericht stellt oder für Tapferkeit auszeichnet.

Es ist ganz sicher hier draussen!

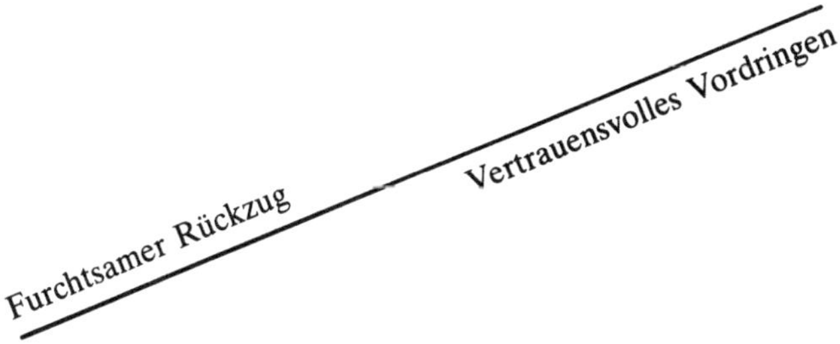

Oh, Mami, bring mich nach Hause!

Das Bio-Überlebensbewusstsein des ersten Schaltkreises ist «eindimensional».

Über der eingeschweissten Prägung des Bio-Überlebensschaltkreises liegt dann die «weichere» Konditionierung. Von daher kann sich die Umgebung (der Gesichtskreis) immer weiter ausdehen, vom Körper der Mutter aus zum Rudel oder Stamm – der «erweiterten Familie».

Jedes soziale Tier hat ausser dem Darwinschen Instinkt der Selbsterhaltung (genetisches Programm) auch einen Instinkt, der den Gen-Pool schützen soll. Darauf basieren Verhaltensweisen wie Uneigennützigkeit, ohne die soziale Tiere nicht überleben könnten.

Wilde Hunde (oder Wölfe) bellen, um den Rest des Rudels vor einem Angreifer zu warnen. Ihr domestizierter Hund identifiziert Sie als Rudelführer; wenn er bellt, dann will er Sie vor einem Fremden warnen. (Er bellt aber natürlich auch, um dem eindringlich klar zu machen, dass er bereit ist, sein Territorium zu verteidigen.)

In dem Masse, in dem die Zivilisation fortschreitet, löst sich die Rudelbindung (der Stamm, die erweiterte Familie) auf. Das ist die Wurzel der weithin diagnostiszierten «Anomie», «Entfremdung» oder «Existenzangst», über die sich viele Sozialkritiker schon ausgiebig geäussert haben. Die Konditionierung der Bio-Überlebensbindung an den Gen-Pool ist ganz einfach durch eine Bio-Überlebensbindung an merkwürdige kleine Papierfetzen ersetzt worden, die wir «Geld» nennen.

Mit andern Worten, ein Mann oder eine Frau von heute suchen

Bio-Überlebenssicherheit nicht mehr im Gen-Pool, im Rudel, in der erweiterten Familie. Ihr Bio-Überleben hängt davon ab, wieviele von diesen Papierfetzen sie zusammenraffen können. «Man kann nicht *leben* ohne Geld», rief das Living Theatre immer und in der Tat; sobald die Scheine knapp werden, macht sich akute Bio-Überlebensangt breit.

Stellen Sie sich einmal so intensiv wie möglich vor, was Sie empfinden und was Sie machen würden, wenn Ihre Quellen zu Bio-Überlebens-Scheinen (Geld) morgen versiegten, und zwar alle auf einmal. Genauso fühlen sich Stammesmitglieder, wenn sie plötzlich von ihrem Stamm getrennt werden, und deshalb waren Exil oder gar Verbannung auch Strafen, die fast während der ganzen Geschichte der Menschheit so abschreckend wirkten, dass sie durchaus dazu geeignet waren, Stammeskonformität zu erzwingen. Noch zu Shakespeares Zeiten war das Exil eine akute Bedrohung. «Verbannt!» ruft Romeo. «Verdammte sprechen in der Hölle dies Wort mit Heulen aus!»

In der traditionellen Gesellschaft bedeutete die Zugehörigkeit zum Stamm das Optimum an Bio-Sicherheit; Exil wurde mit Terror gleichgesetzt und konnte den Tod bedeuten. In der modernen Gesellschaft wird Bio-Sicherheit mit Geld erkauft und ihr Ausbleiben oder auch das Wegnehmen von Geld ist eine der grössten Bedrohungen unserer Gesellschaftssysteme.

Fürsorge, Sozialismus, Totalitarismus usw. stehen für den Versuch, die Stammesbindung mehr oder weniger rational, bzw. hysterisch wiederzubeleben, indem man den Staat zum Ersatz für den Gen-Pool macht. Konservative, die jede Form von öffentlicher Wohlfahrt ablehnen, fordern damit, dass die Menschen in einem Zustand ständiger Bio-Überlebensangst leben müssen – also Anomie, kombiniert mit Terror. Die Konservativen erkennen das natürlich in gewisser Weise und rufen deshalb nach «Nachbarschaftshilfe», die die staatliche Fürsorge ersetzen soll, mit anderen Worten, sie fordern, dass der Gen-Pool wie durch Zauberei von Menschen wieder hergestellt wird, die genetisch überhaupt nichts miteinander zu tun haben, etwa den Einwohnern einer Stadt.

Auf der anderen Seite ist der Staat kein Gen-Pool oder Stamm und kann auch nicht wirklich überzeugend Bio-Überlebenseinheit demonstrieren. Jeder, der von der Fürsorge lebt, ist verrückt vor Angst, wegen irgendwelcher kleiner Verstösse gegen die immer unverständlicheren bürokratischen Vorschriften rausgeschmissen («verbannt») zu werden. Und im wirklichen Totalitarismus, in dem die falsche Identifikation des Staates mit dem Stamm bis zu einer Art Neo-Mystizismus vorangetrieben wird, ist die Paranoia allgegenwärtig.

Wirkliche gegenseitige Bindung kann es nur in Primärgruppen von vernünftiger Grösse geben. Von daher lassen sich auch die Versuche erklären (auch wenn sie unter industriellen Bedingungen nicht gerade plausibel erscheinen), zu de-zentralisieren, zum Stammesethos zurückzufinden, den Staat durch Syndikate (wie im Anarchismus) oder Bezugsgruppen (Reichs «3. Bewusstsein») zu ersetzen. Man erinnere sich an die Hippie-Kommunen der sechziger Jahre, die heute noch in vielen ländlichen Gemeinden weiterleben.

Draussen in der wirklichen Welt sichern die meisten Leute von heute ihr Bio-Überleben mit den kleinen Papierfetzen, die wir Geld nennen. Der Anti-Semitismus ist eine recht komplexe geistige Verirrung, die sich in vielen Abstufungen und aus vielerlei Gründen manifestiert, in ihrer klassischen Form («die jüdische Bankier-Verschwörung») aber einfach nur behauptet, dass die Bio-Überlebenssicherheit von einem feindlichen Gen-Pool kontrolliert wird. Solche Paranoia ist in einer Geld-Wirtschaft unausbleiblich, ähnlich wie bei Junkies, wo es allerdings nicht um Geld, sondern um den nötigen Nachschub an Stoff geht. Folglich lebt der Mythos der «Bankier-Verschwörung» in einer neuen Form in dem Ausmass weiter, in dem der Anti-Semitismus in Amerika zurückgegangen ist. Nur sind die Bösewichter diesmal die alten Familien in Neu-England, die man mit WASPs umschreibt: weiss, angelsächsisch und protestantisch, das typische «Yankee-Establishment». Es gibt sogar Linke, die Tabellen mit der Abstammung solcher WASP-Banker herumreichen, so wie früher Antisemiten die Stammbäume der Rothschilds herumzuzeigen pflegten.

Der Ingenieur und Ökonom C. H. Douglas entwickelte einmal eine Tabelle, die er 1932 der MacMillan-Kommission vorlegte, als diese neue Geld- und Kreditvergabe-Vorschriften erörterte. Die Tabelle zeigte das Auf und Ab von Zinssätzen. Sie reichte von der Niederlage Napoleons im Jahre 1812 bis zum Zeitpunkt dieser MacMillan-Konferenz, also 1932. Das Besondere war, dass Douglas auf der gleichen Tabelle auch das Auf und Ab der Selbstmordrate für diese hundertzwanzig Jahre verzeichnet hatte.

Die beiden Kurven verliefen buchstäblich identisch. Jedes Mal, wenn der Zinssatz angehoben wurde, stieg auch die Selbstmordquote und wenn er fiel, verminderte sich auch die Anzahl der Selbstmorde. Hier kann man wohl kaum von «Zufall» sprechen. Wenn der Zinssatz steigt, ist eine bestimmte Zahl von Geschäftsleuten automatisch bankrott, eine bestimmte Zahl von Arbeitern verliert ihren Job und die allgemeine Bio-Überlebensangst breitet sich immer weiter aus.

Marxisten und andere Radikale sind sich über derartige Faktoren «geistiger Gesundheit» durchaus im klaren und hegen deshalb immer einen gewissen Groll gegen die Formen akademischer Psychologie, die solche Bio-Überlebensproblematiken einfach übersehen. Unglücklicherweise ist das marxistische Rezept, nämlich das Bio-Überleben des Einzelnen von den Launen einer staatlichen Bürokratie abhängig zu machen, die reinste Pferdekur, die letzten Endes schlimmere Folgen hat als die Krankheit selber.

Bio-Überlebensangst wird nur dann auf Dauer abgeschafft werden können, wenn der Reichtum auf der ganzen Welt ein Ausmass und eine Verteilung erreicht hat, bei dem jedem Individuum auf der Welt eine ausreichende Anzahl von Scheinen garantiert werden kann.

Das Hunger-Projekt, die Idee eines garantierten jährlichen Einkommens usw. – das alles sind erste, tastende Versuche in diese Richtung. Das Ideal aber kann nur mit Hilfe einer Technologie des Überflusses erreicht werden.

Extremfälle, also Personen, die ihre intensivsten Prägungen auf dem ersten (oralen) Schaltkreis haben, neigen zu Viscerotonie, denn diese Prägung steuert lebenslange endokrine und glanduläre Prozesse. So kommt es vor, dass sie als Erwachsene noch Milchgesichter haben, ihren «Babyspeck» nicht loswerden, rundlich, dick und gutmütig bleiben usw. Jede Art von Missbilligung «verletzt» (bedroht, erschreckt) sie, denn im Baby-Schaltkreis des Gehirns bedeutet Missbilligung etwa soviel wie drohende Vernichtung durch Unterbrechung des Nahrungsnachschubs.

Wir alle haben diesen Schaltkreis und müssen ihn regelmässig trainieren. Kuscheln, lutschen, schmusen usw. und die tägliche spielerische Beschäftigung entweder mit dem eigenen oder einem fremden Körper oder auch mit der Umwelt sind für das neurosomatisch-endokrine Wohlbefinden unerlässlich. Interessant ist, dass Leute, die solche ursprünglichen Funktionen ablehnen, möglicherweise wegen allzu starrer Prägungen des dritten (rationalen) oder vierten (moralischen) Schaltkreises, oft «ausgetrocknet», «verhutzelt» oder nicht besonders attraktiv wirken und dementsprechend «kalt» oder verspannt sind. Die Babyfunktionen, die man beim Spielen mit dem eigenen oder einem fremden Körper und der Umwelt trainiert, bleiben bei allen Tieren das ganze Leben lang konstant. Diese «spielerische Ader» ist ein typisches Kennzeichen für all die auffällig gesunden Individuen, die laut Maslow «sich selbst verwirklichen».

Wenn die erste Prägung negativer Art ist, wenn also das Universum im allgemeinen und andere Menschen im besonderen für gefährlich, bedrohlich oder aggressiv gehalten werden, dann wird der Beweisführer in der Regel das ganze Leben lang damit beschäftigt sein, seine Wahrnehmungen so zu filtern, dass sie diesem Schema gerecht werden. Dr. Edmund Bergler nennt solche Individuen «Ungerechtigkeits-Fanatiker».

Ein solches Schema verläuft auf dreierlei Weise unbewusst. Es ist zum einen unbewusst, weil es automatisch abläuft, d. h. ohne jedes Nachdenken, so wie ein Roboterprogramm. Es ist ausserdem unbewusst, weil es schon einsetzte, ehe das Kind überhaupt sprechen konnte; es ist also vor-sprachlich, unartikuliert, wird eher gefühlt als gedacht. Und zum dritten ist es unbewusst, weil es am ganzen Körper zugleich wahrgenommen wird. Dabei fällt als erstes der von Dr. Wilhelm Reich entdeckte sogenannte Atmungs-Block auf: ein chronischer Muskelpanzer, der richtiges und entspanntes Atmen verhindert. In der Umgangssprache nennt man solche Menschen «gehemmt».

Die erfolgreichen Techniken zur Neu-Programmierung dieses Schaltkreises (Therapien) beschäftigen sich zuerst mit dem Körper und nicht mit dem Geist. Reichianer, Rolfer, Urschrei-Therapeuten, Orrs Rebirthers, Gestalt-Psychologen usw. – sie alle wissen, egal welche Spezialausdrücke sie benutzen, dass eine negative Bio-Überlebensprägung nur dann korrigiert werden kann, wenn man an der biologischen Existenz selbst arbeitet, dem Körper also, der sich chronisch bedroht, verletzt oder angegriffen fühlt.

Gregory Bateson hat darauf hingewiesen, dass Konrad Lorenz seine erstaunlichen Erkenntnisse vom Prägungsprozess, für den er später den Nobelpreis bekam, dadurch erlangte, dass er bewusst versuchte, die Körperbewegungen der Tiere, mit denen er sich beschäftigte, nachzuahmen. Wenn man einer Vorlesung Lorenz zuhörte, bekam man jedes Tier, über das er sprach, buchstäblich zu sehen, denn Lorenz spielte oder wurde dieses Tier, ganz wie ein echter Schauspieler.

Schon vorher hatte Wilhelm Reich entdeckt, dass er seine Patienten beträchtlich besser verstehen konnte, wenn er ihre typischen Körperhaltungen und Gesten imitierte. Die Bio-Überlebensprägungen, speziell die traumatischen, zeigen sich am ganzen Körper und spiegeln sich laut Reich hauptsächlich in chronischen Muskelverspannungen und bestimmten automatischen Drüsenfunktionen.

Wenn Sie das «irrationale» Verhalten Ihres Gegenübers nicht verstehen, dann beobachten Sie einmal seinen Atem. Wahrscheinlich werden Sie dabei sehr schnell dahinter kommen, was mit ihm los ist. Aus diesem Grund legen auch alle Yoga-Schulen, egal ob sie buddhistisch, hinduistisch oder Sufi-orientiert sind, soviel Wert darauf, die natürliche Atmung wiederherzustellen, ehe sie überhaupt daran gehen, den Schülern höhere Schaltkreise oder erweitertes Bewusstsein nahezubringen.

Dies ist mehr als rein psychologischer Import. Jeder, der sich beispielsweise mit den psychosomatischen Aspekten von Krebs oder Asthma beschäftigt, wird auf diese typischen Merkmale von chronischer Muskelverspannung, die subjektiv oft als Angst empfunden wird, stossen. Was der Denker denkt, wird der Beweisführer beweisen. Die Menschen schnüren sich Tag für Tag ihre inneren Organe ab, nur weil sie ständig an Angst leiden.

Vielleicht hat Mary Baker Eddy ein wenig übertrieben, als sie behauptete, alle Krankheiten seien manifestierte Ängste, aber die ganzheitliche Medizin kommt mehr und mehr zu der Ansicht, dass Mrs. Eddy gar nicht so weit von den Tatsachen entfernt war, wenn man einfach das Wort «alle» durch «die meisten» ersetzt.

Selbst abgehalfterte alte Professoren, die keinen Gedanken mehr an ganzheitliche Medizin verschwenden würden, müssen zugeben, dass es Patienten gibt, die mysteriöserweise «empfänglicher» für bestimmte Krankheiten sind als andere. Was hat es denn nun mit dieser metaphysischen «Anfälligkeit» auf sich? Der Anthropologe Ashley Montagu hat zahlreiche Statistiken über Menschen ausgewertet, die im entscheidenden Stadium ihrer Prägungsempfänglichkeit die Mutter verloren hatten. Sie starben nicht nur viel früher als der Durchschnitt, sondern waren auch durchgängig anfälliger für Krankheiten und blieben sogar etwas kleiner als ihre Altersgenossen.

Es kann also nur eine Angst-Prägung des ersten Schaltkreises (Muskelverspannung) sein, die diese «Anfälligkeit» bewirkt – abgesehen von möglichen genetischen Faktoren natürlich.

Die christliche Wissenschaft, oder auch jede andere Religion, die dogmatisch verkündet, dass «Gott» uns glücklich und erfolgreich sehen will, ist in der Lage, solche Zustände auf «wunderbare» Weise zu heilen. Was der Denker denkt, wird der Beweisführer beweisen. Der absolute Glaube, dass «Gott» uns erhält, signalisiert, wenn er Tag für Tag aufs neue eingehämmert wird, allen Muskeln, sich zu entspannen, und so ist es kein Wunder, dass Gesundheit und natürliche Spannkraft innerhalb kürzester Zeit wieder zurückkehren.

Wenn der Bio-Überlebensschaltkreis Gefahr anzeigt, hört jede andere geistige Aktivität auf, und zwar das ganze Leben lang. Alle anderen Schaltkreise machen dicht, bis das Bio-Überlebensproblem gelöst ist, egal, ob tatsächlich oder nur symbolisch. Dies ist bei Gehirnwäschen und Gehirn-Programmen von entscheidender Bedeutung.

Um eine neue Prägung zu ermöglichen, sollte das Individuum zunächst wieder in einen kindlichen Zustand versetzt werden, also in Bio-Überlebensempfänglichkeit. Doch darauf werden wir später noch ausführlicher zurückkommen.

In prä-neurologischen Zeiten ist der Bio-Überlebensschaltkreis im allgemeinen das, was wir unter Bewusstsein verstehen. Es ist das Gefühl, sich im Hier und Jetzt zu befinden, in diesem verletzlichen Körper, einem Spielball roher Kräfte und Energien des physikalischen Universums. Im Zustand der «Bewusstlosigkeit» ist der Bio-Überlebensschaltkreis abgeschaltet und die Ärzte können an uns herumschnippeln, ohne dass wir versuchen würden, zu fliehen oder auch nur aufzuschreien.

Übungen

1. Beschliessen Sie, diesen primitiven Schaltkreis ab sofort zu geniessen. Spielen Sie schamlos mit sich, anderen und Ihrer Umgebung, genau wie ein neugeborenes Baby. Meditieren Sie über folgenden Satz: «Ehe ihr nicht werdet wie die Kinder, sollt ihr das Königreich des Himmels nicht betreten.»

2. Machen Sie sich nicht soviel Probleme mit Ihrem Gewicht. Wenn Ihr Gehirn richtig funktioniert, werden Sie ganz von selbst auf das optimale Gewicht für Ihre Körpergrösse kommen. Gönnen Sie sich einmal die Woche eine richtige Kalorienbombe zum Nachtisch.

3. Turnen Sie sich an (mit Marihuana, wenn Ihr Super-Ego nichts dagegen hat, oder auch mit Ginseng, das legal und überall zu haben ist und von vielen ganzheitlichen Medizinern empfohlen wird), und gehen Sie in die Sauna. Geniessen Sie das Wasser, eine Massage, die heissen Dämpfe. Machen Sie das für den Rest Ihres Lebens mindestens einmal die Woche so.

4. Belegen Sie mindestens drei Monate lang einen Kurs in Karate oder Kung Fu und lesen Sie anschliessend dieses Kapitel noch einmal. Sie werden überrascht sein, wieviel jeder Satz an Bedeutung gewonnen hat.

5. Legen Sie sich auf den Rücken und keuchen Sie. Zählen Sie dabei bis zwanzig (dabei zählt jeder Ein/Aus-Atmungsrhythmus als eins, nicht zwei). Keuchen bedeutet, schnell durch den Mund zu atmen, was von fast allen Gesundheitsexperten verboten wird, aber dies ist nur eine Übung, keine ständige Praktik. Bei zwanzig hören Sie auf und setzen die normale Atmung fort. Dabei atmen Sie langsam und rhythmisch durch die Nase, so wie es von den Yogis empfohlen wird. Zählen Sie auch hier wieder bis zwanzig. Dann wiederholen Sie die Anfangsübung und zählen wieder bis zwanzig. Und so weiter.

Im Tantra-Yoga nennt man das «Atem des Feuers». Die Resultate sind sehr inspirierend und erfrischend. Versuchen Sie selbst! Wie beim Gebrauch von Opiaten scheint diese Übung Neurotransmitter zu aktivieren, die denen der Muttermilch ähneln. Mit anderen Worten, sie versetzt Sie wieder in die kuschelige Geborgenheit Ihrer Kindheit. Und sie macht nicht süchtig.

6. Besuchen Sie ein Aquarium und beobachten Sie ganz genau. Versuchen Sie zu erkennen, wie der Überlebensschaltkreis eines Fisches funktioniert, und machen Sie sich klar, wo und wie dieser Schaltkreis das ganze Leben lang bei Ihnen funktioniert.

7. Wenn Sie selber kein Baby haben oder schon seit einiger Zeit keins mehr gehabt haben, spielen Sie eine Stunde lang mit dem Baby Ihrer Freunde und lesen Sie anschliessend dieses Kapitel noch einmal.

KAPITEL 4

DER ANAL-EMOTIONAL-TERRITORIALE SCHALTKREIS

Run, puppy, run!
Run, puppy, run!
Yonder comes the big dog –
Run, puppy, run!

Kindervers

Der zweite Schaltkreis, die emotional-territoriale Vernetzung des Gehirns, hat ausschliesslich mit Machtpolitik zu tun. Dieser «patriotische» Schaltkreis findet sich bei allen Wirbeltieren und ist zwischen fünfhundert und tausend Millionen Jahren alt. Beim modernen Menschen scheint er im «Thalamus» zu sitzen, dem sogenannten «Zwischenhirn» oder «alten Gehirn», und ist an das willkürliche Nervensystem und die Muskeln angeschlossen.

Dieser Schaltkreis macht sich bei jedem Neugeborenen spätestens dann bemerkbar, wenn das DNS-Mastertape RNS-Moleküle aussendet, die die Mutation vom Säugling zum Kleinkind in Gang setzen. Das bedeutet zunächst einmal, aufrecht stehen zu können. Laufen zu lernen, die Schwerkraft zu beherrschen, physikalische Hindernisse zu überwinden und andere politisch zu manipulieren – all das sind die «wunden» Punkte, an denen Prägungen und starke

Konditionierungen erfolgen können. Die Muskeln, die diese Machtfunktionen ausüben, werden im Handumdrehen mit dem programmiert, was sich zu chronischen, lebenslangen Reflexen auswächst.

Weil auch hier die Einwirkungen von Zufälligkeiten in der unmittelbaren Umgebung abhängig sind, wird dieser Schaltkreis entweder eine starke, dominierende oder eine schwache, untergeordnete Rolle in der Meute (Familie) nach sich ziehen. Man braucht nicht unbedingt eine ethologische Dschungelexpedition mitzumachen, um festzustellen, dass dieser Prägungsprozess bei allen Säugetieren zu beobachten ist. Und immer wird dabei sehr schnell entschieden, wer künftig eine über- und wer eine unterlegene Rolle spielen wird.

Der individuelle Status im Rudel oder Stamm wird auf der Basis von prä-verbalen Signalsystemen (Kinesik) vergeben, in dem die oben erwähnten Muskelreflexe entscheidende Bedeutung besitzen. Bei allen emotionalen Spielen oder Tricks, die in den beliebten psychologischen Spielebüchern von Dr. Eric Berne und den Transaktionsanalytikern enthalten sind, handelt es sich um Prägungen des zweiten Schaltkreises, bzw. säugetierische Standardpolitik.

Dazu eine Passage aus meinem Roman *Schrödingers Katze*:

> Die meisten domestizierten Primaten auf Terra hatten keine Ahnung davon, dass sie Primaten waren. Sie hielten sich für etwas anderes und «Besseres» als den Rest des Planeten. Selbst Benny Benedict ging in seiner Kolummne «Noch ein Monat» davon aus. Benny hatte zwar Darwin gelesen, aber das war im College gewesen und schon eine ganze Weile her. Er hatte dort auch von Wissenschaften wie Ethologie und Ökologie gehört, aber die Fakten der Evolution waren ihm nie richtig klar geworden. Er hielt sich keineswegs für einen Primaten und hatte auch noch nie bemerkt, dass seine Freunde und Bekannten welche waren. Vor allem erkannte er nicht, dass die *Alpha-Männchen* von Unistat typische Anführer von Primatenbanden waren. Als Folge dieser Unfähigkeit, das Offensichtliche zu erkennen, war Benny ständig über sein eigenes Verhalten und das seiner Freunde, Bekannten und besonders der *Alpha-Männchen* bekümmert, manchmal sogar richtiggehend entsetzt. Weil er nicht wusste, dass dies ein ganz normales Primatenverhalten ist, erschien es ihm *einfach schrecklich.*

Da man einen ziemlich grossen Teil des Primatenverhaltens einfach schrecklich fand, verbrachten die meisten domestizierten Primaten eine Menge Zeit damit, ihre Machenschaften zu vertuschen.

Einige Primaten wurden von anderen Primaten *erwischt.* Alle Primaten lebten in der ständigen Angst, erwischt zu werden. Diejenigen, die erwischt worden waren, nannte man *dreckige Scheisser.*

Die Bezeichnung dreckiger Scheisser war ein aufschlussreicher Ausdruck aus der Primatenpsychologie. Ein wilder Primat (eine Schimpansin), der zwei domestizierte Primaten (Wissenschaftler) die Zeichensprache beigebracht hatten, brachte beispielsweise spontan die Zeichen für «Scheisse» und «Wissenschaftler» zusammen, um einen Wissenschaftler zu beschreiben, den sie nicht ausstehen konnte. Die Schimpansin bezeichnete ihn also als «Scheisswissenschaftler». Ein anderes Mal signalisierte sie «Scheisse» und «Schimpanse» für einen Schimpansen, den sie nicht mochte. Sie nannte ihn «Scheissschimpanse».

«Du dreckiger Scheisser», beschimpften sich die Primaten gegenseitig. Diese Metapher war tief in der Primatenpsychologie verwurzelt, denn Primaten markieren ihre Territorien mit ihren Exkrementen und manchmal bewerfen sie sich sogar damit, wenn sie sich über ein bestimmtes Territorium streiten.

Ein Primat verfasste ein dickes Buch, in dem er bis ins kleinste Detail schilderte, wie man politische Feinde bestrafen sollte. Er stellte sie sich in einem riesigen Loch im Erdboden vor, das voller Rauch, Flammen und Strömen von Scheisse war. Dieser Primat hiess Dante Alighieri.

Ein anderer Primat lehrte, dass jeder Primatensäugling eine Phase durchläuft, in der er hauptsächlich mit dem Bio-Überleben beschäftigt ist, d. h. mit Mamas Titten. Er nannte dieses Stadium die orale Phase. Als nächstes durchläuft der Säugling eine Phase, in der er die Politik der Säugetiere erlernt, d. h. den Vater (das Alpha-Männchen) und dessen Autorität und Territorialansprüche akzeptiert. Das nannte er mit einer Sensibilität, über die nur ganz wenige Primaten verfügten, die anale Phase.

Dieser Primat hiess Freud. Er hatte sein eigenes Nervensystem auseinandergenommen und die Schaltkreise der einzelnen Komponenten untersucht, indem er ihren Aufbau in bestimmten Abständen mit Neurochemikalien veränderte.

Folgende Anal-Beleidigungen warfen sich die domestizierten Primaten an den Kopf, wenn sie um ihr Territorium kämpften: «Damit kannst du dir den Arsch abwischen!», «Leck mich doch am Arsch!», «Du steckst ja voller Scheisse!» und viele andere.

Eins der meistbewundertsten Alpha-Männchen im Königreich Franken war General Canbronne. General Canbronne verdankte diese Bewunderung einer Antwort, mit der er mal eine Aufforderung, sich zu ergeben, pariert hatte.

«Merde», war die Antwort von General Canbronne.

Das Wort «Petarde» bedeutet eine Art Bombe. Es stammt aus derselben altenglischen Wurzel wie das Wort «fart».

General Canbronnes Mentalität war typisch für die Alpha-Männchen der militärischen Kaste.

Wenn Primaten in den Krieg zogen oder sonstwie gewalttätig wurden, sagten sie, sie würden ihren Feinden die *Scheisse aus dem Leib prügeln.*

Sie redeten auch davon, sich gegenseitig fix und fertig zumachen.

Der übliche «Autoritätsreflex» auf dem emotional-territorialen Schaltkreis besteht darin, die Muskeln spielen zu lassen und loszubrüllen. Das können Sie bei Vögeln genauso gut beobachten wie bei der Aufsichtsratsversammlung Ihrer Bank. Dagegen besteht der übliche «Unterwerfungsreflex» darin, sich so klein wie möglich zu machen, den Schwanz einzuziehen und «zu kriechen». Dieses Verhalten lässt sich bei Hunden, Hühnern, Primaten und Angestellten, die ihren Job behalten wollen, auf der ganzen Welt beobachten.

Wenn der erste (Bio-Überlebens-)Schaltkreis noch hauptsächlich von der Mutter geprägt ist, so ist beim zweiten (emotional-territorialen) vor allem der Vater beteiligt – das nächstbeste Alpha-Männchen. Der Soziologe Gordon R. Taylor ist der Ansicht, dass Gesellschaften ständig zwischen matriarchalischen und/oder matrilinearen und/oder mutter-fixierten und patriarchalischen und/oder patrilinearen und/oder vater-fixierten Perioden hin und her pendeln.

Taylors Tabelle der Charakteristiken dieser «matrischen» und «patrischen» Perioden sieht folgendermassen aus:

Matrisch	*Patrisch*
sexuell liberal	sexuell gehemmt
Freiheit für die Frau	Eingeschränkte Freiheit für die Frau
Frauen haben hohen Status	Frauen haben niedrigen Status
Keuschheit wird niedrig eingeschätzt	Keuschheit wird hoch eingeschätzt
Gleichmacherisch	Autoritär
Fortschrittlich	Konservativ
Keine Angst vor Forschung	Angst vor Forschung
Spontan	Gehemmt
Sexuelle Unterschiede sind minimal	Sexuelle Unterschiede sind gross
Angst vor Inzest	Angst vor Homosexualität
Hedonistisch	Asketisch
Muttergöttin	Vatergott

Ob Gesellschaften wirklich zwischen diesen Extremen hin- und herpendeln, wie Taylor behauptet, sei einmal dahingestellt, Individuen tun es jedoch mit Sicherheit. Dies sind die Folgen davon, dass man seine stärksten Prägungen entweder auf dem oralen (matrischen) Bio-Überlebensschaltkreis oder auf dem analen (patrischen) territorialen Schaltkreis hat.

Prä-ethologisch ausgedrückt ist der emotional-territoriale Schaltkreis das, was wir normalerweise «Ego» nennen. *Ego ist ganz einfach die säugetierische Statusanerkennung eines Individuums im Rudel.* Es ist eine Rolle, wie die Soziologen sagen, ein einzelner Gehirnschaltkreis, der sich fälschlicherweise für das ganze Sein, den kompletten Denkapparat hält. «Der Egoist benimmt sich wie ein Zweijähriger», heisst es in der Umgangssprache, denn das Ego wird genau dann geprägt, wenn das Kleinkind laufen lernt und allmählich anfängt, sauber zu werden.

Die Frage, inwieweit bei Tieren, insbesondere Schosshündchen oder Katzen, von menschlichen Zügen gesprochen werden kann, beschäftigt Wissenschaftler und Laien seit langer Zeit und treibt sie – auch untereinander – zu den verschiedensten Ansichten. Was unsere hier erörterte Theorie angeht, so sind die Unterschiede zwischen domestizierten Primaten (Menschen) und anderen domestizierten Tieren gleich null, jedenfalls, solange wir uns ausdrücklich auf die ersten beiden Schaltkreise beschränken. (Da die meisten Menschen ihre Zeit fast ständig mit diesen beiden Schaltkreisen verbringen, sind die Unterschiede oft weniger auffallend als die Ähnlichkeiten.) Richtige Unterschiede werden erst dann sichtbar, wenn wir uns mit dem semantischen Schaltkreis beschäftigen.

Beispielsweise machen Anfänger beim Trainieren von Hunden immer den Fehler, zu viele Worte zu verwenden.

Da Hunde in so mannigfacher Weise «menschlich» reagieren, (denn Hunde sind genauso wie Primaten ausgezeichnete Schauspieler), vermutet der Neuling noch viel zuviel «Menschliches» in ihnen. Der durchschnittliche Hund hat ein Vokabular von etwa hundertfünfzig Worten und ist innerhalb dieses semantischen Universums ziemlich helle. Man wird einem Hund ohne grosse Probleme die Bedeutung von «Platz!», «Bei Fuss!», «Fass!» usw. beibringen können, er wird sogar lernen, was «Futter» und «Gassi» ist, ohne dass Sie auch nur versuchen, es ihm zu lehren. Problematisch wird es erst, wenn der Anfänger erwartet, dass sein Hund etwas so Kompliziertes versteht: «Nein... nein, Fritz, du kannst dich überall im Schlafzimmer hinlegen, aber nicht aufs Bett!» Selbst ein Mensch, der kein Deutsch spricht, würde das nicht verstehen, es sei denn, in vagen Umrissen. Ein Hund bemüht sich gar nicht erst um solche Sätze und errät so viel er kann aus Ihrer säugetierischen (unbewussten) Körpersprache.

Wenn man diese Unterschiede zwischen Mensch und Hund versteht, kann man die Kommunikation zwischen ihnen auch um einiges verbessern. Meine Frau, eine Soziologin, brachte ihrem Hund einmal auf die drastischste Art und Weise, die man sich vorstellen kann, bei, am Tisch nicht zu betteln. Sie knurrte ihn die ersten paar Male einfach an, wenn wir beim Essen sassen und er angeschlichen kam. Natürlich hatte sie sich mit Ethologie beschäftigt und der Hund verstand sie ausgezeichnet. Bald hatte er gelernt, einen grossen Bogen um den Tisch zu machen, wenn die Rudelführer (meine Frau und ich) beim Essen sassen. Seine genetischen Programme machten ihm klar, dass wir hier die Bosse waren oder jedenfalls den Bossen so ähnlich waren, wie es in dieser (menschlichen) Umgebung möglich war. Hunde sind nämlich genauso wie Wölfe genetisch darauf programmiert, ihre Rudelführer nicht zu stören, solange sie fressen. Und das Knurren meiner Frau sagte ihm alles, was er über die lokalen Parameter dieser Regel wissen musste.

Personen, die ihre stärkste Prägung auf dem territorial-emotionalen Schaltkreis haben, neigen zu Muskulotonie, d. h. sie konzentrieren fast ihre gesamte Energie und Aufmerksamkeit in den muskulösen Angriffs- und Verteidigungssystemen und wachsen zu den reinsten Mittelgewichten heran: schwer genug, um nicht selber niedergeschlagen zu werden, aber auch leicht genug, um schnell und locker zu bleiben. Nicht selten werden sie Bodybuilder, Gewichtheber oder ähnliches. Ausserdem haben sie einen auffallenden Hang dazu, sich (ihren Körper) zur Schau zu stellen. Sogar wenn man ihnen die Hand schüttelt, hat man den Eindruck, dass es ihnen nicht darum geht, höflich zu sein, sondern Macht zu demonstrieren.

Die meisten Gesellschaften schieben solche Typen ins Militär ab, wo man sie ihren Fähigkeiten entsprechend, ethologisch angemessen beschäftigen kann, indem man ihnen die Aufgabe erteilt, das Stammesgebiet zu verteidigen. Die anale Fixierung dieses Schaltkreises erklärt übrigens die merkwürdige Sprache beim Militär, die schon Norman Mailer aufgefallen war: «Arsch» bedeutet das ganze Wesen eines Individuums («Bewegt Eure Ärsche») und «Scheisse» meint sämtliche Umstände und Bedingungen der Umgebung («Nimmt diese Scheisse denn nie ein Ende?»).

(Spitze der Hackordnung)

«Die Befehle gebe ich hier!» «Es ist ganz sicher hier draussen.»

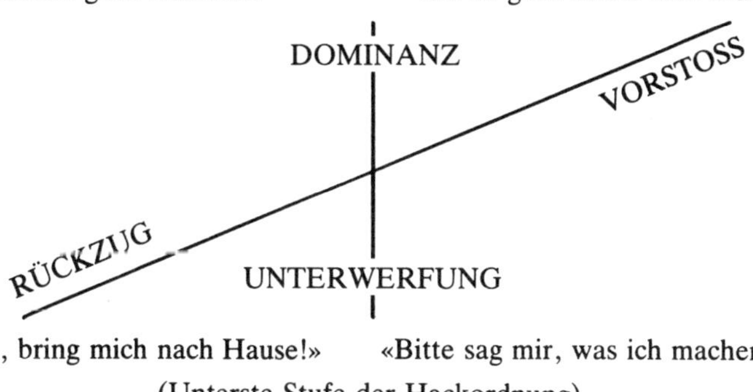

«Mami, bring mich nach Hause!» «Bitte sag mir, was ich machen soll!»

(Unterste Stufe der Hackordnung)

Der zweite, emotional-territoriale Schaltkreis schafft einen zweidimensionalen sozialen Raum in Verbindung mit Rückzugs- oder Vorstossverhalten des ersten Schaltkreises.

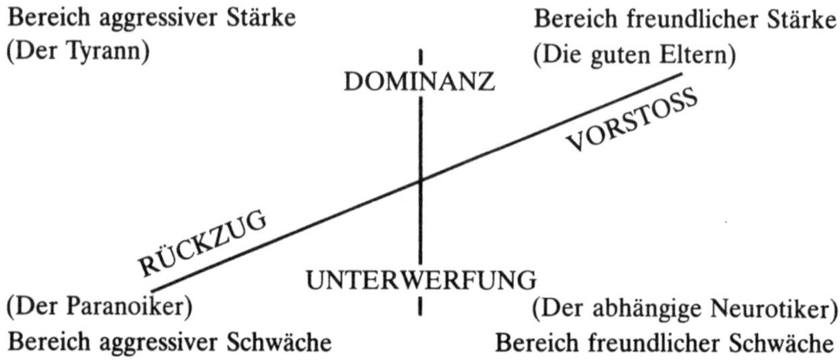

Die Vernetzung der Schaltkreise I und II schafft vier Quadranten. Achten Sie darauf, dass aggressive Stärke (der Tyrann) zu paranoidem Rückzug neigt; er muss zwar herrschen, aber er hat auch Angst. Nicht nur vor einer Karriere à la Hitler, Stalin, Howard Hughes usw., sondern auch vor dem unerreichbaren Schloss und Gericht in Kafkas Gleichnissen. Der abhängige Neurotiker dagegen zieht sich keineswegs zurück, statt dessen wirft er (oder sie) sich Ihnen an den Hals und verlangt die Erfüllung seiner emotionalen «Bedürfnisse» (Prägungen).

Diese vier Quadranten sind so alt wie das aufdämmernde menschliche Selbst-Bewusstsein. In der Terminologie des Hippokrates heissen die vier Prägungstypen oder Temperamente:

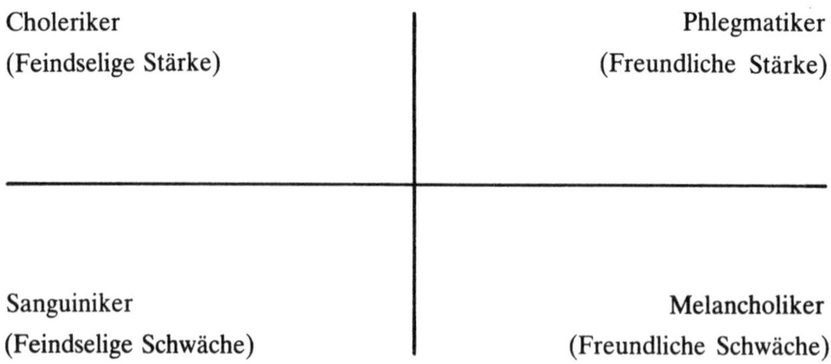

Gehen wir nach dem Uhrzeigersinn vor. Der sanguinische Typ (freundliche Stärke) wurde mit dem Archetyp des Löwen und dem

Element des Feuers identifiziert. Mit dem Löwen, weil die Würde dieser Riesenkatzen positive Kraft ausstrahlt und mit dem Feuer, weil es für Macht steht. Der phlegmatische Typ (freundliche Schwäche) wurde mit dem Archetyp des Engels und dem Element des Wassers identifiziert. Diese Menschen sind im allgemeinen «zu sensibel, um zu kämpfen» und «folgen der Strömung». Die melancholischen Typen (feindselige Schwäche) wurden mit dem Archetyp des Stiers (widerborstiges Misstrauen und Paranoia) und dem Element Erde gleichgesetzt, das für unbewusste Sabotagetendenzen steht. (Das ist seit altersher die Lage, in der eine geschlagene Rasse mit ihrem Bezwinger verhandelt.) Der cholerische Typ (feindselige Stärke) wurde mit dem Archetyp des Adlers (Symbol des römischen Reichs, der deutschen Könige usw.) und dem Element Luft gleichgesetzt; Luft deutet wahrscheinlich auf den Himmel – diese Typen sind «erhaben und mächtig».

Diese Symbole haben eine lange Geschichte. Kabbalisten entdekken sie schon im Alten Testament, wo Löwe, Engel, Stier und Adler bei Ezekiel auftauchen. Sie sind ein stets wiederkehrendes Element in der katholischen Kunstgeschichte und stehen mit den vier Evangelisten (Matthäus = Engel; Markus = Löwe; Lukas = Stier und Johannes = Adler) in Verbindung. Sie sind übrigens auch die vier alten Männer in *Finnegans Wake:* Matt Gregory ist der Engel, denn sein Nachname enthält ein Ego; Marcus Lyone ist der Löwe; Luke Tarpey steht für Taurus, den Stier; Johnny McDougal enthält ougal, den Adler. Ausserdem findet man sie in jedem Tarotspiel wieder, ganz gleich, ob es noch aus dem Mittelalter stammt oder modern ist.

In der schlauen Terminologie des modischen Transaktionsanalysen-Systems werden diese vier Prägungen als die vier grundlegenden Lebenshaltungen kategorisiert:

Cholerisch Feindselige Stärke *«Ich bin okay, du bist nicht okay!»*	Phlegmatisch Freundliche Stärke *«Ich bin okay, du bist okay!»*
«Ich bin nicht okay, du bist nicht okay!» Sanguinisch Feindselige Schwäche	*«Ich bin nicht okay, du bist okay!»* Melancholisch Freundliche Schwäche

Es sind meistens die phlegmatischen Typen (freundliche Schwäche, abhängige Neurotiker), die im Büro eines Psychotherapeuten aufkreuzen und freiwillig nach Neuprägung fragen. Auch wenn sie selber nicht okay sind, können sie trotzdem ihr ganzes Vertrauen in die Hoffnung setzen, dass der Therapeut okay ist.

Die cholerischen und melancholischen Typen gehen nur deshalb zum Therapeuten, wenn überhaupt, weil ihre Partner oder Familie oder häufiger noch, ein Gericht sie aufgefordert haben, ihre zwanghafte Feindseligkeit abzubauen und zu versuchen, sich neu zu prägen.

Die Sanguiniker dagegen erscheinen so gut wie gar nicht zur Therapie. Sie sind, so wie der Rest der Gesellschaft, mit ihrem Leben zufrieden. Aber auch sie geraten gelegentlich in eine Situation, in der sie eine Art von Therapie brauchen, einfach, weil sie möglicherweise zuviel Verantwortung auf sich genommen oder sich zuviel zugemutet haben. Sie tauchen aber im allgemeinen nur beim Therapeuten auf, weil ihr Hausarzt sie dorthin geschickt hat, der intuitiv erkannte, woher ihre Magengeschwüre stammen.

Dieses Schema ist keineswegs unveränderlich und will auch nicht unterstellen, dass es *nur* vier Typen von menschlichen Robotern gibt. Die anderen Schaltkreise, auf die wir später noch zu sprechen kommen, modifizieren unser Schema ganz beträchtlich. Es gibt nicht nur Prägungen, die zwischen verschiedenen Quadranten hin und her pendeln, sondern auch spontane Bewusstseinsveränderungen, die jedem von uns passieren könnten. Ich möchte ausdrücklich betonen, dass diese vier Archetypen nur der Einfachheit halber aufgestellt worden sind. Ausserdem sind sie bequem, wie ihr Wiederauftauchen in der Transaktionsanalyse bezeugt, in der ihre historische Verbindung mit Löwe, Engel, Stier und Adler noch nicht einmal erkannt worden ist. Aber jeder Quadrant kann auch beliebig weiter unterteilt werden, wenn es diagnostische Techniken erfordern.

Ein psychologischer Test, der in Amerika weit verbreitet ist, Learys Interpersonalraster von 1957, unterteilt die vier Quadranten in sechzehn Subquadranten. Mit ihrer Hilfe ist es möglich, Verhaltensweisen von mittlerer bis exzessiver Stärke abzustufen. In diesem Raster erscheinen die gemässigten Prägungen mehr im Zentrum und die exzessiven oder extremen Fälle eher an der Peripherie, obwohl das den Messungen zugrunde liegende Verhalten grundsätzlich von den ersten beiden Schaltkreisen (orales Bio-Überleben und anal-territoriale Orientierung) geprägt sind.

Um dies noch weiter zu verdeutlichen, wollen wir uns einmal vorstellen, dass im John J. Boscowitz Memorial Hospital von Enny Town im gleichen Augenblick vier Babies geboren werden. Zwanzig Jahre später hat jedes von ihnen eine unterschiedliche Persönlichkeit und einen individuellen Lebensstil entwickelt (das wird den Astrologen natürlich Kopfzerbrechen machen, aber lassen wir das mal beiseite). Machen wir es uns einfach und gehen davon aus, dass sie tatsächlich in unseren vier Quadranten gelandet sind.

Testperson Nr. 1 ist verantworungsbewusst, übermässig konventionell und phlegmatisch. Alle Welt hält sie (oder ihn) normalerweise für einen beliebten Gruppenführer – hilfsbereit, rücksichtsvoll, freundlich und überaus erfolgreich. Man könnte vielleicht sogar sagen, dass sie (oder er) die Umwelt mit Freundlichkeit überschüttet, dass sie alles verzeiht, mit jedermann übereinstimmt und es richtig geniesst, die zu beherrschen, die sich nicht selber beherrschen können. Der Inbegriff eines würdevollen Löwen.

Diese Person könnte durchaus ein totaler Roboter sein (und ist es wahrscheinlich auch). Wenn sie (oder er) *nie* eindeutige Befehle erteilen, *nie* an anderen zweifeln kann, *nie* egozentrisch ist usw., dann ist sie mechanisch vom ersten Quadranten (freundliche Stärke) geprägt. Wenn sie andererseits in der Lage ist, sich in bestimmten Situationen aus diesem ersten Quadranten herauszubewegen (etwa Aggression gegen Einbrecher zu zeigen, Schwäche zuzugeben, wenn sie überwältigt ist), dann hat sie eine geprägte oder konditionierte Vorliebe für «Ich bin okay, du bist okay», wird aber nicht ganz und gar von dieser Einstellung beherrscht.

Testperson Nr. 2 ist nach den gleichen zwanzig Jahren Prägung und Konditionierung im zweiten Quadranten (freundliche Schwäche, Melancholie) gelandet. Sie (oder er) ist selbstkritisch, schüchtern, ängstlich, leicht beeinflussbar, «hat kein Rückgrat» und ist immer auf der Suche nach irgend jemand, der ihr die Führung abnimmt und Befehle erteilt. Sie (oder er) ist der unirdische Engel, oder, im modernen Symbolismus, das Blumenkind.

Auch hier kann die Prägung und/oder Konditionierung völlig automatisch erfolgt sein, oder die betreffende Person mag flexibel genug sein, um, wenn nötig, zu einem anderen Quadranten zu springen.

Testperson Nr. 3 ist ebenfalls entweder als Roboter oder, mit etwas Fähigkeit zu Flexibilität, im dritten Quadranten (feindselige

Schwäche, mürrisches Temperament) gelandet. Sie (oder er) misstraut jedermann, lehnt sich gegen alles auf, steckt voller Sarkasmus, nörgelt an allem herum und ist im grossen und ganzen verbittert, empfindlich und (zu einem gewissen Grad) paranoid. Der übellaunige Stier.

Testperson Nr. 4 ist im vierten Quadranten (feindselige Stärke, cholerisches Temperament) gelandet und wird meistens als grossspurig, kalt, gefühlsarm, herrschsüchtig, eingebildet, aufgeblasen usw. empfunden, gilt aber im allgemeinen trotzdem als guter Führer. Ein kaiserlicher Adler.

Die Ironie und die Tragik des menschlichen Schicksals liegt darin, dass sich keine dieser Testpersonen ihrer Roboterrolle bewusst ist. Jeder wird Ihnen ausführlich und überzeugend erläutern, dass diese automatischen, regelmässig auftretenden Reflexe von der Umgebung verursacht werden, also vom «schlechten» Verhalten der anderen.

Was der Denker denkt, wird der Beweisführer beweisen.

Wenn man nun diese vier Primaten auf einer einsamen Insel aussetzen würde, könnte man vorhersagen, und zwar mit der Genauigkeit eines Chemikers, der uns sagen kann, was passiert, wenn man vier Elemente zusammenfügt, dass Testperson Nr. 1 und Testperson Nr. 4 (freundliche und aggressive Stärke) beide versuchen werden, die Führung zu übernehmen: Nr. 1, um den anderen zu helfen, Nr. 4, weil sie (oder er) sich einfach keinen besseren in dieser Führungsposition vorstellen kann. Nr. 1 wird sich dann Nr. 4 unterwerfen, weil Nr. 1 möchte, dass zum Besten der Gemeinschaft alles so gut wie möglich läuft und es wird nie gut laufen, wenn nicht Nr. 4 der Boss ist. Nr. 2 ist es völlig egal, ob Nr. 1 oder Nr. 4 am Ruder sind, Hauptsache, irgendwer trifft die Entscheidungen. Und Nr. 3 wird meckern (und meckern und meckern), egal, wer die Verantwortung übernimmt, während sie gleichzeitig geschickt jede Möglichkeit des Handelns vermeidet, die es erforderte, dass sie persönliche Verantwortung übernimmt.

Die gleichen politischen Entscheidungen würden übrigens auch von vier Schimpansen oder vier Hunden getroffen, wenn sie die vier Prägungsquadranten in gleicher Weise erfüllt hätten wie die vier Testpersonen in unserem hypothetischen Beispiel.

Soziobiologen, die sich dieser vier Quadranten, nicht nur in menschlichen, sondern auch in tierischen Gesellschaften durchaus bewusst sind, behaupten gern, dass jeder Organismus mit einer genetischen Veranlagung geboren wird, die ihn zwingt, eine dieser

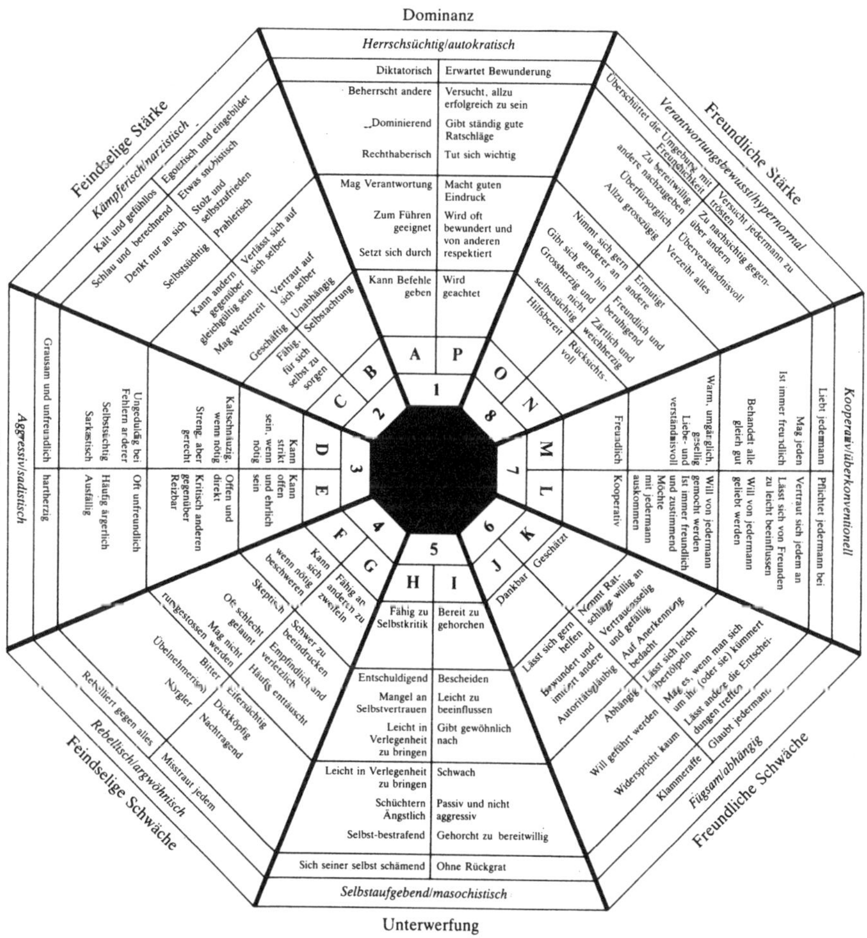

Leary's Raster

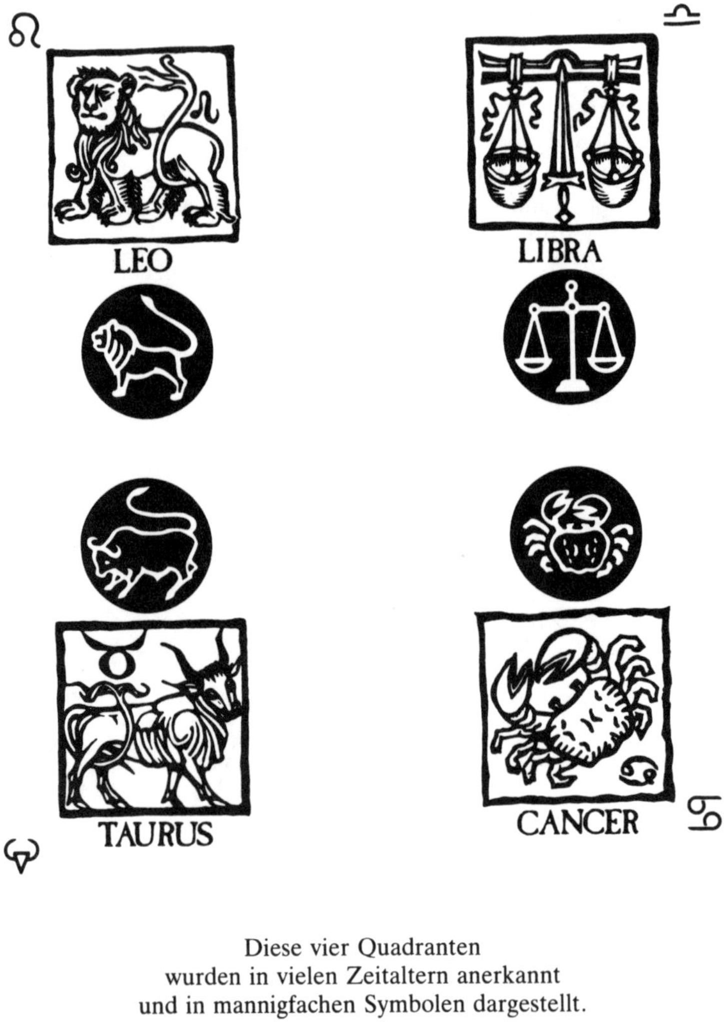

Diese vier Quadranten
wurden in vielen Zeitaltern anerkannt
und in mannigfachen Symbolen dargestellt.

Rollen zu übernehmen. Dogmatische Liberale, die die Soziobiologie per se kritisieren, halten diese Idee für lächerlich, wenn nicht gar absurd. Wir wollen hier nicht versuchen, diese schwierige Frage zu beantworten; denn alle Ansätze, zu entscheiden, welche Aspekte des Verhaltens genetisch bedingt und welche erst nach der Geburt erlernt wurden, gehen im Sumpf ideologischer Metaphysik unter, während wirkliche Daten fehlen. Wir behaupten nur, dass jeder Organismus mit einer Veranlagung zur Prägungs-Empfänglichkeit geboren wird, wobei es keine Rolle spielt, zu welchem Quadranten Sie oder ich neigen. Wenn die Prägung sich erst mal in dem neuralen Schaltkreis festgesetzt hat, funktioniert sie so automatisch wie jede x-beliebige genetische Schaltung.

Auf die Art und Weise, wie man Prägungen verändern kann, kommen wir noch. Die Übungen zu jedem Kapitel sind so konzipiert, dass sie die Prägungen etwas weniger starr, ein bisschen flexibler erscheinen lassen.

Die beiden oberen Felder von Learys Raster – freundliche Stärke und feindselige Stärke – korrespondieren in etwa mit dem, was Nietzsche Herrenmoral genannt hat, also der Ethik der herrschenden Klassen. Tatsächlich ist der Choleriker (feindselige Stärke) der Inbegriff von Nietzsches «Blonder Bestie», dem primitiven Eroberer- oder Piratentyp, dem wir bei der Heraufdämmerung jeder neuen Zivilisation begegnen. Nietzsche nannte dies auch die «tierische» oder «nicht sublimierte» Form des Machtstrebens.

(Freundliche Stärke dagegen entspricht *nicht* oder nur sehr vage Nietzsches «sublimiertem Machtstreben». Um das genauer zu untersuchen, müssen wir warten, bis wir zum fünften (neurosomatischen) Schaltkreis kommen, dem Stadium der Bewusstseinsentwicklung.)

Die beiden unteren Felder (freundliche und feindselige Schwäche) korrespondieren mit Nietzsches Sklavenmoral, der Ethik der Sklaven, Leibeigenen, «Unterklasse» oder «Untermenschen» auf der ganzen Welt. Nietzsches Konzept vom «Ressentiment» – einem versteckten Rachewunsch innerhalb altruistischer Philosophien – geht davon aus, dass es auch auf der Seite der freundlichen Schwäche, d. h. in der traditionell überlieferten «christlichen Ethik», wie sie beispielsweise im Bild des sanften Jesuskindes typisiert wird, aggressive Elemente gibt. Dieses Paradox – der freundliche Schwächling ist in Wirklichkeit ein verkappter aggressiver Schwächling, das Blumenkind ein potentieller Robotkiller à la Manson – ist in der modernen klinischen Terminologie als Phänomen des «passiven Aggressors» bekannt. Okkultisten haben wieder eine eigene, recht merkwürdige Bezeichnung: «psychische Vampire».

Deshalb behauptete Nietzsche auch, dass der heilige Paulus das Evangelium (die gute Nachricht Jesus) verfälscht und durch ein Dysangelium (eine schlechte Nachricht) ersetzt habe. Das Original war laut Nietzsche der Inbegriff «sublimierten Machtstrebens», der Pfad der bewussten Entwicklung auf den Übermenschen zu. Das Dysangelium dagegen verkündete von Anfang an die traditionelle Sklavenmoral: «Sklaven, gehorcht euren Herren», aber nährt eure Ressentiments mit dem festen Glauben daran, dass ihr gut seid und sie schlecht, und dann werdet ihr eines Tages schon das Vergnügen haben, sie in der Hölle schmoren zu sehen. Wenn man Nietzsches Analyse folgen will, war alles, was Marx dieser Vorstellung hinzufügte, die Forderung, die Herrenklasse im Hier und Jetzt abzusetzen und zu verbrennen, statt auf einen «Gott» zu warten, der sich der Angelegenheit erst *post mortem* annehmen könnte.

Die gleiche Ansicht spiegelt auch e. e. cummings unvergesslicher Doppelzeiler über die kommunistische Intelligenzia der 30er Jahre wieder:

Jeder kumrad ist ein wenig
konzentrierter hass.

In diesem Zusammenhang ist es übrigens interessant, zu beobachten, dass Nietzsche im Lauf der Zeit die «psychologische» Terminologie in seinen Büchern aufgab und sie durch eine «physiologische» ersetzte. In seinem Spätwerk, etwa im Anti-Christen, werden die Ressentiments innerhalb der Sklavenmoral (konventionelles Christentum) beispielsweise als physiologische Reaktion diagnostiziert, die für bestimmte physikalische Typen charakteristisch ist. Nietzsche war durchaus auf der richtigen Fährte, da ihm aber die Neurologie fehlte, konnte er nur in der Genetik nach den physikalischen Grundlagen dieser Prozesse suchen. Die Theorie der Prägung dagegen behauptet, dass solche physiologischen Unterwerfungsreflexe in frühen Stadien der Prägungs-Empfindlichkeit von spezifischen Auslösern verursacht werden.

Trotzdem zeigen sie sich am ganzen Körper zugleich und sind deshalb physiologischer Natur. Jeder Schauspieler weiss das und wird sich aufplustern oder in sich zusammenfallen, je nachdem, ob er einen

Kraftprotz oder einen Schwächling zu spielen hat. Rod Steiger zum Beispiel scheint in der Tat zu wachsen, beziehungsweise zu schrumpfen, je nachdem, ob er einen Macher oder einen Waschlappen verkörpert.

Vergessen wir nicht, dass wir alle diese Kategorien nur der Einfachheit halber aufgestellt haben und die Natur all diese scharfen Grenzen, die wir in unserem Modell von der Natur zeichnen, nicht kennt. So können wir Learys Raster von 1957 und unsere vier Typen in sechzehn Untergruppen mit je vier Graden, insgesamt also vierundsechzig Unterteilungen, gliedern.

Im nächsten Abschnitt werden wir, um das, was komplex zu werden droht, zu vereinfachen, wieder alles auf die Interaktion zwischen den ersten beiden Schaltkreisen zurückführen.

Jedes System, das menschliche Verhaltensweisen beschreibt, sollte so flexibel sein, dass es unbeschränkt ausgebaut werden kann, und sollte auch noch bedeutsam bleiben, wenn es auf seine Hauptmerkmale reduziert wird.

Da wir alle über einen emotional-territorialen Schaltkreis verfügen, sollten wir ihn auch täglich trainieren.

Mit Kindern zu spielen, ist eine gute Übung dafür – besonders in grösseren Gruppen. In diesem Fall wird man sich im Handumdrehn in der Rolle eines Schiedsrichters über säugetierische Territorialstreitigkeiten wiederfinden. Schwimmen, Joggen oder was immer Sie sonst gern an Sport treiben, ist gut, damit die Muskeln nicht länger das Gefühl haben, dass Sie sie vertrocknen lassen wollen. Der Versuch, die Gefühle eines anderen zu «erspüren», ist eine der besten Übungen für diesen Schaltkreis und auch sonst sehr lehrreich. Es aktiviert die alten Säugetierzentren im Thalamus, wo Körpersprache emotionale Signale ausstrahlt.

Ein guter General zum Beispiel findet mit Hilfe dieses Schaltkreises vielleicht heraus, was der feindliche General vorhat. Eine gute Mutter dagegen benutzt ihn, um herauszufinden, warum ihr Baby schreit und was es jetzt im Gegensatz zu eben zu bedeuten hat.

Fortgeschrittenes Arbeiten mit diesem Schaltkreis, das übrigens auch Gefahren für persönliche Beziehungen birgt, schliesst auch Spiele ein, in denen es beispielsweise darum geht, jemandem Widerstand zu leisten, wenn man das bisher nicht konnte, oder zu lernen, sich willig zu unterwerfen, wenn einem das Schwierigkeiten machte, aber auch, Wut zu zeigen und sie dann zu vergessen, wenn sie verpufft ist.

Nachdenkliche oder visuell orientierte Leser werden bemerkt haben, dass jeder «Extremtyp» als Mittelstück des grossen Leary-Kuchens dargestellt werden kann.

Freundliche Stärke	Feindselige Stärke	Feindselige Schwäche	Freundliche Schwäche

Offensichtlich wäre das Ideal einer ausgeglichenen Persönlichkeit, also einer, die nicht roboterisiert ist und in der Lage ist, sich wechselnden Gegebenheiten spontan anzupassen, nicht in dieser Weise auf das Zentrum des Rasters fixiert. Eine solche Person wäre nämlich fähig, sich in jeden Quadranten wenigstens ein Stückchen hineinzubewegen, «je nach Zeit und Vorliebe», wie die Chinesen sagen und trotzdem eine grundsätzliche, gelassene Distanz zu allen vieren beibehalten. Man könnte sie als Kreis darstellen:

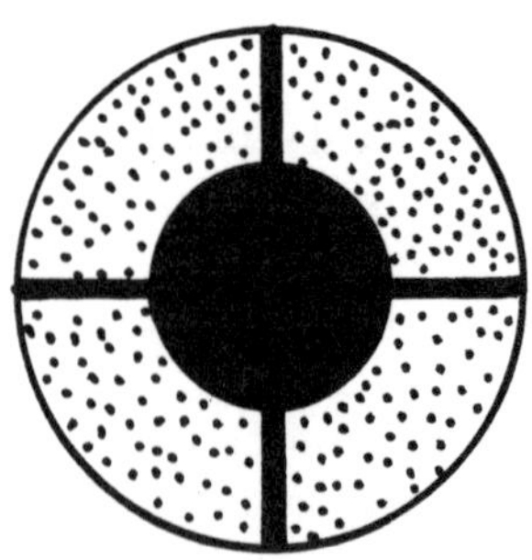

Das dunkle innere Zentrum würde die unveränderliche Individualität dieser Persönlichkeit repräsentieren, losgelöst von allen mechanischen Reflexen und automatischen Prägungen. Der punktierte Hof drumherum würde die Fähigkeit symbolisieren, sich in jeden anderen Quadranten vorzuwagen, wenn es einmal notwendig sein sollte.

Derartige Kreise, Mandalas genannt, werden in der buddhistischen Tradtion sehr häufig als Hilfsmittel bei der Meditation verwendet. Oft tragen sie in den Ecken vier Dämonen, die, wie im Westen Löwe, Stier, Engel und Adler, die Extreme darstellen, die vermieden werden sollen.

Da es humus ist, roturnt es immer wieder.
Joyce, *Finnegans Wake*

Übungen

1. Immer, wenn Sie einem jungen Mann oder einer jungen Frau begegnen, fragen Sie sich ganz bewusst: «Wenn es zu einem Kampf kommen würde, Mann gegen Mann, könnte ich sie (oder ihn) dann schlagen?» Versuchen Sie herauszukriegen, in welchem Ausmass Ihr Verhalten auf *unbewusstem* Stellen und Beantworten dieser Frage, beispielsweise durch präverbale Körpersprache, basiert.

2. Lassen Sie sich mal so richtig vollaufen, hämmern Sie mit der Faust auf den Tisch und erzählen Sie jedem, der es wissen will, was für ein blödes Arschloch er ist. Opiate und *kleine* Dosen Alkohol scheinen die gleichen Neurotransmitter freizusetzen, wie die, die für das Stillen symptomatisch sind. *Grosse* Dosen Alkohol kehren diese Wirkung oft um und setzen Neurotransmitter frei, die für territorialen Kampf

charakteristisch sind. Achten Sie auch auf das Analvokabular von aggressiven Trinkern, wenn ihr Alkoholpegel steigt.

3. Besorgen Sie sich ein Buch über Meditation und üben Sie mindestens einen Monat lang jeden Tag zweimal eine Viertelstunde. Dann besuchen Sie jemand, der es schon immer geschafft hat, Sie auf die Palme oder in die Defensive zu bringen. Überprüfen Sie, ob er immer noch Ihre wunden Punkte (Rückzugsschalter) finden kann. Ein gutes, neues Buch über Meditation ist *Undoing Yourself With Energieized Meditation And Other Devices* von Christopher S. Hyatt, Falcon Press, USA.

4. Machen Sie ein Wochenende bei einer Encounter-Gruppe mit. Während des ersten halben Tages versuchen Sie, intuitiv herauszukriegen, aus welchen Quadranten die verschiedenen Teilnehmer kommen. Am Ende des Wochenendes beobachten Sie, ob Ihnen jetzt irgendjemand weniger roboterhaft vorkommt. Beobachten Sie auch, ob Sie selbst weniger roboterhaft reagieren.

5. Gehen Sie in den Zoo und schauen Sie sich die Löwen an. Studieren Sie sie solange, bis Sie merken, dass Sie ihre Tunnelrealität einigermassen verstehen.

6. Schauen Sie sich irgendeine lustige Kindersendung im Fernsehen an, The Three Stooges, Abbot & Castello oder so was ähnliches. Schauen Sie aufmerksam zu und versuchen Sie herauszukriegen, welche Funktion dieser Humor hat – vergessen Sie darüber aber nicht, selbst zu lachen.

7. Verbringen Sie einen Sonntag vor dem Fernseher und schauen Sie sich alle Tiersendungen an. (Wenn es für Sie zulässig ist, knallen Sie sich vorher an, am besten mit Gras.) Am nächsten Tag gehen Sie ins Büro und beobachten Sie sehr genau – so wie ein Wissenschaftler – die Hierarchie des Primatenrudels.

KAPITEL 5
DICKENS UND JOYCE: DIE ORAL-ANALE DIALEKTIK

Und deshalb parkt alles auf,
erreizt ob sein' Kangunnenfutter.
Und predigen ihm schon des Morgens
äzherischazteken und Cremierminister.

James Joyce
Finnegans Wake

Ein gutes Beispiel für den Schock, den das Kleinkind durchmacht, wenn das selige oral-matriarchalische Kontinuum plötzlich durch die Strenge der traditionellen Erziehung zur Sauberkeit unterbrochen und mit Werten des anal-patriarchalischen Schaltkreises erfüllt wird, vermittelt Dickens in seinem *David Copperfield.* Diese Passage ist so offensichtlich, dass man kaum glauben möchte, dass sie tatsächlich schon ein halbes Jahrhundert vor Freuds klinischen Schriften erschienen ist.

Dickens beschreibt eine idyllische Kindheit, die David mit seiner verwitweten Mutter erlebt. Die Mutter kann man ruhigen Gewissens als menschliche Verkörperung der *bona dea* (gute Göttin) unserer Vorfahren bezeichnen (im übrigen lebt sie bis zum heutigen Tag als «gute Fee» in unseren Märchen weiter). In dieses vollkommene Glück bricht nun eines Tages der Stiefvater Mr. Murdstone ein, dessen

«Jehovah-Komplex» ihn zu einem Avatar des strafenden Gottvaters werden lässt. Es ist schlicht unmöglich, alle Gebote dieses Mr. Murdstone zu befolgen, denn es sind zu viele und die meisten bleiben überdies unausgesprochen und vage. David wird mehrmals mit einer *Tracht Prügel auf den Hintern* bestraft (zu seinem eigenen Besten natürlich, obwohl Dickens ganz in Freuds Sinne keinen Zweifel an der offensichtlichen Befriedigung lässt, die Murdstone bei diesen Anlässen hat). So ist es kein Wunder, dass David allmählich anfängt, dieses Wertsystem zu internalisieren und sich einbildet, er sei ein böser kleiner Kerl, der seine Strafe mehr als verdient habe. Und dann kommt es zu folgender Szene, als David nach einem Jahr Schule nach Hause zurückkehrt:

> Leise und schüchtern trat ich ein. Gott weiss, wie kindlich die Erinnerung gewesen sein mag, die in mir geweckt wurde, als ich in der Halle die Stimme meiner Mutter aus dem Wohnzimmer herüberklingen hörte. Sie sang leise. Ich glaube, ich muss in ihren Armen gelegen und sie so singen gehört haben, als ich noch ein Säugling war. Das Lied war mir neu und doch so alt, dass es mein Herz bis zum Überströmen erfüllte, wie ein alter Freund, der nach langer Abwesenheit zurückkehrt.
>
> Aus der Weise, in der meine Mutter das Lied sang, schloss ich, dass sie alleine sei und trat leise ins Zimmer. Sie sass am Fenster und stillte ein Kind, dessen kleines Händchen sich an ihren Hals drückte. Ihre Augen ruhten auf seinem Gesicht und sie sang ihm etwas vor. Insofern hatte ich recht, dass niemand bei ihr war.
>
> Ich sprach, und sie fuhr überrascht auf, und ein Schrei des Erstaunens tönte aus ihrem Mund. Als sie mich sah, nannte sie mich ihren lieben Davy, ihr geliebtes Kind und kam mir entgegen, kniete vor mir nieder und küsste mich und legte meinen Kopf an ihren Busen neben das kleine Geschöpf, das dort ruhte, und presste dessen Händchen an meine Lippen.
>
> Ich wollte, ich wäre gestorben. Ich wollte, ich wäre gestorben mit diesem Gefühl im Herzen! Ich hätte besser für den Himmel gepasst als seitdem zu irgendeiner Zeit.

Der Traum, wieder in die orale Bio-Sicherheit zurückzukehren, ist so eindeutig, dass er keines weiteren Kommentars bedarf.

Ganz ähnlich assoziierte Joyce in seinem Monumentalwerk über die Geistestätigkeit eines Schlafenden, *Finnegans Wake,* den Vater und Gottvater immer mit Krieg und Exkretion, wie auch der Joyce-Spezialist York Tindall beweist. In «Gunn, the Farther», dem furchterregenden analen Ungeheuer, vereinigen sich Schiessen, göttliche Züge und Blähungen, als «Irrführer von Israel» ist er der eifersüchtige (territoriale) «Herr der Heere», d. h. der Schlachten. Sein Kennzeichen, das hundertbuchstabige Donnerwort, das in seinem Traum zehnmal auftaucht, identifiziert Vaterschaft immer mit Bedrohung, Fäkalien und Krieg, beispielsweise als er zum ersten Mal auftritt:

bababalalgharaghtakamminaronnkonnbronnton
nerronntounnthunntrovarrhounawnskawn
toohoohoondenthurnuk

Dabei stossen wir auf *baba* (arabisch Vater), phonetisch *abba* (hebräisch Vater), phonetisch *Cambronne* (das war der General, der «Merde» sagte, als man ihn aufforderte, sein Territorium zu übergeben), phonetisch *scan* (gälisch Knallen: des Donners oder des Anus), *ronnen* (germanisch Ausscheiden), das vieldeutige *orden,* das einmal auf die germanische Tapferkeitsmedaille, zum andern aber auch auf das englische *ordure* (Kot, Schmutz) usw. anspielt. An anderer Stelle erledigt der schreckliche Gottvater «seine Manuver in offenerm Kot» und predigt sämtliche anal-autoritären Werte: «Keine Schötter neben mir . . . ihr sollt nicht falsche Götter anblähen . . . liebt meinen Zipfel wie mich selbst.» Er ist der Bösewicht der *«goddinpotty»* (garden party), der Gaunergott, der eine wohlpräparierte Falle im Garten Eden aufstellt; er ist der Inbegriff des Egos, das in der Erziehung zur Sauberkeit (potty) internalisiert wird, der Gott des Donners und des Zorns (goddin).

Auf der Flucht vor ihm suchen die «Beweiner der Erde» noch heute nach seiner Gegenspielerin, ALP (germanisch Traum, aber auch die Wurzel der ersten Buchstaben des griechischen und hebräischen Alphabets – *alpha* und *aleph,* der Ursprung, der Anfang . . .), Anna Livia Plurabelle: das Wasser des Lebens, kombiniert mit allen schönen Frauen der Welt. Sie ist oral geprägt und liebevoll, während der «Omniboss» eher anal und bedrohlich wirkt.

> Mit ihr'm Schnabel, ihrem Schwung, schau, wie die Ringellöckchen hüpfen, Kieseldropse in der Schnalle und Strassenbahnmarken im Haar, auf's I-Tüpfelchen gewellt, eine einmalige Flut... altmodische kleine Mommy, wundervolle kleine Mommy... duckt sich unter der Brücke... so fröhlich wie der Tag feucht ist, gackernd und klickernd, vor sich hinschnatternd, die Fälder entphallzend...

Diese amniotische Wasserfrau ist die vollkommene Verkörperung einer Mutter aus infantilen Traumfetzen und das, was unsere Vorfahren unter der «Grossen Mutter» verstanden, eine ideale Bio-Überlebenssphäre und ihr widmet Joyce auch sein inständigstes Gebet:

> Im Namen Annahs, der Allmächtigen, der Unsterblichen, der Trägerin höchster Pluralitäten, geheiligt werde ihr Nabel, ihr Laich glomme, ihre Fülle erstehe, wie im Strudel, also auch im Teich.

Die Menschheit, wie Gordon Taylor und Joyce glauben, verlässt sie immer wieder, um dem Helden (Vater) zum «Machtpfuhl von Waterloo» (Schlachtfeld von Waterloo) zu folgen (also Hinweise auf Blut und Exkremente, um die anal-territorialen Wurzeln des Krieges zu verdeutlichen), dann aber wieder zurückzukehren, vorübergehend gezähmt, und «an den Wassern von Babalong zu lüsten, wie sie lallt».

Im dritten Kapitel von *Finnegans Wake* werden die Angreifer (Invasoren) und die Verteidiger (Eingeborene) so gründlich durcheinandergeschüttelt, dass nur noch das Kompositum «Greifiger» übrigbleibt, das nun die Verantwortung übernimmt.

Die zyklische Perspektive der menschlichen Geschichte, egal ob bei Joyce, Taylor, Vico (Joyces Quelle), Marx-und-Hegel usw., ist nur ein Teil der Wahrheit, aber man muss sie betonen, weil sie der Teil ist, den die meisten Leute ängstlich unterdrücken. Ob wir Taylors Matrist-Patrist-Dialektik übernehmen, Geschichte wie Vico als zyklischen Prozess von Zeitaltern der Götter, Heroen und Menschen auffassen, Marx/Hegels Dreieinigkeit von These-Antithese-Synthese oder auch jede beliebige Variation davon zu Hilfe nehmen wollen – immer sprechen wir von einem Schema, das real ist und sich wiederholt.

Aber das tut es nur bis zu dem Grad, zu dem Menschen roboterisiert sind: in eingeschliffenen Reflexen gefangen.

Wenn die gesammelten Informationen, die Verfahrensweisen, Techniken und Hilfsmittel der Neuro-Wissenschaft, also der Wissenschaft von Gehirnveränderung und Gehirnerweiterung, eine bestimmte kritische Masse erreichen, werden wir auch in der Lage sein, uns aus diesen mechanischen Zyklen zu befreien. Die diesem Buch zugrunde liegende These lautet, dass wir uns dieser kritischen Masse mit Riesenschritten nähern und den Übergangspunkt in weniger als zehn Jahren erreicht haben werden.

Die augenblicklichen Anfälle von emotional-territorialer Kampfeslust, die diesen Planeten schütteln, sind nicht einfach Ausdruck sterbender Zivilisationen à la Vico.

Sie sind auch die Geburtswehen eines kosmischen Prometheus, der sich aus dem langen Alptraum der domestizierten Primatengeschichte erhebt.

Die Archetypen der barmherzigen Mutter und des bösen Riesen werden natürlich nicht aktiviert, wenn die Mutter kalt, abweisend, verbittert usw. und der Vater eine eher warme, Halt gebende Figur ist. Die Prägungen des ersten und zweiten Schaltkreises weichen in solchen Fällen von der Statistik ab und dabei kann alles mögliche herauskommen: ein Schamane, ein Schizophrener, ein Genie, ein Homosexueller, ein Künstler, ein Psychologe usw.

Übung

Analysieren Sie unter Berücksichtigung der bisher entwickelten Theorie folgende Charaktere:

1. Scarlett O'Hara
2. King Kong
3. Odysseus
4. Hamlet
5. Bugs Bunny
6. Portnoy
7. Leopold Bloom
8. Richard M. Nixon
9. Thomas Jefferson
10. Der heilige Paulus
11. Donald Duck

12. Iago
13. Jane Eyre
14. Josef Stalin
15. Jeanne d'Arc
16. Timothy Leary
17. Aleister Crowley
18. Robert Anton Wilson
19. Mao
20. C. G. Jung
21. Die geheimen Chefs

KAPITEL 6

DER ZEIT-BINDENDE SEMANTISCHE SCHALTKREIS

Es heisst, dass, wenn man zwei Minds zusammenbringt,
immer ein dritter Mind entsteht,
ein dritter überlegener Mind,
ein unsichtbarer Kollaborateur.

William S. Burroughs und Brion Gysin
The Third Mind

Der dritte oder semantische Schaltkreis hat mit Artefakten zu tun und entwickelt ein *Muster* (Realitätstunnel), das an andere weitergegeben werden kann, sogar über Generationen hinweg. Diese Muster oder «Karten» können Gemälde sein, wie in Illustrationen, aber auch Worte, Konzepte, Werkzeuge (mit den dazugehörigen Gebrauchsanweisungen, die verbal übermittelt werden), Theorien, Musik usw.

Menschliche Wesen, (domestizierte) Primaten sind Geschöpfe, die mit Symbolen arbeiten. Das bedeutet, dass *die, die die Symbole kontrollieren, uns kontrollieren,* wie schon einer der ersten Semantiker, Korzybski, beobachtete.

Wenn man Moses, Konfuzius, Buddha, Mohammed, Jesus und den heiligen Paulus zu den Gestalten zählt, deren Einfluss auch heute noch spürbar ist – und er ist es: schauen Sie sich nur einmal um in der Welt –, dann nur deshalb, weil ihre Botschaft über Jahrhunderte hinweg mit Hilfe von menschlichen Symbol-Systemen an uns weitergegeben wurde. Solche Systeme umfassen nicht nur Worte, Kunstwerke, Musik und Rituale, sondern auch nicht als solche erkennbare Riten («Spiele»), durch die Kultur übertragen wird, Marx und Hitler, Newton und Sokrates, Shakespeare und Jefferson «kontrollieren» auch heute noch Teile der Menschheit auf diese Art – durch den semantischen Schaltkreis.

Viel mehr jedoch, wenn auch weniger bewusst, werden wir von den Erfindern des Rads, des Pflugs, des Alphabets, ja sogar der römischen Strassen beherrscht.

Da ein Wort nicht nur eine Denotation (Bedeutung, Verweis auf die sinnlich-existentielle Welt), sondern auch eine Konnotation (Nebenbedeutung, gefühlsmässige Färbung, poetische oder rhetorische Haken) hat, können Menschen sogar von Worten, die im Augenblick gar keine reale Bedeutung für sie haben, zu bestimmten Handlungen verleitet werden. Das ist der Mechanismus der Demagogie, der Werbung und des grössten Teils organisierter Religon.

Der Bio-Überlebensschaltkreis tut nichts weiter, als Erfahrung in zwei Gruppen zu unterteilen: die, die gut für mich ist oder die mich bereichert und die, die schlecht für mich ist und mich bedroht. Auch der emotional-territoriale Schaltkreis teilt die Welt in zwei Hälften: eine, die mächtiger ist als ich (und die deshalb in der Hackordnung über mir steht) und eine, die weniger mächtig ist als ich (in der Hackordnung also unter mir steht). Auf dieser Basis entwickeln sich sozio-biologische Systeme; selbst animalische «Gesellschaften» von geradezu menschlicher Komplexität wurden schon beobachtet.

Der semantische Schaltkreis macht es möglich, Dinge beliebig weiter zu unterteilen oder auch wieder miteinander zu kombinieren. Diese Etikettierung und Schubladisierung von Erfahrung hört nie auf. Rein persönlich gesehen ist ein Beispiel dafür der «innere Monolog», den Joyce in *Ulysses* entdeckte. Auf historischer Ebene wäre dies die *zeitbindende oder zeitüberbrückende Funktion* von Sprache, die Korzybski untersuchte und die es jeder Generation ermöglicht, unserer geistigen Bibliothek neue Kategorien einzuverleiben, neue Verbindungen herzustellen, neue Trennungen zu vollziehen, neue Klassifizierungen zu finden und diese endlos hin- und herzuschieben. In dieser zeitbindenden Dimension hat Einstein Newton abgelöst, ehe der grösste Teil der Menschheit, der bis zum letzten Jahrzehnt noch ungebildet war, überhaupt zum ersten Mal von Newton gehört hatte.

Aus einfacher Arithmetik entstand die Algebra, die das Infinitesimalkalkül hervorbrachte, aus dem wiederum das Tensorkalkül entstand usw. Haydn und Mozart bereiteten den Weg für Beethoven vor, der in Bereiche vorstiess, die später die Romantiker und Wagnerianer übernahmen, was schliesslich zu dem führte, was man heute unter Musik versteht.

Der sogenannte «Zukunftsschock» ist also ganz und gar nichts Neues; wir kennen ihn, seit in grauer Vorzeit der semantische Schaltkreis seine Arbeit aufnahm. Für eine symbolverhaftete, rechnende, abstrahierende Spezies ist jedes Zeitalter ein «Periode des Wandels». Der Prozess beschleunigt sich jedoch schneller als die Zeit selbst, denn die Fähigkeit zum Symbolisieren multipliziert sich von Natur aus.

In der Umgangssprache nennen wir den semantischen Schaltkreis gewöhnlich «Verstand» *(mind)*.

In der Sprache der Transaktionsanalytiker wird der erste (orale) Schaltkreis das Kind-Ich, der zweite (emotionale) Schaltkreis das angepasste Ich und der semantische Schaltkreis das Erwachsenen- oder Computer-Ich genannt. Jung würde sagen, der erste Schaltkreis vermittelt Empfindungen, der zweite Gefühle und der dritte Vernunft.

Die neurologischen Komponenten des ersten Schaltkreises gehen auf die ältesten Teile des Gehirns zurück; Carl Sagan nennt diese Funktionen «das reptilische Gehirn». Seine neuralen Strukturen sind Milliarden von Jahren alt. Die Strukturen des zweiten Schaltkreises tauchen bei den ersten Amphibien und Säugetieren auf, vor etwa einer Milliarde bis fünfhundert Millionen Jahren. Bei Sagan heissen sie das «säugetierische Gehirn.» Und den semantischen Schaltkreis gibt es erst seit etwa hunderttausend Jahren; hier spricht Sagan vom «menschlichen Gehrirn». So ist es kein Wunder, dass die meisten Menschen mehr von den älteren, reptilischen und säugetierischen Schaltkreisen beherrscht werden als vom menschlichen, semantischen (rationalen) Gehirn, oder auch, dass der semantische Schaltkreis sich leicht in falsche Denkprozesse (Fanatismus, intolerante Ideologien, alle möglichen Arten von absoluten Normen) pervertieren lässt, wenn der Bio-Überlebensschaltkreis Lebensgefahr signalisiert oder der emotionale Schaltkreis eine Statusbedrohung anzeigt.

Zyniker, Satiriker und Mystiker (Schaltkreis V–VIII-Typen) haben uns immer wieder gewarnt, dass die Vernunft eine «Hure» ist, d. h. dass der semantische Schaltkreis dafür berüchtigt ist, für Manipulationen durch die älteren, primitiveren Schaltkreise empfänglich zu sein. Wie sehr der Rationalist das auch bedauern mag, auf kurze Sicht trifft es zu, oder, um einen der Lieblingsbegriffe des Rationalisten zu gebrauchen, ist es *pragmatisch* richtig. Wer anderen Leuten genug Angst einjagen kann (Bio-Überlebensangst produziert), wird ihnen jede beliebige verbale Masche andrehen können, die Erleichterung verspricht – d. h., die die Angst kuriert. Wenn man anderen erst mit dem Schreckgespenst der Hölle Angst einjagt und ihnen dann Erlösung verspricht, kann auch der dümmste und/oder gerissenste Geschäftemacher ein ganzes Gedankensystem «verkaufen», das nicht für fünf Pfennig rationaler Analyse standhält. Und jedes domestizierte Alphamännchen kann den gesamten Primatenstamm hinter sich sammeln, indem es den andern weismacht, dass ein rivalisierendes Alphamännchen zum Angriff auf ihr Territorium geblasen und seine Gang schon in Bewegung gesetzt hat. Diese beiden säugetierischen Reflexe nennt man auch Religion und Patriotismus. Sie funktionieren bei domestizierten Primaten genauso wie bei wilden, denn es sind, evolutionär gesehen, relative Erfolge. (Jedenfalls bis jetzt).

Der emotional-territoriale oder «patriotische» Schaltkreis enthält, wie wir gesehen haben, auch die Status-Programme, die Hackordnung des Stammes. Wenn er mit den Bio-Überlebensängsten des ersten Schaltkreises gekoppelt wird, kann er die Funktion des semantisch-rationalen Schaltkreises pervertieren. Was immer Statusverlust bewirken kann oder in fremdes Territorium eindringt (und damit kann auch das geistige oder ideologische Territorium eines Individuums oder eines Stammes gemeint sein), bedeutet für den durchschnittlichen domestizierten Primaten eine Bedrohung. Wenn sich ein armer Mann also statusmässig an irgendeinen Halt klammern kann, beispielsweise an die Idee «Ich bin wenigstens ein Weisser und kein gottverdammter Nigger!» oder «Ich bin normal und keine Tunte!» oder was auch immer, wird jeder Versuch, Toleranz, Menschlichkeit, Relativismus usw. zu predigen, nicht durch den semantischen Schaltkreis, sondern durch den emotionalen Schaltkreis vermittelt und daher als Angriff auf den Status (Ego, soziale Rolle) empfunden. Natürlich ist schon das Predigen schlechte Politik des zweiten Schaltkreises, denn es stellt den Prediger über den Zuhörer. Er steht jedoch nicht über ihm, es sei denn, er wurde so geprägt, weil er ein Alphamännchen im selben Gen-Pool ist, oder weil er als «Boss» oder sonst eine Autoritätsperson gilt. Die Gegenkultur der sechziger Jahre versagte wie viele andere idealistischen Bewegungen, weil sie sich anderen Lebensweisen moralisch überlegen fühlte und *predigte,* während gleichzeitig niemand so geprägt oder darauf konditioniert war, diese Überlegenheit anzuerkennen.

Der aufmerksame Leser wird gemerkt haben, dass das Raster der ersten beiden Schaltkreise das noch nicht sprechende Kleinkind einer zweidimensionalen Welt gegenüberstellt, die mit einem einfachen Diagramm etwa so aussehen würde:

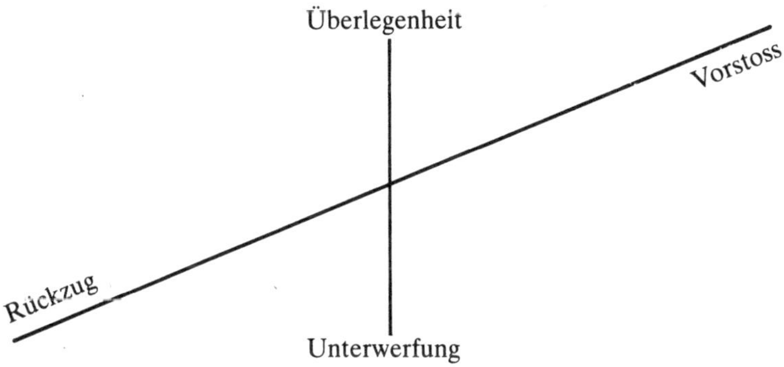

Der dritte, semantische Schaltkreis scheint aufs engste mit der Dreidimensionalität verknüpft zu sein (obwohl die Tatsache, dass wir mit zwei Augen sehen, hierbei auch eine Rolle spielt). Rechtshändigkeit ist ein spezifisch menschlicher, zumindest aber ein Primatenzug. Andere Säugetiere zeigen keine ausgeprägte Vorliebe für die rechte Hand, sie sind normalerweise mit beiden Händen gleichermassen geschickt.

Neuere Forschungen im Bereich der Neurologie haben gezeigt, dass unsere Rechtshändigkeit eng mit der Neigung verbunden ist, die linke Hemisphäre des Gehirns häufiger zu gebrauchen als die rechte. (Zur linkshändigen Minderheit kommen wir später.) In der Tat benutzen wir unsere rechte Gehirnhälfte im normalen Leben so selten, dass wir sie lange Zeit die «stille Hemisphäre» genannt haben.

Es gibt also bei den meisten Menschen eine genetische (tief verwurzelte) Vorliebe für *rechtshändige Tätigkeiten* und *linkshirnige Geistesaktivitäten.* Nun scheint diese Verbindung eng verknüpft mit unserem verbalen, semantischen Schaltkreissystem, denn die linke Gehirnhälfte ist die «sprechende». Sie ist linear, analytisch, arbeitet wie ein Computer und ist verbal ziemlich stark ausgeprägt. Es gibt also eine neurologische Basis für das Band zwischen «Ausdenken» und

«Handhaben». Die rechte Hand manipuliert das Universum (und stellt Instrumente dafür her), und die linke Gehirnhälfte integriert die Resultate in ein Modell, das Vorhersagen über zukünftige Entwicklungen dieses Teils des Universums ermöglicht. Das sind eindeutig *menschliche* (post-primatische) Eigenschaften.

Linkshändige Individuen spezialisieren sich umgekehrt auf Funktionen der rechten Gehirnhälfte, die ganzheitlich, supra-verbal (über die Sprache hinausgehend) «intuitiv», musikalisch und «mystisch» sind. Leonardo da Vinci, Beethoven und Nietzsche waren beispielsweise alle linkshändig. Schon seit Urzeiten wurden Linkshänder zu Opfern von Drohungen; andererseits brachte man ihnen aber auch Ehrfurcht entgegen. Man hielt sie für Ketzer, Schamanen oder glaubte, dass sie besondere Verbindungen zu «Gott» oder dem «Teufel» unterhielten. Davon wusste Aleister Crowley schon vor der neurologischen Neurologie. Er brachte seinen Anhängern bei, mit beiden Händen zu schreiben und zwang damit die schlafende rechte Gehirnhälfte, aktiv zu werden.

Es gibt also einen Übergang, der für eine Rechts-Links-Polarität sowohl beim Gehirn wie auch bei den Händen verantwortlich ist, wobei die eine jeweils das umgekehrte Spiegelbild der anderen ist:

Linkes Gehirn
Analyse
Schaltkreis III

Rechtes Gehirn
Intuition
Schaltkreis VI

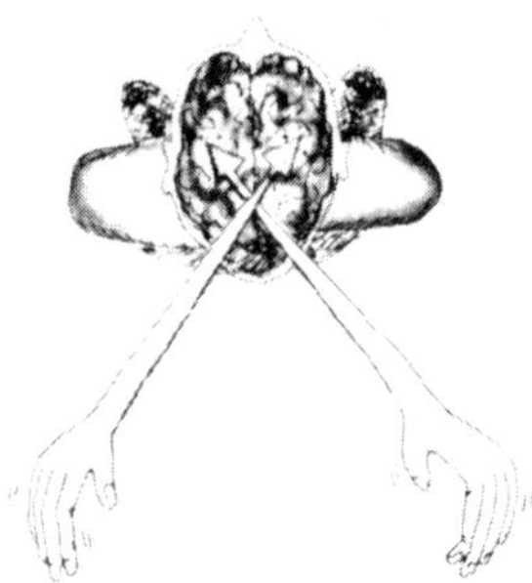

Linke Hand

Rechte Hand

Diese doppelte (und umgedrehte) Rechts-Links-Polarität plaziert uns, neurologisch gesehen, in den dreidimensionalen Raum. Wenn wir unser einfaches Diagramm umarrangieren und dabei den dritten Schaltkreis mit einfügen, können wir den Vernunft-Bereich wie folgt darstellen:

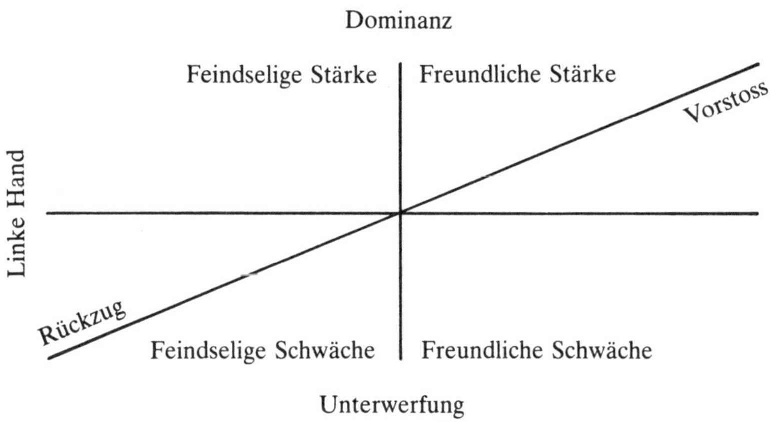

Um sich dieses zweidimensionale Schema eines dreidimensionalen Systems vorzustellen, muss man sich vergegenwärtigen, dass die Rückzug-/Vorstoss-Achse rechtwinklig zu der anderen verläuft – man sie also praktisch aus der Seite heraus auf sich zukommen sieht.

Das ist der «euklidische» Raum. Es ist in diesem Zusammenhang wohl offensichtlich, warum der euklidische der erste Raum war, der von den Mathematikern und Künstlern entdeckt wurde, und warum er uns bis heute «natürlich» erscheint, und warum es manchen Leuten unheimlich schwer fällt, sich die nicht-euklidischen Arten von Raum vorzustellen, mit denen man in der modernen Physik zu tun hat.

Der euklidische Raum, besser das Konzept des euklidischen Raums, ist eine Projektion, die über die Art und Weise hinausgeht, mit der unser Nervensystem über den Bio-Überlebens-, den emotionalen und den semantischen Schaltkreis Informationen speichert.

Daraus ergibt sich, dass die Prägungszentren dieses Schaltkreises in der linken Grosshirnrinde sitzen und mit den empfindlichen Muskeln des Kehlkopfs und den feinen Bewegungsabläufen der Rechtshändigkeit verbunden sind. Die Grosshirnrinde selbst ist in der Evolution so neu, dass man sie häufig «das neue Gehirn» nennt; man trifft sie nur bei höheren Arten von Säugetieren an. Bei Menschen und Cetaceen (Delphinen und Walen) ist sie am weitesten entwickelt.

Die extremen Fälle, die ihre tiefste Prägung auf dem dritten Schaltkreis aufgenommen haben, sind meist vernunftbetont oder kopflastig. Sie sind gross und hager, denn sie transportieren ihre gesamte Energie ständig in den Kopf. Die Karikatur des bösen Genies, Dr. Sylanus in *Superman,* der buchstäblich nur aus Kopf besteht, zeigt das Extrem, auf das sich dieser Typ hinzuentwickeln scheint. In der Umgangssprache heissen solche Leute «Eierköpfe».

Fast immer ignorieren die kopflastigen Typen des dritten Schaltkreises ihren ersten und zweiten Schaltkreis oder halten nicht viel von ihnen. Spielerisches Umgehen mit Personen oder Sachen verwirrt sie (kommt ihnen albern oder exzentrisch vor) und Gefühle sind Phänomene, die sie höchstens verstören und ängstigen.

Da wir alle diesen Schaltkreis haben, müssen wir ihn auch regelmässig trainieren. Fertigen Sie eine schematische Skizze Ihres Geschäfts oder Ihres Haushalts an und versuchen Sie anschliessend, sie stromlinienförmiger zu gestalten, damit Ihre Arbeit effektiver wird. Entwerfen Sie ein Schema, das das gesamte Universum erläutert. Studieren Sie alle paar Jahre bei einem Erwachsenenbildungsinstitut irgendeine Wissenschaft, von der Sie bisher keine Ahnung hatten.

Vergessen Sie aber auch nicht, mit diesem Schaltkreis zu *spielen:* schreiben Sie Gedichte, Knüttelverse, Fabeln, Sprichwörter oder denken Sie sich Witze aus.

Erinnern Sie sich:
Mr. Crowley sagte, auch Sie sind ein Stern.
P. S.
Er sagte aber auch ...
gieren Sie nicht nach Resultaten.

Wie die beiden ersten, baut auch der semantische Schaltkreis seine gesamte Konditionierung und alles, was er lernt, auf der Grundlage eingeschweisster Prägungen auf. Deshalb sind viele existentiell durchaus mögliche Gedanken sozial gesehen *un*denkbar, denn einmal haben die meisten Individuen innerhalb eines beliebigen Gesellschaftssystems im grossen und ganzen die gleichen semantischen Prägungen und ausserdem werden diese auch noch Tag für Tag von Ideen verstärkt, die man für selbstverständlich hält.

So ist ein Genie ein Individuum, das durch irgendeinen inneren Prozess zum Schaltkreis VII hindurchbricht – ein kleines neurologisches Wunder, das wir vielleicht besser und lockerer mit «Intuition» umschreiben könnten – um dann wieder in den dritten Schaltkreis zurückzukehren und ein neues semantisches Raster zu entwerfen, ein neues Erfahrungsmodell zu bauen. Kein Wunder, dass so etwas immer ein Schock für diejenigen sein muss, die in ihren alten Roboter-Prägungen gefangen sind. Sie empfinden alles Neue als Bedrohung ihres Territoriums (ihres geistig/ideologischen Raums). Die lange Liste der Märtyrer, die der Idee der freien Forschung zum Opfer fielen, angefangen bei Sokrates, zeigt, wie mechanisch diese Neophobie (die Angst vor neuen semantischen Signalen) ist.

Thomas Kuhn wies in seinem Buch *Die Struktur wissenschaftlicher Revolutionen* nach, dass nicht einmal die Wissenschaft selbst, also die Apotheose der Rationalität auf dem dritten Schaltkreis, frei von dieser Neophobie ist. Er zeigt in aller Ausführlichkeit, dass jede wissenschaftliche Revolution eine ganze Generation braucht, um eine alte Weltsicht zu stürzen. Und er zeigte weiter, dass ältere Wissenschaftler sich so gut wie nie zu neuen semantischen Paradigmen bekehren lassen. Mit anderen Worten: sie klammern sich automatisch an ihre alten Prägungen. Wie Kuhn behauptet, ist eine Revolution immer erst dann abgeschlossen, wenn eine zweite Generation, die nicht mehr an der alten Prägung klebt, in der Lage ist, die zwei Modelle zu vergleichen und anschliessend rational entscheidet, dass das neue in der Tat mehr Sinn ergibt.

Wenn aber die Wissenschaft, also jene informationsverarbeitende Funktion des dritten Schaltkreises, die sich selbst am besten korrigieren kann, diese zeitliche Verzögerung von einer ganzen Generation mit sich herumschleppt, was soll man dann von Politik, Wirtschaft und Religion halten? Zeitliche Verzögerungen von Jahrhunderten oder gar Jahrtausenden sind hier völlig normal. Dies bezieht sich auf Politik, Wirtschaft und Religion der anderen, versteht sich. Die Meinung des Lesers zu diesem Thema ist die einzig vernünftige und objektive, völlig klar.

Wie weiter oben gesagt, existiert Zeit in der Bio-Überlebensneurologie nicht. «Es kam einfach so über mich», sagt man, wenn man versucht, einen automatischen Reflex auf dem Bio-Überlebensschaltkreis zu erklären.

Erst beim emotional-territorialen Schaltkreis wird die Zeit als Faktor miteinbezogen. Es kann aber auch passieren, dass Dominanz-Signale nicht funktionieren und das scheinbar schwächere Säugetier einen Gegenangriff startet. Hunde beispielsweise umkreisen sich minutenlang knurrend und schnüffelnd (die chemischen Ausscheidungen verraten dem einen das jeweilige Ausmass an Angst des anderen), ehe feststeht, wer der Stärkere und wer der Unterlegene ist.

Wenn wir Menschen uns mit emotionalen Problemen herumquälen, sind wir uns deutlich der verrinnenden Zeit bewusst, solange wir noch zögern. Wie jeder gute Krimi-Autor weiss, besteht die beste Möglichkeit, die Spannung zu steigern darin, für eine bestimmte schwierige oder auch gefährliche Entscheidung eine Frist zu setzen. (Überprüfen Sie das mal an einer x-beliebigen Folge von *Raumschiff Enterprise:* diese Frist ist unumgänglich. Ebenso bei den Bestsellern von Irving Wallace. Und natürlich lässt sich die Spannung ins Unermessliche steigern, wenn die Frist kurz vor dem eigentlichen Höhepunkt abrupt verkürzt wird.)

Auf dem dritten Schaltkreis wird Zeit nicht nur konzeptualisiert, sondern auch erfahren. Wir erkennen uns als zeitliche Geschöpfe. «Die Stammesgeschichte», der Totempfahl, Homers *Odyssee,* das Alte Testament, die Veden u. a. berichten von dem, was vor uns war und enthalten häufig Prophezeiungen über das, was nach uns kommt. Und die Wissenschaft denkt in Zeitspannen, die unsere Vorstellungskraft bei weitem übersteigen. Erst der Gebrauch von Schriftsprachen und anderen Symbolen wie der Mathematik schafft das, was Korzybski unter Überbrückung der Zeit versteht: wir erkennen uns als Empfänger von Botschaften, die vor Urzeiten von den Weisen anderer Zivilisationen ausgeschickt wurden und gleichzeitig als potentielle Transmitter von Botschaften, die vielleicht erst Jahrhunderte nach uns entschlüsselt werden können.

Der vierte Schaltkreis bewirkt, dass wir noch mehr in die Zeit integriert, ja sogar von ihr bedrängt werden.

Und beenden wollen wir dieses Kaptiel mit der Erinnerung an Giordano Bruno, der am 18. Februar 1600 auf dem Scheiterhaufen hingerichtet wurde, weil er gelehrt hatte, dass die Erde sich bewegt. War er schuldig oder nicht schuldig?

Übungen

1. Wenn Sie sich zu den Liberalen zählen, abonnieren Sie ein Jahr lang den *National Review,* das intelligenteste (und witzigste) konservative Magazin des Landes. Versuchen Sie jeden Monat ein paar Stunden lang, ihren Realitätstunnel zu begreifen, indem Sie es lesen.

2. Wenn Sie sich zu den Konservativen zählen, abonnieren Sie ein Jahr lang den *New York Review of Books* und versuchen Sie jeden

Monat ein paar Stunden, den geistigen Hintergrund seiner Macher zu verstehen.

3. Wenn Sie ein Rationalist sind, abonnieren Sie für ein Jahr das Magazin *Fate*.

4. Wenn Sie Okkultist sind, treten Sie der Gesellschaft zur Wissenschaftlichen Erforschung von Paranormalen Vorgängen bei und lesen Sie ein Jahr lang deren Journal *The Skeptic*.

5. Kaufen Sie sich ein Exemplar von *Scientific American* und studieren Sie aufmerksam alle Artikel. Danach versuchen Sie, folgende Fragen zu beantworten: Wieso scheinen sich die Autoren ihrer Sache so sicher? Bestätigen die Informationen den zu diesem Zeitpunkt vorherrschenden Dogmatismus oder ist Dogmatismus eine Primatenangewohnheit, um das geistige Territorium zu verteidigen? Meinen Sie, dass die hier vertretenen Theorien auch 1999 noch Gültigkeit besitzen? Oder 2011? Oder 2593?

6. Fangen Sie bei der erstbesten Gelegenheit eine Diskussion mit einem gebildeten Marxisten, einem intelligenten Moslem und einem japanischen Geschäftsmann an.

7. Kaufen Sie sich in einem Bioladen eine Dose ZOOM oder LIFT (zwei verschiedene Namen für das gleiche koffeinhaltige Erfrischungsgetränk). (Das kommt der Wirkung von illegal besorgtem Kokain am nächsten). Wenn Sie gut drauf sind und Ihre Gedanken wild durcheinanderwirbeln, suchen Sie sich ein Opfer und erläutern Sie ihm das Universum, bis es merkt, was los ist und es schafft, Ihnen zu entkommen.

Was Ihnen bei diesem «speed rap» aufgeht, ist das, was im Kopf des zwanghaften Rationalisten andauernd passiert. Mit anderen Worten: Ihr verbaler Schaltkreis dreht durch und reagiert nicht mehr auf Informationen, die über ander Schaltkreise hereinkommen. Das erklärt, warum die meisten Leute Rationalisten nicht ausstehen können. Aufputschmittel lösen offenbar Neurotransmitter aus, die für die verbalen Zentren der linken Grosshirnrinde charakteristisch sind.

KAPITEL 7

DIE ZEIT-BINDENDE DIALEKTIK: BESCHLEUNIGUNG UND VERLANGSAMUNG

In der Dialektik zwischen natürlicher
und sozial konstruierter Umwelt
wird der menschliche Organismus transformiert.
Indem der Mensch Realität schafft,
schafft er sich selbst.

Berger und Lackmann
The Social Construction of Reality

Beim ersten und zweiten Schaltkreis handelt es sich um evolutionär stabile Strategien. Sie haben in mehr oder minder gleicher Form, nicht nur bei Primaten, sondern auch bei Säugetieren und vielen anderen Spezies, über Jahrmillionen hinweg ausgezeichnet funktioniert.

Der dritte, semantische Schaltkreis ist eine evolutionär nicht stabile Strategie. Die Bezeichnung revolutionär würde eigentlich besser zu ihm passen als evolutionär.

Die ersten beiden Schaltkreise basieren auf einem positiven Feedback im biologischen Sinn. Sie zielen auf Homöostase, d. h., sie kehren immer wieder zu der gleichen ökologisch-ethologischen Ausgewogenheit zurück. Und genau das ist auch die Funktion des positiven Feedbacks: einen derart stabilen Zustand anzustreben.

Der zeitbindende, semantische Schaltkreis gründet sich nicht auf ein solches festes positives Feedback. Bei ihm handelt es sich eher um einen Mechanismus, den Kybernetiker und Biologen negatives Feedback nennen. Er kehrt nicht in einen ausgewogenen Gleichgewichtszustand zurück, sondern sucht ständig nach einem neuen Gleichgewichtszustand – auf einer höheren Ebene. (Positives Feedback kehrt zu einem fixen Punkt zurück, wie ein Thermostat. Negatives Feedback sucht sich ein bewegliches Ziel, vergleichbar etwa einem ferngelenkten Geschoss.)

Die beiden ersten Schaltkreise erhalten das, was in menschlichen Angelegenheiten (mehr oder weniger) konstant ist. Sie sind vollkommen zyklisch und haben einen direkten Bezug zu den Zyklen, die Vico, Hegel und andere Philosophen in der Geschichte beobachtet haben.

Der dritte Schaltkreis war schon immer von harten Sanktionen wie Regeln, Gesetzen, Verboten, Tabus usw. eingeschränkt, denn er bricht solche Zyklen auf. Er führt, wenn er erst einmal in Gang gesetzt wird, in einer spiralförmigen Bewegung nach oben.

In Gesellschaften, in denen der dritte, semantische Schaltkreis teilweise aktiviert wurde (ganz war das bisher in keiner Gesellschaft möglich), wird diese aufwärts gerichtete Spirale unmittelbar sichtbar. Man pflegte sie oder das, wofür sie stand, «Fortschritt» zu nennen – ehe dieses Wort aus der Mode kam.

Diese aufwärts gerichtete Spirale, ganz gleich, ob wir sie nun Fortschritt nennen wollen oder nicht, ist den sogenannten «offenen Gesellschaften» (Karl Popper) eigentümlich. Diese sind weltoffen und humanistisch, Kulturen, die relativ frei sind von Tabus und Dogmatismus.

Doch muss man solche Freiheiten, einschliesslich unserer heutigen, relativieren, weil viele Tabus unbewusst übernommen werden und als «gesunder Menschenverstand» oder auch als «Sitte und Anstand» usw. durchgehen. Wer immer sie in Frage stellt, ist automatisch und per definitionem ein «Ketzer», ein «Verräter», gelegentlich auch ein «unverantwortlicher Schwachkopf».

(Auch Rationalisten, die in relativ offenen Gesellschaften dominieren, haben ihre Tabus, wie wir noch sehen werden.)

Es war der Historiker Henry Adams, der als erster die Theorie vertrat, dass sich eine mathematische Gleichung finden lassen müsste, mit deren Hilfe man die Geschwindigkeit der Veränderung in menschlichen Gesellschaften beschreiben könnte.

Unter dem Einfluss von Newtons physikalischen Erkenntnissen

schlug Adams vor, äusserst vorsichtig – und das ist eine Tatsache, die von denen, die sich über seine Naivität lustig machen, in Betracht gezogen werden sollte –, dass der Energieverbrauch sich vielleicht als reziproke Potenz von Zeit beschreiben liesse, wie Newtons Schwerkraftsfunktionen als reziproke Potenz von Distanz.

Adams akzeptierte die Anthropologie seiner Zeit und ging davon aus, dass die Menschheit in ihrer gegenwärtigen Form etwa 90 000 Jahre alt sei. Dann schätzte er, dass der grösste Teil verwendet wurde, um zur wissenschaftlichen Revolution Galileis, der wissenschaftlichen Methode überhaupt zu gelangen, den Anfängen der industriellen Revolution und dem grossen Sprung nach vorn im Energieverbrauch, der für das moderne Zeitalter oder die offenen Gesellschaften charakteristisch ist.

Nun ist 300 die Quadratwurzel aus 90 000 und daraus folgerte Adams, dass der nächste Sprung nach vorn etwa um die Zeit passieren musste, als er schrieb – etwa 1900, dreihundert Jahre nach Galilei. Er schaute sich ein bisschen um und entdeckte, dass der Sprung auf eine höhere Energieebene mit den Forschungen der beiden Curies eingeleitet worden war, die soeben auf die Radioaktivität gestossen waren. Vielen Kritikern ist aufgefallen, dass man Adams kaum lesen kann, ohne deutlich zu spüren, dass er das Atomzeitalter präzise vorausgesagt hat.

Er ging jedoch noch weiter, fasziniert von seiner grossen Idee. 17 plus ist die Quadratwurzel aus 300, also legte er das nächste evolutionäre Stadium für irgendwann um 1917 fest und den nächsten Schritt für circa 1922 (Quadratwurzel aus 17 = 4 plus). Um diese Zeit, so schätzte er, müsste die Menschheit über unbegrenzte Energievorräte verfügen. Ganz so einfach war es dann allerdings doch nicht.

Trotzdem war Adams auf der richtigen Spur. Seine Berechnungen waren nur ein bisschen zu einfach.

Ebenfalls «auf der richtigen Spur» war Henrys Bruder Brooks, der sich auch mit Gesetzmässigkeiten in der Geschichte beschäftigte. Brooks beobachtete ein Phänomen, das möglicherweise nicht ganz den Tatsachen entspricht, ihnen aber etwa so nahe kommt wie ähnliche Verallgemeinerungen von Vico, Hegel, Marx und Toynbee. Jede Zivilisation, so Brooks Adams, macht vier Stadien durch:

1. *Monopolisierung des Wissens* durch Priester; so hüteten die ägyptischen Priester beispielsweise, genau wie die Maya-Priester, die geschriebene Sprache als Geheimnis unter sich.

2. *Monopolisierung der militärischen Macht* durch Eroberer oder Entdecker, die sich ihre eigenen Staaten und Regierungen schufen. Da landete beispielsweise «ein französischer Bastard» (Tom Paines Definition Williams, des Eroberers) mit einer überlegenen Technologie – Krieger zu Pferd gegen einheimische Krieger zu Fuss – an der Küste von England und wurde prompt König. Anschliessend machte er seine Verwandten und Speichellecker zu Statthaltern.

3. *Monopolisierung des Landes* durch die Statthalter. Eintreibung von Tributen («Pacht») von denen, die auf diesem Land leben.

4. *Monopolisierung der Währung* durch die staatlichen Banken. Gewinnung von Tributen («Zinsen») für jedes Stück Währung, das ausgegeben wird.

Die meisten Zivilisationen scheinen tatsächlich die letzten drei dieser Stadien durchlaufen zu haben, wenn auch nicht unbedingt in dieser Reihenfolge. Manche haben auch alle vier durchgemacht.

Brooks Adams beobachtete weiterhin, dass zentralisiertes Kapital (also die Anhäufung von Reichtum in den Händen weniger, miteinander verbundener Familien) sich im Verlauf der Geschichte ständig in westlicher Richtung verschoben hat. Die ersten wesentlichen Anhäufungen entdeckte er in Babylon; dann wanderte die Geldmacht nach Ägypten, nach Griechenland, zur italienischen Halbinsel, in verschiedene Teile von Deutschland und schliesslich nach London. Zur Zeit seiner Beobachtungen (circa 1900) sah Brooks Adams sie zwischen London und New York hin und her pendeln und so sagte er den Untergang des englischen Empires und die Verschiebung des Gleichgewichts zugunsten von New York für die erste Hälfte des 20. Jahrhunderts voraus. Es sieht so aus, als hätte er recht gehabt. Brooks Adams hatte keine Theorie, die die Ursache dieser Verlagerung des Kapitals nach Westen hätte erklären können, die nun schon seit sechstausend Jahren andauerte. Er beobachtete nur ein Phänomen.

Diese Verschiebung dauert nach Meinung vieler Experten auch heute noch an. Carl Oglesby zum Beispiel behauptet in seinem Buch *The Cowboys versus Yankee War,* dass die amerikanische Politik seit 1950 vom Kampf zwischen dem alten «Yankee-Reichtum» (die New York-Boston-Achse, die die zwischen London und New York nach 1900 ablöste) und dem neuen «Cowboy-Reichtum» (die texanischen und kalifornischen Öl- und Raumfahrtmilliardäre) beherrscht wird. Jetzt, um 1980, sieht es so aus, als ob die Cowboys am längeren Hebel sitzen, und genau das war auch zu erwarten, wenn es tatsächlich eine Gesetzmässigkeit hinter der von Adams beobachteten Ost-West-Verschiebung des Kapitals gibt.

Eines Nachts, irgendwann im Jahre 1919, schreckte Alfred Korzybski aus einem Traum auf. Freudentränen strömten ihm übers Gesicht, als er sich verdeutlichte, was er soeben entdeckt hatte: es ist die Weitergabe bestimmter Signale von einer Generation an die nächste, die zeitüberbrückende Funktion des dritten Schaltkreises, dic uns von anderen Primaten unterscheidet.

Ursprünglich hatte Korzybski geglaubt, die Zeitbindung mathematisch ausdrücken zu können. Später liess er diese Idee jedoch fallen, denn seine Gleichungen waren genauso unzulänglich wie die Berechnungen von Henry Adams. Trotzdem sind seine Untersuchungen es wert, dass wir uns einen Augenblick mit ihnen beschäftigen, um die Schritte nachvollziehen zu können, die letztlich zur Entdeckung des Beschleunigungsgesetzes führten.

Korzybski ging zunächst davon aus, dass, wenn wir alle Erfindungen, Weiterentwicklungen und Neu-Entdeckungen einer beliebigen, hypothetischen ersten Generation von Menschen durch P ausdrücken würden, und die Quote, mit der die zweite Generation diese überholen würde, durch R, die Endsumme aller Erfindungen, Entdeckungen usw. am Ende der zweiten Generation durch PR definiert wäre. Algebraisch gesehen durchaus richtig. Nach der dritten Generation wäre die Summe aller Entdeckungen usw. bei PRR angelangt. Und nach vier Generationen bei PRRR.

Wenn man immer so weitermacht und den Vorgang verallgemeinert, käme man zu PR^t, wobei t die Anzahl der Generationen ist, die auf die, die man sich als Ausgangsgeneration gewählt hat, folgen.

Graphisch ausgedrückt, würde die Kurve von PR^t mit jeder neuen Generation steiler ansteigen. Korzybski hatte damit genau das vor Augen, was Alvin Toffler später mit «Zukunftsschock» meinte, und versuchte nur, eine mathematische Formel dafür zu finden.

Viele Variablen aus der Geschichte der Wirtschaft und Technologie passen tatsächlich in Korzybskis PR^t-Funktion, aber nicht alle. Die Rechnung war einfach zu simpel und ausserdem verändert sich nicht alles mit der gleichen Geschwindigkeit. Trotzdem war Korzybski wie Henry Adams der Wahrheit schon sehr nahe: Beschleunigung ist real und sie ist aufs engste verknüpft mit Zeitbindung, der Überlieferung bestimmter Signale von einer Generation an die nächste.

Was der Beschleunigung, die Henry Adams und Korzybski beobachteten, tatsächlich zugrunde liegt, ist heute als *Selektion von Negentropie aus stochastischen Prozessen* heraus bekannt. Unser Verständnis solcher Prozesse basiert auf den fast gleichzeitigen Entdekkungen von Quantenphysiker Erwin Schrödinger, Mathematiker Norbert Weiner und einem Experten für Elektronische Kommunikation an den Bell Laboratories, Claude Shannon (1946–48).

Ein stochastischer Prozess ist eine zufällige Reihe, aber eine besondere Art von zufälligen Reihen. In einem stochastischen Prozess trifft irgendwer oder irgendwas eine Auswahl – pickt aus der Zufälligkeit ein Muster heraus, das nicht mehr zufällig ist.

Ein Muster, das nicht zufällig ist, nennt man in der Mathematik Information.

Information könnte auch als Organisation oder Kohärenz definiert werden.

Gregory Bateson hat Information einmal als «Unterscheidungen» bezeichnet, «die einen Unterschied ausmachen».

Information, Kohärenz, «Unterscheidungen, die einen Unterschied machen», Korzybskis Zeitbindung – all dies sind Aspekte des Unvorhersehbaren. Wenn man etwas schon weiss oder es aufgrund dessen, was man bisher weiss, ohne grosse Schwierigkeiten voraussagen kann, dann spricht man nicht von Information. Umgekehrt: wenn man etwas nicht weiss oder vorhersagen kann, dann handelt es sich um Information.

Das dynamische Element der Evolution, wiederholen wir es noch einmal, ist also die Auswahl von Information oder Kohärenz aus einer zufälligen Reihe von Ereignissen. Das Auftauchen von Information kann durch die folgenden Vierzeiler in etwa verdeutlicht werden:

Rosen sind rot
Braun ist die Kuh
Honig ist süss
Und süss bist auch du

Wenn der Leser sich auch nur ansatzweise mit deutscher Volkskunst beschäftigt hat, enthält dieses Gedicht nur sehr wenig Information für ihn. Man ahnt schon beim Lesen, was als nächstes kommen muss. Betrachten wir nun aber den umgekehrten Schritt:

Rosen sind rot
Schwarz ist die Tint
Und wenn du das glaubst
Dann bist du ein Rind

Der dumme Scherz (auf Schuljungenebene) enthält für mehr Leser mehr Information, weil er weniger leicht vorhersehbar ist. Und ein weiterer Schritt im Informationskontext ist folgender Vierzeiler von Steve Allen:

Rosen sind rot
Schwarz ist die Kuh
Du glaubst an den Reim
Aber es reimt sich nicht

Die witzige Unvermitteltheit dieses Gedichts verleiht ihm, mathematisch gesehen, einen höheren Informationswert als der vorhersagbare Schmalzvers, mit dem wir angefangen haben. Wenn Ihnen das immer noch nicht klar ist, dann versuchen Sie es mal mit Batesons eleganter Vereinfachung: «Information ist eine Unterscheidung, die einen Unterschied macht.»

In der Mathematik nennt man Information auch negative Entropie. Die allgemein gebräuchliche Abkürzung dafür lautet Negentropie.

Entropie ist ein Massstab für die Erstarrung eines Systems. Negentropie oder Information ist ein Massstab für die Lebendigkeit eines Systems.

Evolution ist immer eine Sache von *mindestens* zwei stochastischen Prozessen, wobei jeder als *Selektor* des jeweils anderen (oder der jeweils anderen) dient. Mit anderen Worten, in erstarrten Systemen, in denen eine solche «Selektion» nicht mehr stattfindet, nimmt die Entropie (der Mangel an Kohärenz) ständig zu. So steht es bereits im zweiten Gesetz der Thermodynamik.

In lebendigen Systemen dagegen nimmt die Negentropie zu und zwar aufgrund von stochastischen Koselektionsprozessen. Wenn man Schrödingers Behauptung «Das Leben basiert auf negativer Entropie» folgen will, ist Leben ein geordneter, selektierender, kohärenz-fördernder Zustand.

Ohne uns in metaphysischen Spekulationen zu verlieren, können wir sagen, dass sich das Leben so verhält, als ob es sich auf immer grössere Konhärenz, d. h. höhere Intelligenz hin entwickelte.

Und dieser Prozess befindet sich in einem Zustand der Beschleunigung, weil er, wie Shannon mathematisch nachwies, logarithmisch ist. Logarithmische Prozesse sind die, bei denen die Kurve ständig ansteigt.

So ist die Beschleunigung, die Adams und Korzybski aufgefallen war, menschliches Wachtum in einem der Evolution seit jeher eigenem Prozess.

Dieses menschliche Wachstum ist schneller als die vor-menschliche Evolution, weil wir mit Hilfe des dritten semantischen Schaltkreises und seiner Symbole (Worte, Karten, Formeln, Gleichungen usw.) in der Lage sind, Information (negative Entropie, Kohärenz) von einer Generation an die nächste weiterzugeben.

Der weltweite Reichtum hat sich in Form von «realem Kapital» (Anlagen in bekannten Fördergebieten usw.) einmal pro Generation verdoppelt, seit Wirtschaftsfachleute im achtzehnten Jahrhundert angefangen haben, Statistiken darüber zu führen.

Wo kommt dieser Reichtum her? Wenn man den orthodoxen Wirtschaftlern glauben will, stammt er aus Land, Arbeit und Kapital. Die Marxisten dagegen behaupten, dass er nur mit Hilfe von Land und Arbeit erreicht wird und der Kapitalist ein Dieb ist, der ein künstliches Buchhaltungssystem in den Prozess hineingetragen hat. Beide haben unrecht. Land und Arbeit allein, aber auch Land, Arbeit und Kapital können nicht neuen Reichtum produzieren, wenn man von der falschen Idee ausginge, Öl ausgerechnet da zu suchen, wo es kein Öl gibt. Die wirkliche Quelle neuen Reichtums sind die richtigen Ideen: brauchbare Ideen, d. h. negative Entropie oder Information.

Der Ursprung solcher kohärenten (brauchbaren) Ideen ist das menschliche Nervensystem. *Reichtum wird erst dadurch ermöglicht, dass menschliche Wesen ihre Neuronen intelligent benutzen.*

Eines Tages kam ein neurotischer junger Mann zu einem Zenmeister und fragte ihn, wie er geistigen Frieden finden könnte.

«Wie kann es dir an etwas mangeln», antwortete der Roshi, «wenn du den grössten Schatz des Universums besitzest?»

«Den grössten Schatz des Universums?» fragte der junge Mann verwirrt.

«Das Zentrum, aus dem diese Frage stammt, ist der grösste

Schatz des Universums», entgegnete der Meister – offener, als Zenmeister dies gewöhnlich zu tun pflegen.

Natürlich hatte er als Buddhist auch das Gelöbnis der Armut abgelegt und meinte nicht dasselbe wie wir hier. Aber auch er wusste, dass das Gehirn all das produziert, was wir erfahren – all unsere Schmerzen und Sorgen, all unsere Wonnen und Ekstasen, unseren höheren evolutionären Durchblick und die zeitüberschreitenden Erlebnisse höchster Verzückung. Und auch im materialistisch-ökonomischen Sinne ist das Gehirn «der grösste Schatz des Universums»: es produziert all die Ideen, die, wenn sie sozial angewendet werden, zu grösserem Reichtum führen: Strassen, wissenschaftliche Gesetze, Kalender, Fabriken, Computer, lebensrettende Medikamente, Ochsenkarren, Autos, Düsenflugzeuge, Raumschiffe...

Wenn Sie sich nicht gerade mutterseelenallein irgendwo draussen in der Wildnis befinden, dann erheben Sie einmal die Augen von der Seite und schauen Sie sich um. Alles, was Sie sehen, ganz egal, wer der theoretische «Besitzer» ist, ist das zeitüberbrückende Produkt der materialisierten oder manifestierten Ideen von kreativen Männern und Frauen. All das ist negative Entropie. Kohärente Ordnung.

Und es bewegt sich auf eine noch höhere, noch kohärentere Ordnung mit grösserer Veränderungsgeschwindigkeit zu, Tag für Tag, Jahr für Jahr.

Wenn Sie jedoch tatsächlich ganz allein in der Wildnis sitzen, dann sehen Sie ebenfalls eine kohärente Ordnung, nur ist in diesem Fall die Veränderungsgeschwindigkeit bedeutend langsamer. Die stochastischen Prozesse, die wir genetische Verschiebung nennen, oder auch Evolution, selektieren ihre höhere Ordnung mit einer anderen Geschwindigkeit als die, die wir mit menschlichem Denken, Erfindungsgeist, Kultur usw. bezeichnen. (Deshalb ist es auch so schwierig, Einigung darüber zu erzielen, ob die natürlichen Prozesse als intelligent bezeichnet werden können oder nicht. Wenn wir laut Bateson irgendeinen x-beliebigen Ordnungsprozess als intelligent anerkennen, dann ist auch die Biosphäre intelligent; wenn wir die Bezeichnung «intelligent» dagegen nur für die Ordnungsprozesse reservieren, die sich mit derselben Geschwindigkeit bewegen wie unser Gehirn, dann ist die Natur einfach nur mechanisch, nicht intelligent. Für einen Ausserirdischen mit einem anderen Zeitgefühl als wir würde sich eine solche Frage im übrigen gar nicht erst stellen.)

Fast alles, was wir in der menschlichen Umgebung wahrnehmen, beruht auf in die Tat umgesetzen Ideen im oben erläuterten Sinn. Schauen Sie sich die menschliche Gemeinschaft noch einmal genauer an und Sie werden erkennen, wie sich der historische menschliche Verstand überall manifestiert hat.

Natürlich sind nicht alle Ideen gleich gut. Daraus folgt, dass auch nicht alle manifestierten Ideen (also menschliche Schöpfungen in der Biosphäre) gleich viel wert sind.

Aus diesem Grund versuchte John Ruskin vor einem Jahrhundert eine sprachliche Trennung zwischen Reichtum und Armut herbeizuführen. Doch dieser Versuch schlug fehl, denn die Menschen seiner Zeit waren noch nicht bereit dafür, sie in ihre Sprache zu integrieren.

Reichtum im Ruskinschen Sinne besteht aus all jenen Artefakten (konkretisierten Ideen), die das menschliche Leben oder auch das Leben allgemein bereichern. Armut dagegen besteht aus der Summe all der Artefakte, die Leben zerstören, herabwürdigen oder degradieren. Eine Fabrik, die das Wasser oder die Luft verseucht, gehört in diesem Sinne in den Bereich «Armut», ebenso wie eine Bombe, ein Schwert, eine Flinte, ein Fass mit Nervengas.

Die Verschiebung des Kapitals in Richtung Westen, die Brooks beobachtete, war eine Verschiebung von beidem: Reichtum und Armut.

Offensichtlich wurde Armut unter primitiven planetarischen Bedingungen – begrenzter Raum und begrenzte Resourcen – als notwendig erachtet, um Reichtum zu schützen. Territoriale Politik verfolgt so ziemlich den gleichen Zweck, nicht nur bei domestizierten Primaten, sondern auch anderen Säugetieren. Die Primaten sind nur einfach schlauer und bauen ihre allesvernichtenden Waffen schneller als andere. Ursprünglich war dies ein Charakteristikum des Überlebens und, evolutionär gesehen, ein relativer Erfolg, weil Primaten ja ohne die physiologisch eingebauten Waffen (tödliche Zähne, Klauen, Hörner usw.) der anderen Säugetiere auskommen müssen.

Seit dem Zeitalter der Aufklärung im achtzehnten Jahrhundert führte der exponentielle Anstieg des Reichtums (lebensbereichernde Ideen, die in die Tat umgesetzt wurden) zu immer mehr utopischen Sehnsüchten, und gleichzeitig die zunehmende Armut (im Ruskinschen Sinne) zu immer mehr dystopischen und apokalyptischen Ängsten.

Die Erwartungen eines Individuums bezüglich seiner Zukunft – also Utopie oder Dystopie – basieren hauptsächlich auf dem, was man für die beherrschende Kraft in der Evolution hält. Dieses Buch, und nicht etwa nur dieses eine Kapitel, gründet sich auf die Überzeugung, dass ein Überblick über die bisherige Evolution ohne jeden Zweifel zeigt, dass das gesamte Reichtum produzierende Vermögen (die Suche nach grösserer Kohärenz) der entscheidende Faktor bei diesem Prozess ist. Das Armut stiftende Vermögen ist ein archaisches, säugetierisches Überlebenssystem, das mit rapider Geschwindigkeit veraltet.

Die, historisch gesehen, konzentrierteste Ansammlung von Reichtum (realem Kapital plus Ideen, die neues Kapital produzieren) existiert heute zusammen mit dem konzentriertesten Vorkommen von evolutionär fortgeschrittenen Nervensystemen.

In Kalifornien, Oregon, Alaska, Britisch-Kolumbien, Arizona, Texas, Hawaii und seinen Nachbarinseln, Japan und überall im Pazifik, dort, wo der Westen auf den Osten stösst, wird heute die Welt von 1990, 2000 und 2010 entwickelt, und zwar von den Veteranen einer gigantischen Neurologischen Revolution, den psychedelischen Pionieren der sechziger Jahre, den Anhängern der Bewusstseinserweiterung zwischen 1950 und 1970, den Synthesizern der modernen Psychologie und der alten orientalischen Geisteswissenschaften. Marilyn Ferguson, eine ihrer Sprecherinnen, nennt sie Mitglieder einer sanften Verschwörung. Tom Wolfe, Zeitreisender aus New York, d. h. aus der neurologischen Vergangenheit, aus einer Kultur, die sich vor 1950 gebildet hatte, schimpft sie «Ich-Generation».

Diese sogenannte «Ich-Generation» ist die temporäre Hochwassermarkierung in der zeitbindenden Funktion. Indem sie sich immer weiter Richtung Westen bewegen – weg von der Tradition, weg vom Dogma –, sind ihre Mitglieder Produkte «der Meinungsverschiedenheiten zwischen der Ketzerei der Andersdenkenden und dem Protestantismus der Protestanten», wie Edmund Burke von den ersten Amerikanern sagte. Jede Irrlehre, die Europa verliess, produzierte zwischen 1600 und 1800 noch wildere und neuere Variationen an der Ostküste. Die, die zu ausgeflippt waren, um akzeptiert zu werden, mussten weiter wandern und gründeten im Mittelwesten des 19. Jahrhunderts die ersten tausend utopischen Gemeinden (anarchistisch, evangelisch, freie Liebe etc.). Und die, denen auch das noch nicht genug war, und die mit der Tradition sowieso nichts anfangen konnten oder wollten, wanderten innerhalb der letzten dreissig bis siebzig Jahre noch weiter Richtung Westen.

Der Niederschlag dieser Völkerwanderung kommt den Staaten

an der Ostküste schon reichlich merkwürdig vor, noch merkwürdiger aber erst den Europäern.

Einen vorläufigen Höhepunkt erreichte die Bewegung, als sie am Pazifik ankam und anfing, mit orientalischen Neuro-Wissenschaften und bewusstseinsverändernden Künsten wie Yoga, Taoismus und Zen zu experimentieren.

Sie verschlang die östlichen Lektionen, ohne jedoch selber orientalisch zu werden. Sie blieb westlich – die Ketzerei der Andersdenkenden usw. – und gewinnt jetzt schon seit zwei oder drei Generationen immer mehr an Schlagkraft und Orientierung. Sie strebt nach höherer Kohärenz und Intelligenz.

Und sie ist unsere neue Machtelite.

Als junge Leute setzten diese sanften Verschwörer die Jugendrevolte der sechziger Jahre in Gang, die, obwohl auch viele Exzesse und Irrtümer auf ihr Konto gingen, Studentenschaft, Verwaltung und Lehrkörper an unseren Universitäten auf Dauer verändert und verbesserte, unserer puritanischen Kultur zu einem gesunden Hedonismus verhalf, ein Dutzend verschiedene orientalische Neuro-Wissenschaften (und nicht zu vergessen mindestens zwei Dutzend Arten orientalischen Humbug) importierte, die ökologische Bewegung (eine erste weltweite Vorstellung vom Unterschied zwischen *Reichtum* und *Armut*) begründete, echte Liebe zu einer natürlichen Umwelt und den sie bevölkernden wilden Geschöpfen wiederentdeckte, gleitende Arbeitszeit und andere Befreiungen vom wirtschaftlichen Automatismus einführte*, die Frauenbewegung, die Schwulenbewegung, die Kinderbewegung ins Leben rief und die der Schwarzen nach Kräften unterstützte, den Vietnamkrieg beendete, die ganzheitliche Medizin in unserem gesamten Kulturkreis verbreitete usw.

Und die gleiche Gruppierung steht heute an der Spitze der Computer-Revolution und der Auswanderung ins All, fördert das Hungerprojekt, das noch zu unsern Lebzeiten die grossen Hungerkatastrophen weltweit abschaffen soll, treibt die Langlebigkeits-Revolution und das Streben nach Unsterblichkeit voran.

Und sie ist sich der Tatsache, dass sie Teil der Intelligenzsteigerungs-Explosion ist, um die es in diesem Buch hauptsächlich geht, durchaus bewusst.

* Buchstäblich alle Computer-Firmen in Silicon Valley, der Halbinsel südlich von San Francisco, haben heute gleitende Arbeitszeit, d. h., die Angestellten bestimmen weitgehend selbst, wann sie arbeiten.

Diese Art «westlicher Progressivität» (oder Utopismus) stammt aus dem mittleren Osten und ist deutlich von Juden beeinflusst, ein Grund, warum instinktiv sämtliche Reaktionäre auch Antisemiten sind. William Blake sagt dazu:

> Die Propheten Isaiah und Ezekiel speisten mit mir und ich fragte, wie sie eigentlich dazu kämen, so rundheraus zu versichern, dass Gott mit ihnen gesprochen habe, und ob sie nie daran gedacht hätten, dass man sie missverstehen und als Urheber einer Täuschung ansehen könnte.
>
> Isaiah antwortete: ‹Weder sah ich einen Gott, noch hörte ich ihn, mit meinen begrenzten Sinnen, aber diese entdeckten die Unendlichkeit in allem, und so war ich überzeugt und bin es heute noch, dass Gottes Stimme die einer ehrlichen Entrüstung ist und ich sorgte mich nicht länger um die Folgen, sondern setzte mich nieder und schrieb.›

Diese Vision von der Unendlichkeit aller Dinge ist dem Osten und dem Westen gemeinsam; was aber eindeutig westlich ist und von den Juden kommt, ist die Stimme ehrlicher Entrüstung gegen jede Art von Institution, die die Unendlichkeit der menschlichen Seele leugnen wollte. Unser volles menschliches Potential freizusetzen, das Licht des Prometheus in jeden Winkel zu tragen, das ist eine typisch westliche, mystische Tradition, die sich weder im Hinduismus, Buddhismus, Taoismus noch in irgendeiner anderen östlichen Religion beobachten lässt.

Thomas Jefferson stellte die These auf, dass alle Menschen gleich sind, weil er von der Unendlichkeit in jedem menschlichen Wesen wusste, und das hatte er von den schottischen Philosophen Reid und Hutcheson gelernt, wie übrigens auch die Idee der «unveräusserlichen Rechte» auf letzteren zurückgeht. Und die schottische Aufklärung war, wie die englische und französische, der Anfang von Materialisation und Manifestation der jüdisch-christlichen Vision von der Himmlischen Stadt.

Und es war der nämliche Illuminaten-Zirkel des achtzehnten Jahrhunderts, der das Konzept des Fortschritts überhaupt formulierte und damit den Prometheus-Symbolismus bewusst einführte. Diese Vision ist im Verlauf der vergangenen Jahrzehnte so häufig attackiert worden, dass es vielen Lesern vielleicht überholt und geradezu exzentrisch erscheinen wird, wenn ich sie hier verteidigen will.

Nichtsdestotrotz *ist die Evolution eine Realität,* die mit Quantensprüngen überall in der Biosphäre und der Geschichte des menschlichen Intellekts fortschreitet. Wir sausen auf einer immer schnelleren Flutwelle von sich erweiterndem Bewusstsein und grösserer Intelligenz dahin, ob wir nun damit einverstanden sind oder nicht.

Im grossen und ganzen haben die meisten und ganz besonders die jeweils herrschenden Machteliten etwas gegen diesen Beschleunigungsfaktor. Die Abwanderung des Kapitals (d. h. der *Ideen*) in Richtung Westen war zum grossen Teil eine Flucht vor Unterdrükkung, also im Grunde eine eskapistische Bewegung. Ähnlich sehen heutzutage viele Kritiker in der Erforschung des Weltraums eine Art «Flucht». Überall und zu jeder Zeit haben die Mächtigen in einer Gesellschaft versucht, dem dritten Schaltkreis einen Riegel vorzuschieben, die Geschwindigkeit zu bremsen und Grenzen aufzustellen für das, was druckreif, diskutabel, ja sogar was denkbar war.

Der griechische Mythos vom gefesselten Prometheus, dem Titan, der der Menschheit Licht schenkte und dafür auf ewig bestraft wurde, ist die Synekdoche, ein vollkommenes Symbol dafür, wie der dritte Schaltkreis in den meisten menschlichen Gesellschaften gehandhabt wurde.

Und auch die merkwürdige Art und Weise, wie die meisten Zivilisationen mit dem vierten, dem sozio-sexuellen Schaltkreis umgegangen sind, die verrückten Tabus, die uns einengen, egal wie weit der technologische Fortschritt entwickelt ist, gehört in die Dialektik von Beschleunigung und Verlangsamung.

Der vierte Schaltkreis ist nämlich in den meisten Fällen tatsächlich so geprägt, dass er als Bremse dient und die freie Entfaltung des zeitüberbrückenden semantischen Schaltkreises behindert.

Und genau das ist die historische Funktion von Tabu und Moral.

Übungen

1. Vergleichen Sie das Griechenland des 4. Jahrhunderts vor Christus, das Rom des 1. Jahrhunderts nach Christus, das südliche Europa zu Beginn der Renaissance, England zwischen 1600 und 1900,

New York zwischen 1900 und 1950 und das heutige Kalifornien. Beobachten Sie die Anhäufung von Reichtum im Verhältnis zur Akkumulation von Irrlehren, Innovationen, Sekten, Verrückten, Pionieren, Erfindern usw.

2. Stellen Sie sich vor, Sie setzen einen Pfennig auf das erste Feld eines Schachbretts, 2 Pfennige auf das zweite, 4 Pfennige auf das dritte usw. Wieviel Geld werden Sie auf das vierundsechzigste Feld setzen müssen? In der Art etwa funktioniert die Zeitbindung in relativ offenen Gesellschaften.

3. Lesen Sie nach, wie Galilei von den orthodoxen Wissenschaftlern seiner Zeit beschimpft wurde.

4. Lesen Sie nach, wie Beethoven, Picasso und Joyce von denen, die immer schon im voraus wussten, wie Musik, Malerei und Literatur sein sollte, beschimpft wurden.

5. Wann werden die wichtigsten wissenschaftlichen Ideen von 1985 im *Scientific American* veröffentlicht: 1985 oder 1995?

6. Versuchen Sie, herauszufinden, wieviel Jahre zwischen der Publikation von Einsteins Aufsatz über die Spezielle Relativität und der Anerkennung seiner Idee durch die Mehrheit der Physiker vergingen.

KAPITEL 8

DER «MORALISCHE» SOZIO-SEXUELLE SCHALTKREIS

So wie die Raupe
die hübschesten Blätter aussucht,
um ihre Eier dort abzulegen,
so belegt der Priester
die hübschesten Freuden mit seinem Fluch.

William Blake
Marriage of Heaven and Hell

Der sozio-sexuelle Schaltkreis wird beim Heranwachsenden programmiert, wenn das DNS-Signal das sexuelle System aktiviert. Plötzlich wird aus dem unbeschwerten Teenager ein verstörter Jugendlicher mit einem neuen Körper und einem neuen neuralen Schaltkreis, der auf nichts anderes als den Orgasmus und die Vereinigung von Ei und Sperma ausgerichtet ist. Wie ein brünstiges Tier jagt der pubertierende Jugendliche in einem Zustand konstanter Geilheit durch die Gegend und jede einzelne seiner Zellen lechzt nach einem sexuellen Objekt.

Jetzt ist die Prägungsempfindlichkeit für diesen vierten Schaltkreis am grössten, und so bleiben die ersten sexuellen Signale, die das heranwachsende Nervensystem empfängt und erregt, das ganze Leben lang bestimmend und definieren damit die sexuelle Realität des Individuums.

Kein Wunder, dass in dieser empfindlichen Zeit die Auswahl der vielfältigsten Fetische geradezu überwältigend ist.

Tatsächlich kann man sehr präzise bestimmen, in welcher Zeit eine bestimmte Person sexuell geprägt wurde, indem man herausfindet, welche Fetische sie oder ihn auf Dauer erregen. *Schwarze Strapse, Alkohol, cool Jazz* und *Bürstenschnitt* definieren die sexuellen Prägungen einer bestimmten Gruppierung (oder Generation) genauso eindeutig wie *Schlafsäcke, Marihuana, Rockmusik* und *enge Jeans* die einer anderen.

Masters und Johnson haben beobachtet, dass sich in dieser Zeit äusserster Prägungsempfindlichkeit auch die meisten sexuellen Fehlfunktionen im Nervensystem festsetzen. Ein typisches Beispiel ist der junge Mann, der seine Freundin zum ersten Mal auf dem Rücksitz seines Wagens bumsen will und von einem Polizisten, der mit einer Taschenlampe durchs Fenster leuchtet, daran gehindert wird. Diese fürchterliche Erfahrung und die mit ihr einhergehende Prägung konnte der junge Mann jahrzehntelang nicht abschütteln. Er blieb impotent, bis er Masters und Johnson traf und mit ihrer Hilfe zu einer Neuprägung seines sexuellen Schaltkreises kam.

Die Entscheidung zwischen Heterosexualität und Homosexualität, frecher Promiskuität oder schüchternem Zölibat wird gewöhnlich durch ganz bestimmte Zufälle an bestimmten Punkten von Prägungsempfindlichkeit gefällt, genauso wie Bio-Überlebensangst oder Geborgenheit während der Stillzeit, emotionale Herrschsucht oder Unterwerfung durch Zufälle während der Kleinkindphase und semantische Geschicklichkeit oder «Dummheit» durch Zufälle in der Umgebung des lernenden Kindes.

Sogenannte Primitive wissen um diese Tatsachen und umgeben deshalb alle Phasen von Prägungsempfindlichkeit mit Ritualen, «Mutproben», «Durchgangsriten» usw., die sich besonders gut dafür eignen, die zu einer bestimmten Zeit erwünschten Eigenschaften eines voll-integrierten Stammesmitgliedes zu prägen. Relikte solcher Prägungs-Zeremonien haben sich bei uns in der Taufe, der Kommunion, der Konfirmation, den Bar-Mizwas, Hochzeitsfeiern, Freimaurerriten usw. erhalten.

Ich will an dieser Stelle darauf hinweisen, dass Glück, genetische Veranlagung und Bosheit (Wut) zu den «Zufällen» gehören, die zu bestimmten Zeiten bestimmte Prägungen schaffen.

Aufgrund solcher Zufälle prägen nämlich die meisten Menschen nicht genau die sozio-sexuelle Rolle, die von ihrer Gesellschaft verlangt wird. Deshalb könnte man den vierten Schaltkreis fast sogar schon *Schuld*-Schaltkreis nennen: fast jedermann ist überall auf der Welt ständig damit beschäftigt, sein wahres sexuelles Profil zu verstekken und die sexuelle Rolle, die für sein/ihr Geschlecht von seinem/ihren Stamm «akzeptiert» wird, zu imitieren.

Der gebräuchliche Ausdruck für die Prägung des sozio-sexuellen Schaltkreises ist «reife Persönlichkeit» oder «sexuelle Rolle». Die Transaktionsanalytiker nennen sie das «Eltern-Ich».

Amüsiert stellen wir in diesem Zusammenhang fest, dass Freud den ersten Schaltkreis als orale Phase, den zweiten als anale Phase und den vierten als genitale Phase bezeichnete. Er übersah den dritten, semantischen Schaltkreis – vielleicht, weil er als zwanghafter Rationalist so in verbalen und konzeptuellen Programmen aufging, dass er ihm gar nicht auffiel –, ähnlich wie Fische das Wasser um sich herum gar nicht bemerken. Jung beschrieb den ersten Schaltkreis als Fähigkeit, zu empfinden, den zweiten als Fähigkeit, zu fühlen, und den dritten als Fähigkeit, Vernunft walten zu lassen. Er wiederum übersah den vierten und das mag auch ein Hinweis darauf sein, warum Jung Freuds Begeisterung für den vierten Schaltkreis nicht teilte und eine eigene, weniger sexuell gefärbte Psychologie entwickelte. Alle höheren Schaltkreise fasste Jung unter der Rubrik Fähigkeit zur Intuition zusammen.

Die Funktion des Nervensystems besteht darin, einzukreisen, auszuwählen, sich auf etwas zu konzentrieren, kurz, aus einer endlosen Anzahl von Möglichkeiten die biochemischen Prägungen zu wählen, die die Taktik und die Strategie festsetzen, die das Überleben an einem bestimmten Ort, den Status in einem bestimmten Stamm garantieren.

Das Kind ist, genetisch gesehen, dazu in der Lage, jede beliebige Sprache zu lernen, jede beliebige Technik zu beherrschen, jede beliebige sexuelle Rolle zu übernehmen. Innerhalb kürzester Zeit wird es jedoch mechanisch darauf abgerichtet, die begrenzten Angebote seiner sozialen und kulturellen Umwelt anzuerkennen, sie zu übernehmen und nachzuahmen.

Für diesen Prozess muss jeder von uns bezahlen. Überleben und Status bedeutet die Einbusse von unendlich vielen Möglichkeiten des unkonditionierten Bewusstseins. Der domestizierte Primat ist innerhalb seines sozialen Realitätstunnels nichts weiter als ein triviales

Fragment des Erfahrungs- und Intelligenzpotentials, das in einem menschlichen 110 000 000 000-Zellen-Biocomputer steckt. Robert Heinlein sagt dazu:

«Ein menschliches Wesen sollte in der Lage sein, Windeln zu wechseln, eine Invasion zu planen, ein Schwein zu schlachten, ein Haus zu entwerfen, ein Schiff zu steuern, ein Sonnett zu schreiben, Buchhaltung zu beherrschen, eine Mauer zu errichten, einen Knochen zu schienen, einen Sterbenden zu trösten, Befehle zu akzeptieren, Befehle zu erteilen, mit anderen zusammenzuarbeiten, selbständig zu handeln, eine Gleichung zu lösen, ein Problem zu analysieren, einen Stall auszumisten, einen Computer zu programmieren, ein gutes Essen zu kochen, effektiv zu kämpfen, und schliesslich ritterlich zu sterben. Spezialisierung ist was für Insekten.»

Aber solange wir uns mit den alten Schaltkreisen beschäftigen, unterscheiden wir uns noch nicht besonders von den Insekten. So wie sie ihr Vier-Phasen-Programm durchlaufen (Ei, Larve, Verpuppung und Schmetterling), und eine Generation nach der anderen es wiederholt, so haben auch wir unseren Vier-Phasen-Zyklus. Die alten Schaltkreise sind genetisch gesehen konservativ angelegt. Sie sichern das Überleben, und auch die Erhaltung der Spezies, mehr aber nicht. Für die zukünftige Evolution müssen wir uns den futuristischen Schaltkreisen zuwenden.

Es wird ja manchmal fälschlicherweise behauptet, es gäbe keine universellen sexuellen Tabus. Das ist unrichtig. Es gibt ein Allzweck-Tabu, das in jedem Stamm regiert.

Dieses Tabu sorgt dafür, dass die Sexualität innerhalb des Stammes jedenfalls *nicht ungeregelt* bleibt. Mit andern Worten, selbst wenn es sonst keine weiteren Tabus gibt, so bleibt doch das gegen ein Leben ohne Tabus bestehen. Jeder Stamm hat seine eigenen Verbote, aber keiner ermöglicht seinen Mitgliedern, selber welche aufzustellen.

Ein amerikanischer Präsident darf keinesfalls seine eigene Schwester heiraten (jedenfalls nicht, wenn er wiedergewählt werden will), ein ägyptischer Pharaoh dagegen *musste* seine eigene Schwester heiraten. Mit solchen moralischen Relativismen konfrontiert, haben viele Sozialwissenschaftler das beiden Gemeinsame gar nicht bemerkt: man erwartet sowohl vom Präsidenten der Vereinigten Staaten, als auch vom ägyptischen Pharaoh, dass sie sich an die lokalen Regeln halten. Und ganz genauso ist es bei den Herrschern in Samoa, Russland, bei den Eskimos und in Kuba.

Zusammenfassung

Schaltkreis	*Ursprung*	*Prägungszentrum*	*Andere psychologische Bezeichnungen* Freud	Jung	Berne	Sagan	Gurdjieff*
I	vor 3 bis 4 Milliarden Jahren	Randsystem vegetatives Nervensystem	oral	Empfindung	Natürliches Kind	reptilisches Gehirn	Bewegungszentrum
II	vor 500 bis 1000 Millionen Jahren	Thalamus Muskeln	anal	Gefühl	Angepasstes Kind	säugetierisches Gehirn	Zentrum für falsche Emotionen
III	Vor 100 000 Jahren	Linkes Großhirn, rechte Hand, Stimmbänder	latent	Vernunft	Erwachsenen- oder Computer-Ich	menschliches Gehirn	Zentrum für falschen Intellekt
IV	Vor 30 000 Jahren	Linker Cortex, Brüste, Genitalien	phallisch	nicht vorhanden	Eltern-Ich	nicht vorhanden	Falsche Persönlichkeit

* Die Gurdjieff'schen Bezeichnungen sind bewusst negativ gehalten, denn er versuchte ja gerade, die Menschen von den primitiven Schaltkreisen weg auf die futuristischen hin zu lenken.

Warum existiert ein solches Tabu gegen sexuelle Selbstbestimmung und Selbstverwirklichung? Wie kann es sein, dass, obwohl keine zwei verschiedenen Gesellschaftssysteme Übereinstimmung darüber erzielen können, was «sexuell gut» oder «sexuell schlecht» ist, doch jedes von ihnen meint, irgendwelche Definitionen aufstellen zu müssen?

Die Antwort darauf ist, dass unsere frühesten humanoiden (d. h. symbolfähigen und konzeptualisierenden) Vorfahren zwar noch ziemlich unwissend waren, aber keineswegs dumm. Sie hatten keine Ahnung von den Gesetzen der Genetik, aber sie waren clever genug, zu vermuten, dass es solche Gesetze gibt. Die Verschmelzung von Ei und Sperma ist von höchst effektiven Tabus und starker Stammeskonformität umgeben, denn das Überleben und die zukünftige Evolution hängen davon ab, *welches* spezielle Spermatozon *welches* spezielle Ei erreicht.

Etymologen bestätigen die Freudsche Theorie, dass es uralte Verwandtschaften zwischen den Bezeichnungen für das Heilige, Erotische, Obszöne, Ehrfurchtgebietende, Schreckliche, Göttliche und «Erregende» gibt. Es sind primitive, mächtige, physiologische Reaktionen auf die Mysterien der sexuellen Anziehungskraft, Paarung, Fortpflanzung, Vererbung, genetische Richtung und zukünftige Evolution. Die frühesten göttlichen Formen, auf die Archäologen bisher gestossen sind, waren schwangere Göttinnen und männliche Götter mit überdimensionalen Geschlechtsorganen. Die intolerantesten, fanatischsten und widerspenstigsten Vorurteile, also diejenigen, die nach dem kosmopolitisierenden Kontakt mit fremden Stämmen und anderen Werten am zögerndsten verschwinden, sind Tabus, die das Recht zur Fortpflanzung betreffen. Wenn eine Nation glaubt, dass das Oberhaupt des Staates seine Schwester heiraten muss und eine andere auf dem genauen Gegenteil besteht, dann gehen ja beide im Grunde davon aus, dass ein *richtiger Weg* gefunden und rigoros durchgesetzt werden muss.

Dann gibt es im Bereich der *sexuellen Anziehungskraft* aber auch unbekannte Grössen: Er mag sie, aber sie hat nichts für ihn übrig.

Oder Unbekannte im Bereich der *Paarung*: eine junge Frau wird nach einmal Bumsen schwanger und eine andere wird auch nach drei Jahren Bumsen noch nicht schwanger. Sehr merkwürdig und für Primitive geradezu bedrohlich, in Neu-Guinea ebenso wie in New Jersey.

Und Unbekannte im Bereich der *Fortpflanzung*: Wieso Zwillinge? Warum ausgerechnet drei Mädchen in der einen und drei Jungen in der anderen Familie? Warum Fehl- und Totgeburten?

Und Unbekannte im Bereich der *Vererbung*: «Wieso sieht mein Sohn mir gar nicht ähnlich?» hat sich schon so mancher domestizierte Primat argwöhnisch gefragt, und das führte zu sehr viel Paranoia und männlichem Chauvinismus.

Und Unbekannte im Bereich der *genetischen Richtung*: Moderne Forscher verfügen hier mittlerweile über zwölf oder mehr Variablen, haben aber trotzdem mehr Fragen als Antworten.

Und schliesslich Unbekannte im Bereich der *zukünftigen Evolution*: «Wo kommen wir her, wer sind wir, wo gehen wir hin?» heisst Gauguins grösstes Gemälde und ist gleichzeitig die grundlegende ontologische Frage, der Totempfahl; aber auch die soziobiologische Arbeit ist ein Versuch, sie zu beantworten.

Unter all diesen Unbekannten bei der sexuellen Anziehungskraft, der Paarung, der Fortpflanzung, der Vererbung, der genetischen Richtung und der zukünftigen Evolution, versuchen die Schamanen der jeweiligen Stämme, Wegweiser für das Stammesüberleben (Gen-Pool) aufzustellen.

All diese Phänomene, sexuelle Anziehungskraft, Paarung, Fortpflanzung, Vererbung, genetische Richtung und zukünftige Evolution sind *stochastische Prozesse* (d. h. zufällige Reihen, aus denen eine Art «Intelligenz» oder auch etwas, das sich metaphorisch als «Intelligenz» erfassen lässt, ein Endergebnis auswählt). Dass sich diese stochastischen Prozesse teilweise überlappen, wie in unserer Darstellung gezeigt, wird einem intuitiv klar, ebenso wie die Tatsache, dass die Zukunft Schritt für Schritt «selektiert» wird*. Tabu und Moral sind Versuche eines Stammes, das zufällige Element unter Kontrolle zu bringen – die gewünschte Zukunft herbeizuführen.

Die sogenannte «Moral» versucht dies an zwei Punkten: einmal, indem sie mit Hilfe von Tabus und Vorschriften in den Bereich sexuelle

* Dass die ganze Reihe «intelligent» ist oder jedenfalls Intelligenz manifestiert, ist Lamarcksche Ketzerei, die auch die Darwinisten nie ganz ausräumen konnten. Jedesmal, wenn man sie endlich begraben hatte, erhob sie sich in anderer Form von neuem. Zwei der kompetentesten Vertreter der Neo- oder Meta-Lamarckschen Position, die der Leser sich unbedingt anschauen sollte, sind Timothy Leary *(Die Intelligenzagenten)* und Gregory Bateson *(Mind and Nature)*.

Anziehungskraft, sexueller Konsum (Paarung) oder aber in den Bereich Paarung und Fortpflanzung eingreift. Letzteres zeigt sich zum Beispiel beim Kindesmord, einer weitverbreiteten Praxis der Geburtenkontrolle, die von den ortsansässigen Schamanen stets mit magischen Gründen gerechtfertigt wird. So werden dafür Kinder ausgesucht, die eine Frühgeburt waren, Kinder mit Muttermalen, Zwillingen oder Babies, die auf irgendeine andere Weise von den Göttern gezeichnet sind.

Die tatsächliche Funktion solcher Praktiken ist natürlich ganz einfach die Geburtenkontrolle, und so finden sich solche Bräuche auch vor allem auf abgeschiedenen Inseln, wo eine ausser Kontrolle geratene Geburtenziffer ein Desaster wäre. Ähnlich funktionierten die jüdischen Tabus, die das Ziel hatten, alle Sexualität der Vergrösserung der Bevölkerung dienstbar zu machen, denn das Volk war umringt von grossen und kampflustigen Reichen, die nur auf eine günstige Gelegenheit warteten, das Land zu erobern. Deshalb brauchte man mehr Jungen, die Soldaten werden, und mehr Mädchen, die neue Soldaten produzieren konnten.

Auch die vom Standpunkt des Rationalismus aus «idiotischsten» und «abergläubischsten» Tabus erfüllten irgendeinen Zweck, als sie aufgestellt wurden. Die scheinbar «sinnlosen», sorgfältig durchdachten (nicht-genetischen) «Inzest-Tabus», bei denen kein Stammesmitglied für ein anderes als Sexualpartner in Betracht kommt, fördern in Wirklichkeit nur die Exogamie (Heirat ausserhalb des Stammes). Dies sorgt für affektive Bindungen (Familienbande) zwischen einzelnen Stämmen und reduziert damit die Gefahr des Krieges. Ein bisschen davon hat sich bis in unsere jüngste Vergangenheit hinein in dem Brauch erhalten, Mitglieder aus königlichen Familien nur mit Mitgliedern aus anderen königlichen Familien zu verheiraten.

Auf der einen oder anderen Ebene ist natürlich jede Form von «Moral» jedermann ein Dorn im Auge, denn kein Individuum hat genau die sexuelle Prägung, die vom Stamm erwünscht ist. In der Doktrin der Busse wird dieser Tatsache von verfeinerten Totem-Kulten (oder höheren Religionen, wie sie selber sagen würden) Rechnung getragen, denn sie ermöglicht einem Individuum, regelmässig rituell dafür um Vergebung zu bitten, dass es nicht der perfekte sexuelle Roboter ist, den die Stammesmoral vorschreibt. Doch dies wirkt nur dann lächerlich, wenn man sich vor Augen hält, dass die domestizierten Primaten ihren Priestern in der Hauptsache genau das beichten, was Kinsey so akkurat als «normales säugetierisches Verhalten» bezeichnete*.

Zeitbindung (die Übermittlung von Symbolen und Artefakten über Generationen hinweg) beginnt mit dem dritten Schaltkreis. Ein akutes Zeitbewusstsein jedoch wird erst auf dem vierten Schaltkreis verstärkt.

Die Hauptfunktion des sozio-sexuellen Schaltkreises bei höheren Primaten besteht darin, eine erwachsene Persönlichkeit, ein Eltern-Ich, zu entwickeln**. Laut Definition sind Eltern diejenigen, die für die Jungen der Spezies sorgen, aber die genetischen Voraussetzungen bringen es mit sich, dass sie sich auch *um* die Jungen sorgen. Bei symbolfähigen Primaten heisst dies, Pläne, Hoffnungen und Ansprüche entwickeln. In der Sprache der Mystiker heisst es, «an der Welt zu hängen» oder «im ewigen Rad des Karma gefangen zu sein», und deshalb konzentrieren sich die meisten mystischen Traditionen zuallererst darauf, die Bindungen an den vierten Schaltkreis zu brechen, und zwar mit Hilfe des Keuschheitsgelübdes.

Der vierte Schaltkreis konzentriert sich im linken Neo-Cortex – dem neuesten Teil des menschlichen Gehirns. Neurologisch ist er mit

* Dies bezieht sich natürlich nur auf das absurde und minderwertige Religionsverständnis der anderen und hat nichts mit den erhabenen Weisheiten zu tun, die die Religion des Lesers verkündet.

** Homosexualität ist – wie Linkshändigkeit – wahrscheinlich im genetischen Skript vertreten, um zusätzliche Funktionen zu erfüllen. In den meisten primitiven Gesellschaften werden Homosexuelle und Linkshändige in schamanistische Rollen gedrängt. In komplexeren Gesellschaftssystemen übernehmen sie – wie alte Jungfern und heterosexuelle Junggesellen – häufig intellektuelle oder künstlerische Rollen, die quasi-schamanistische Funktionen wie das Produzieren, Brechen oder Verändern kultureller Signale erfüllen. Diejenigen, die behaupten, dass jede chronische sexuelle Abweichung «widernatürlich» ist, unterschätzen die Vielfalt, Abwechslung und Wirtschaftlichkeit der Natur. Der Mutant Leonardo da Vinci (er war linkshändig und homosexuell) war notwendig, um das Signal des untergehenden mittelalterlichen Realitätstunnels aufzubrechen und die Aufmerksamkeit auf den Realitätstunnel des wissenschaftlichen Humanismus der Nach-Renaissance zu lenken. Sein Erfolg wird durch die Tatsache bescheinigt, dass ein Gemälde von Leonardo heute noch die Norm dessen widerspiegelt, was wir unter Realismus verstehen, d. h. dass die meisten Menschen, einschliesslich rechtshändiger Heterosexueller, in einer wissenschaftlich-humanistischen Sphäre leben, die dieser Mann erfunden hat.

den primären und sekundären Geschlechtsmerkmalen verbunden (regelt also alles, was mit Lieben, Schmusen, Kuscheln, dem Gefühl der Geborgenheit zu tun hat).

Personen, die ihre stärkste Prägung auf diesem Schaltkreis haben, sind schön. Durch ihre Körper pulsieren Tausende von Neurotransmittern und bewirken einen ständigen Ausstoss von «Paarungssignalen», die das, was wir an einem Menschen schön oder sexuell stimulierend finden, unbemerkt beeinflussen.

Trotzdem können sie natürlich – je nach den Zufällen des Prägungsprozesses – eiskalte Ausbeuter oder auch völlig gehemmte Puritaner sein, oder andere negative Züge haben, aber auf jeden Fall *sehen sie so aus* (strahlen die entsprechenden Signale aus), als wären sie der Inbegriff eines perfekten Liebhabers, Geliebten oder Beschützers.

Einmal formuliert, dient die «Moral» nicht nur als Kontrolle über die genetische Richtung, sondern auch als Bremse für jede vom dritten Schaltkreis initiierte Innovation. Schamanen, Priester usw. definieren, welche Ideen «moralisch» und welche «unmoralisch» sind. Alles Neue, alles, was den gewohnten Stammeszyklus stört, d. h. was seine Mitglieder aus der zyklisch-mythischen Zeit in lineare, fortschreitende, revolutionäre Zeit versetzt, wird normalerweise sehr schnell für «unmoralisch» erklärt.

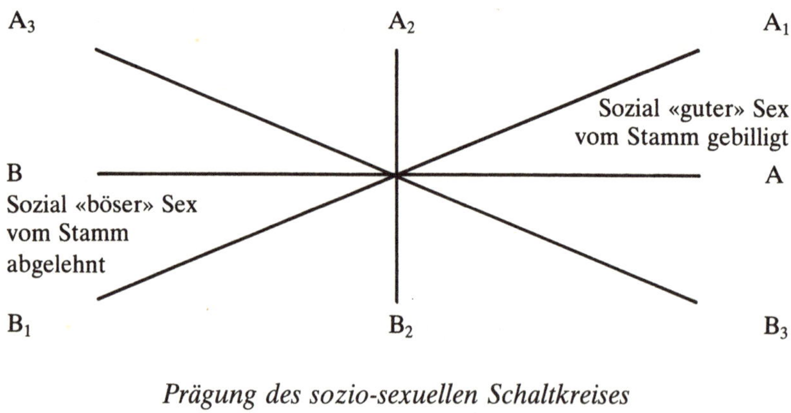

Prägung des sozio-sexuellen Schaltkreises

A und B repräsentieren sozial als «gut», bzw. als «böse» definiertes Geschlechtsverhalten, je nachdem, was der Stamm im einzelnen festgesetzt hat. A_1, A_2 und A_3 zeigen individuelle Prägungen –

persönlich als «gut» empfundenes Geschlechtsverhalten (also das, was das Individuum je nach seiner Prägung bevorzugt). B_1, B_2 und B_3 stehen für persönlich als «böse» empfundenes Geschlechtsverhalten (also das, was das Individuum ablehnt). Wenn die Achse A_1/B_1 nur leicht verschoben ist, gilt das Individuum (in dieser Gesellschaft) immer noch als ziemlich normal, wenn A_2/B_2 jedoch stärker verschoben ist, jedoch schon als neurotisch, und wenn A_3/B_3 ziemlich stark verschoben ist, als pervers.

Zu behaupten, dass Religion und Geistlichkeit eine konservative Rolle in der Geschichte gespielt haben, wäre die reinste Untertreibung. Genausogut könnte man sagen, dass die Beulenpest ein paar Leute dahingerafft hat oder dass Hitler ein bisschen wirr im Kopf war. *Die Religion hat immer eine reaktionäre Hauptrolle gespielt.* Dies war ihre evolutionäre Funktion in der Dialektik des Gehirn-Schaltkreissystems.

Wenn der dritte Schaltkreis sich so ungehindert austoben kann, wie er will, muss man unwillkürlich an einen Kokainsüchtigen denken. Er kann sich an nichts mehr erinnern, weil im Moment alles viel zu schnell an ihm vorbeirauscht. Auf einen domestizierten Durchschnitts-Primaten wirkt so etwas ziemlich verstörend, deshalb erhalten die meisten Stammesmoralisten Ruhe und Ordnung aufrecht, indem sie als Bremser fungieren.

Ebenso ist der Durchschnittsmensch, philosophisch gesehen, am «empfänglichsten» und «neugierigsten», *ehe* er sich der Erwachsenenrolle, dem Eltern-Ich, zuwendet. Nach der Fortpflanzung bleibt ihm nur noch wenig Zeit für die wirren Träume des dritten Schaltkreises und (vielleicht wegen der Sanktionen, mit denen jeder Stamm Irrlehren, d. h. neue Ideen, belegt) auch wenig Neigung.

Wenn also der dritte Schaltkreis versucht, uns aus der zyklischen Stammeszeit heraus in die lineare, fortschreitende Zeit zu versetzen, dann holt uns doch der vierte Schaltkreis gleich wieder zurück auf die Erde.

Mag sein, dass Homosexuelle massgeblich an kultureller Innovation beteiligt sind, sicher aber ist es richtig, dass sie mehr als nur ihren Anteil dazu beigetragen haben. Der Grund? Sie sind nicht in Eltern-Rollen gefangen.

Unsere bisherigen vier Schaltkreise sind mit jeweils vier Permutationen in den Bildkarten des Tarot verschlüsselt.

Der König der Münzen, der Erde/Erde symbolisiert, ist den Okkultisten nach dem ersten Schaltkreis zuzuordnen, er besteht nur aus Empfindung, oralem Verlangen und ist ganz und gar viszerotonisch. Mit ihrem alchimistischen, kabbalistischen oder theosophischen Jargon beschreiben die meisten Bücher über Tarot genau diesen Typ, wenn sie diese Karte erklären.

Die Königin der Münzen oder Erde/Wasser ist eine Mischung aus Eigenschaften des ersten und zweiten Schaltkreises. Sie gilt als sinnlich-viszerotonisch-oral und emotional-egoistisch-politisch. Passen Sie höllisch auf, wenn Sie mit ihr zu tun haben.

Der Prinz der Münzen oder Erde/Luft ist eine Mischung aus Eigenschaften des ersten und dritten Schaltkreises – orales Verlangen und rationale Berechnung. Wahrscheinlich ein sehr schlitzohriger und tüchtiger Rechtsanwalt.

Die Prinzessin der Münzen oder Erde/Feuer ist das orale Element des ersten Schaltkreises, gemischt mit der Sexualität des vierten. Die Fusion von Exhibitionismus mit erotischer Leidenschaft bedeutet wahrscheinlich eine Hauptrolle in Pornofilmen. In allen Münzen-Karten dominiert der erste Schaltkreis über die anderen.

Die Königin der Kelche oder Wasser/Wasser ist emotionales und territoriales Verlangen. Nelson Algren dachte wohl an sie, als er sagte: «Lass dich nie mit einer Frau ein, die mehr Probleme hat als du.»

Der König der Kelche oder Wasser/Erde ist Emotion plus Sinnlichkeit. Ein Räuber, Plünderer, Dieb, Vergewaltiger, Soziopath.

Der Prinz der Kelche oder Wasser/Luft ist Emotion plus Vernunft. Der Humanist, Menschenfreund, Liberaler, ein idealer unitaristischer Minister.

Die Prinzessin der Kelche oder Wasser/Feuer: Eine explosive Mischung aus Sexualität und Egoismus. Scarlett O'Hara: Die Femme Fatale.

Der Prinz der Schwerter oder Luft/Luft: Reiner unverfälschter Intellekt. Seine Füsse berühren nie den Erdboden, er lebt inmitten von vagen Abstraktionen. Der Mönch oder Gelehrte.

Der König der Schwerter oder Luft/Erde: Vernunft plus oraler Exhibitionismus. Der Schauspieler, Redner, Demagoge – manchmal auch der Künstler.

Die Königin der Schwerter oder Luft/Wasser: Vernunft plus Emotion. Aus dieser Prägungsgruppe stammen viele Grössen aus Kunst und Wissenschaft.

Die Prinzessin der Schwerter oder Luft/Feuer: Vernunft und Sexualität. Steht für ein gutes Eltern-Ich, gewöhnlich recht puritanisch, das sich manchmal aber auch zum Kreuzritter für «sexuelle Freiheit» macht. In jedem Fall liegt die Motivation in dem Versuch, dem genetischen Imperativ des Paarungstriebs ein Mäntelchen aus abstrakter Vernunft umzulegen.

Die Prinzessin der Stäbe oder Feuer/Feuer ist der Inbegriff der Sexualität. Meistens, aber nicht unbedingt sind ihre Vertreter ziemlich ungebunden; manchmal richten sie aber auch all ihre erotische Energie auf einen Partner und gründen grosse Familien, denn auch das elterliche Element ist im vierten Schaltkreis stark ausgeprägt. Ein Beispiel wäre etwa J. S. Bach, der die sinnlichste Musik der Geschichte geschrieben hat und dabei zwanzig Kinder aufzog.

Der König der Stäbe oder Feuer/Erde: Sexualität und Sinnlichkeit. Der Playboy. Reichs «phallischer Narziss».

Der Prinz der Stäbe oder Feuer/Luft: Sexualität und Vernunft. Vertreter dieses Typus neigen dazu, sich mit allen möglichen Arten empirischen Mystizismus zu befassen, die von lokalen Autoritäten abgelehnt werden – beispielsweise Tantra-Anhänger in Indien, Tempelritter oder Hexen im mittelalterlichen Europa, in neuerer Zeit etwa Wilhelm Reich oder Aleister Crowley. (Crowley meinte, diese Karte sei ein Ebenbild seines «wahren Ichs».)

Die Königin der Stäbe oder Feuer/Wasser: Sexualität und emotionale Politik. Die Gerichte sehen täglich ein ganze Parade solcher Typen.

Die klugen Kabbalisten, die sich diesen bildhaften Schlüssel für die vier primitiven Schaltkreise des menschlichen Gehirns ausdachten, versteckten darin auch einen Hinweis auf höhere Bewusstseinsstufen. Sie lehrten, dass jedes Element der traditionellen Alchimie (Erde, Luft, Feuer, Wasser) mit einer der Tarot-Farben (Münzen, Schwerter, Stäbe, Kelche) und einem Buchstaben im Heiligen Unaussprechlichen Namen Gottes YHVH korrespondiert. Sie lauten:

Y	Feuer	Stäbe	Schaltkreis IV
H	Wasser	Kelche	Schaltkreis II
V	Luft	Schwerter	Schaltkreis III
H	Erde	Münzen	Schaltkreis I

Die Logik dieser Bildhaftigkeit scheint dem Unbewussten intuitiv klar zu sein. Assoziationen dieser Art kommen häufig in Träumen vor, wie Jung in *Psychologie und Alchemie* nachwies.

König der Stäbe	Königin der Kelche	Prinz der Schwerter	Prinzessin der Münzen
SK I	SK II	SK III	SK IV
Oral-narzistische Empfindsamkeit	Emotiona-listisches Gefühl	Rationali-stische Vernunft	Geschlechts-rolle (fehlt bei Jung)
Natürliches Kind	Angepasstes Kind	Erwachsenen- oder Computer-Ich	Eltern-Ich
Id	Ego	fehlt bei Freud	Über-Ich

Die Kabbala hat das Ziel, «im Mikrokosmos den Makrokosmos widerzuspiegeln», d. h. den Menschen zu einem perfekten Abbild «Gottes» zu machen, und gleichzeitig die vier alchimistischen Elemente, die in den Buchstaben YHVH symbolisiert werden, zusammenzubringen, mit anderen Worten, die vier Schaltkreise ins Gleichgewicht zu bringen.

Die gleiche Lektion lehrt der Buddhismus mit seinen Mandalas, bei denen in den vier Ecken Dämonen sitzen und ein Kreis in der Mitte das Erwachen ausdrückt.

Auszusehen, als ob man verheiratet oder Vater, bzw. Mutter ist, das sind nichtwissenschaftliche Konzepte, die jedermann intuitiv erkennt und die mit akutem Zeit-Sinn zu tun haben. Die Eltern kümmern sich nicht nur darum, das persönliche Bio-Überleben zu garantieren, sondern auch das ihrer Kinder und damit ihre eigene Zukunft.

Behaviouristen wissen die tollsten Geschichten über die komplizierten Verhaltensmuster zu erzählen, die man bei Versuchstieren schon konditionieren kann. Guckt mal, prahlen sie, diese Ratte haben wir mit Hilfe von selektiver Verstärkung so weit gebracht, dass sie beim Klang der Glocke die Leiter hinaufspurtet, Taste A drückt, einen Balken überquert und die Leiter zurückrennt, Taste B drückt, quer durch den Käfig saust und bei der Essensklappe auf ihre wohlverdiente Mahlzeit wartet.

Damit keiner auf die Idee kommen kann, der Autor dieses Buches litte an Überheblichkeit, betrachten wir einmal das ähnliche, wenn auch komplexere Verhaltensschema, dem er zwanzig Jahre lang folgte. Bevor er abends zu Bett ging, zog er regelmässig seinen Wecker auf. Wenn der Wecker klingelte, stand er auf, frühstückte in aller Eile, raste los, um den Bus noch zu erwischen, fuhr bis zur U-Bahn, stieg dort um, fuhr zu seinem Bürogebäude, rannte im Laufschritt durch die Empfangshalle, zwängte sich in den Aufzug, stieg auf einer bestimmten Etage aus, betrat sein Büro und beschäftigte sich acht Stunden lang mit immer wieder gleichen (ziemlich öden) Aufgaben. Sein Verhaltensmuster war, wie B. F. Skinner sagen würde, durch bestimmte Verstärkungen in Form von Bio-Überlebensscheinen geformt worden, denen er Tag für Tag, Woche für Woche ausgesetzt war. Die Scheine waren für das Bio-Überleben seiner vier minderjährigen Kinder unerlässlich.

Der aufmerksame Leser kann sich wahrscheinlich, wenn auch vielleicht vage, an die Prägung und Konditionierung dieser Schaltkreise erinnern.

Man fängt als Säugling in einer eindimensionalen Welt an und ist oral an eine Mutterfigur gebunden. Je weiter man sich von ihr entfernt, um so grösser wird die Bio-Überlebensangst und man krabbelt so schnell wie möglich wieder zu ihr zurück. Die wichtigsten Prägungsumstände bestimmen zusammen mit den dazugehörigen Konditionierungen unseren jeweiligen Anteil an:

Angst	oder	*Selbstbewusstsein*
Festigkeit	oder	*Neugier*
Abhängigkeit	oder	*Unabhängigkeit*

Wenn die DNS die richtigen RNS-Botenmoleküle an die Drüsen, das endokrine System usw. leitet, ereignet sich eine Mutation. Unsere gesamte Morphologie – unser ganzer Körper – verändert sich und dann – als Folge davon – auch der Kopf. Das heisst, der Realitätstunnel erweitert sich um eine Dimension, wir richten uns auf und fangen an, im Haus herumzulaufen. Mit der Zeit kommen wir dahinter, wen wir beherrschen können, wer uns beherrscht, wen wir nur zu bestimmten Zeiten beherrschen (emotional tyrannisieren) können und zu anderen wieder nicht, usw. Aus amorpher Bio-Überlebensbewusstheit entwickelt sich ein starres individuelles Selbstbewusstsein. Ein ganz bestimmter Stil emotional-territorialer Politik wirkt sich auf die Prägung und Konditionierung aus.

In diesem Stadium werden folgende Eigenschaften entwickelt:

Dominanz	oder	*Unterwerfung*
Selbstbewusstsein	oder	*Selbstzweifel*
starke Persönlichkeit	oder	*schwache Persönlichkeit*
hoher Status im Rudel	oder	*niedriger Status im Rudel*
Befehle erteilen	oder	*Befehle ausführen*
Herrenmoral	oder	*Sklavenmoral*

Anschliessend werden wir so konditioniert, dass wir zwischen diesen Extremen hin- und herpendeln, je nachdem, ob die Person, mit der wir es zu tun haben, in der Hackordnung über oder unter uns rangiert. (Angehörige der sogenannten Mittelklasse, also etwa Reagan-Anhänger oder Mitglieder der John Birch Society, werden immer die anbeten, die in der Hackordnung über ihnen stehen und gleichzeitig die treten – nach ihnen hacken –, die in der Hackordnung unter ihnen stehen.

Deshalb sagen sie und glauben das sogar, dass die Armen sie mittels der Fürsorge ihres guten Geldes berauben – dabei fällt von jedem Steuerdollar höchstens vier Prozent für die Fürsorge ab. Dass 72 % an den militärischen oder industriellen Sektor gehen, fällt ihnen gar nicht auf. Das ist ganz normale säugetierische Soziobiologie.)

Wenn der Realitätstunnel des zweiten Schaltkreises funktioniert, mausert sich der Organismus von neuem und mutiert ins verbale Stadium. Hier wird der Geisteszustand des dritten Schaltkreises geprägt. Im Gegensatz zu Tieren bilden wir jetzt über protoplasmisches Bewusstsein und säugetierisches Ego einen menschlichen Geist aus, der von menschlichen Artefakten und menschlicher Sprache hervorgebracht wird und sie wiederum ebenfalls beeinflusst.

Wilden Kindern, die abseits von menschlicher Gesellschaft (Artefakten und Sprache) aufwachsen, fehlt dieser «Geist» im menschlichen Sinne, deshalb nennt man sie manchmal auch verwildert.

Im semantischen Stadium der Prägungsempfindlichkeit werden folgende Eigenschaften gebildet:

Stil	oder	*Unverständlichkeit*
Geschicklichkeit	oder	*Unbeholfenheit*
Ausdrucksvermögen	oder	*Sprachlosigkeit**

In der Pubertät feuert dann ein neuer DNS-Auslöser und initiiert mit Hilfe weiterer RNS-Boten eine weitere morphologische Mutation von Geist und Körper. Jetzt wird das «Erwachsenen-Ich» geprägt und konditioniert:

«Moralisch»	oder	*«Unmoralisch»*
mechanisch gehorchend	oder	*nicht mechanisch gehorchend*
anständiger Bürger	oder	*Anarchist*
«Eltern-Ich»	oder	*sexueller Abweichler*

Mangelndes Verständnis für diese morphologischen Veränderungen und ihre Wirkung auf die Prägungszentren des Gehirns ist schuld an den meisten Kommunikationsproblemen und der allgemeinen Reizbarkeit, mit der wir viel zu oft miteinander umgehen. Da die Prägungen bei jedem etwas anders ausfallen – der Durchschnitt ist das, was niemand ganz ist** – fühlen wir uns zeitweise so wie der legendäre Quäker, der zu seiner Frau sagte: «Die ganze Welt ist verrückt, ausser dir und mir und manchmal bin ich mir auch bei dir nicht so ganz sicher.»

Anhänger von Reich, Dr. Spock, der Summerhill-Schule usw. haben immer wieder mit steigender Ungeduld auf die Brutalität und Dummheit vieler unserer traditioneller Erziehungsmethoden hingewiesen. Diese sind jedoch nur dann brutal und dumm, wenn man wie die oben erwähnten Ketzer das Ziel der Erziehung darin sieht, gesunde, ausgeglichene und kreative Menschen (nicht lukrative Roboter) zu produzieren. *Aber das war noch nie Ziel irgendeiner Gesellschaft der realen Welt.* Die traditionellen Erziehungsmethoden sind

* Warum sagen wir Sprachlosigkeit (Stummheit) statt Dummheit? Weil Ausdrucksvermögen sprachlicher Stil ist und der menschliche Geist ein verbalisierender Schaltkreis ist.

** James Joyce rechtfertigte Anarchismus einmal mit dem Hinweis darauf, dass der Staat konzentrisch, das Individuum aber exzentrisch sei.

logisch, pragmatisch und effektiv, wenn es darum geht, die tatsächlichen Zwecke der Gesellschaft zu erfüllen. Sie ist nicht daran interessiert, ideale Persönlichkeiten zu schaffen, sondern braucht Semi-Roboter, die die Gesellschaft so gut wie eben möglich imitieren, nicht nur in ihren rationalen, sondern auch in ihren irrationalen Aspekten, als Archiv für die Weisheit der Vergangenheit ebenso wie für die Summe aller Grausamkeiten und Dummheiten, die die Welt je gesehen hat. Kurz: eine völlig bewusste, alerte, erwachte Persönlichkeit (ohne jede Spur von Gehirnwäsche) würde nicht besonders gut in eine dieser Standardrollen passen, die die Gesellschaft anzubieten hat. Dafür passen die verdorbenen, automatisierten Produkte der traditionellen Erziehung um so besser in ihre Schubladen.

Es gibt also so etwas wie neurosoziologische «Logik» in dieser Unlogik. Soll das heissen, dass die traditionellen Schulen kleinen Gefängnissen gleichen? Ersticken sie nicht jede Regung von Phantasie, verkrüppeln sie die Kinder nicht nur geistig sondern auch körperlich, basieren sie nicht auf diversen Formen offenen und verkappten Terrors? Natürlich lautet die Antwort uneingeschränkt ja, aber solche Schulen sind notwendig, um die Menschen auf ganz gewöhnliche Büros oder Fabriken vorzubereiten, die ebenfalls kleinen Gefängnissen gleichen, die die Phantasie unterdrücken, Menschen geistig und körperlich verkrüppeln und mit Angst und Schrecken arbeiten (etwa wenn sie den Entzug von Bio-Überlebensscheinen – Gehalt – oder den Verlust des Arbeitsplatzes androhen).

Eine Tendenz hin zu permissiverer Erziehung tauchte erst verhältnismässig spät auf und hatte auch nur begrenzten Erfolg, weil die Gesellschaft menschliche Roboter brauchte und auch heute noch glaubt, sie zu brauchen. Solche «utopischen» Erziehungsmethoden werden sich erst dann durchsetzen, wenn eine Gesellschaft sich aus ihrer Autoritätshörigkeit herausentwickelt hat, und das um so mehr, je schneller die Veränderungen und damit auch die soziale Evolution der Menschheit vorangetrieben werden. Dann braucht man Bürger, die keine Roboter sind, die kreativ sind, statt lammfromm zu gehorchen, innovativ sind, Forscher in jedem Sinne dieses Wortes, und nicht beschränkte Kleingeister.

Die traditionelle Erziehung geriet erst dann leicht ins Wanken, als die Gesellschaft in das gegenwärtige Stadium von immer schnellerer Veränderung und technologischer Transformation aller traditionellen Werte eintrat.

Kommunikationsprobleme entstehen im allgemeinen dadurch, dass man eine bestimmte Botschaft an den falschen Adressaten richtet. Beispielsweise hat Ihr Mann ein Ego-Problem und Sie wenden sich an seinen *Verstand* (mind). Nehmen wir ein Beispiel aus der Transaktionsanalyse, um das zu verdeutlichen:

Die Botschaft geht also von Schaltkreis I an Schaltkreis IV. Sie lautet: «Ich fühle mich schwach; bitte hilf mir, mich wieder zu fangen.» Und die Antwort von Schaltkreis III an Schaltkreis III: «Na schön, analysieren wir erst mal das Problem.» Sie war ganz einfach falsch adressiert.

Natürlich ist dies ein bewusst untypisch gewähltes Beispiel, wenn auch nicht völlig. Es ist insofern untypisch, als Frauen traditionell dazu erzogen werden, diese Art von Fehler zu vermeiden, also emotional «empfindsam», «rücksichtsvoll» zu sein, usw. Statistisch gesehen wäre es viel wahrscheinlicher, dass solche Falschadressierung in der umgekehrten Richtung verläuft: von Mann zu Frau. Die Frau signalisiert, dass sie Hilfe braucht, und der Mann schaltet auf Schaltkreis III: «Okay, analysieren wir erst mal das Problem...»

Wir haben gesagt, dass bei der Prägung von Schaltkreisen (innerhalb gewisser genetischer Parameter) sehr viele Unwägbarkeiten oder Zufälle zum Zuge kommen. Überall auf der Welt verstehen Gesellschaften, ohne diese Theorie im einzelnen zu kennen oder zu akzeptieren, rein pragmatisch gesehen, genug vom Prägungsprozess, um den Versuch zu unternehmen, jedes Individuum für die ihm zugeschriebene Rolle zu programmieren. Deshalb unterscheidet sich die traditionelle Erziehung von Mädchen und Jungen auch so stark, dass Mädchen tatsächlich im Sinne des zweiten Schaltkreises «sensibler» sind als Jungen. Und auch hier kam die Frauenbewegung erst dann auf, als die Gesellschaft entwicklungsgeschichtlich bereit oder beinahe bereit dafür war. Das traditionelle System funktionierte nur in traditionellen Gesellschaften.

Ähnlich zielen Klassen- und Kastenstruktur in einem Ameisenhaufen darauf ab, in jeder Klasse die «richtigen» Prägungen zu produzieren. Bei der Dienstklasse oder dem Proletariat wird der dritte

Schaltkreis hauptsächlich auf handwerkliche Geschicklichkeit geprägt, während Mittel- oder Oberschicht Wert darauf legen, ihren Kindern verbale, mathematische oder andere symbol-verarbeitenden Fähigkeiten beizubringen.

Die Demokratie war um so erfolgloser – und darin hat der leicht beschämte Zynismus des Intellektuellen durchaus eine Berechtigung – je weniger eine traditionelle Gesellschaft die Entwicklung verbaler («rationaler») Talente in der Mehrheit der Bevölkerung brauchte, einsetzen konnte und daher auch in vielfältiger Weise entmutigte. Die meisten Leute werden auch heute noch nicht gerade dazu angespornt, Intelligenz zu entwickeln, sondern ziemlich massiv dazu programmiert, verhältnismässig dumm zu bleiben. Denn wenn man sich in die Mehrzahl traditioneller Jobs integrieren will, braucht man eine solche Programmierung. Das Bio-Überlebenssystem funktioniert genauso gut wie das von Tieren, der emotional-territoriale Schaltkreis ist charakteristisch für Primaten und man verfügt nur über ein Minimum an «Geist» (im Sinne des dritten Schaltkreises), um sich auszudrücken (zu rationalisieren). Natürlich stimmt man gewöhnlich für den Scharlatan, der die primitivsten Bio-Überlebensängste und die grösste, territoriale («patriotische») Kampfeslust aktivieren kann. Der Intellektuelle wirft nur einen Blick auf die jämmerlichen Resultate und hält die Demokratie auch weiterhin für nichts anderes als einen Akt blinden Vertrauens, ganz ähnlich dem, was beim Katholizismus, Kommunismus oder einer Schlangenbeschwörung vor sich geht.

Noch einmal: dieses traditionelle System funktioniert nur in traditionellen Gesellschaften. Menschen, die wirklich wissen wollen, warum Beethoven nach der Neunten auf einmal nur noch Streichquartette schrieb, oder ob Kant Hume tatsächlich zufriedenstellend widerlegt hat, oder was die neuesten Quantentheorien in bezug auf Determinismus und freien Willen bedeuten, sind keine Massen, die sich ohne weiteres zu langweiliger, entmenschlichter Arbeit zwingen lassen.

Wieso unterlag Adlai Stevenson Ike Eisenhower, oder George McGovern Richard («Tricky Dicky») Nixon? Auch hier stossen wir auf das Problem der falschen Adressaten. Stevenson, McGovern und andere Favoriten der Intelligenzija sprachen auf den dritten Schaltkreis an, der bei den meisten domestizierten Primaten bisher noch nicht allzu weit entwickelt ist. Eisenhower mit seiner väterlichen und Nixon mit seiner bulligen Grosse-Bruder-Tour wussten ganz genau, welche emotional-territorialen Punkte sie ansprechen mussten, damit ihnen der Primatenmob folgte. Ethologisch gesehen waren sie genetisch darauf programmiert, Alpha-Männchen zu spielen.

Genauso ist der Moralist (d. h. eine erwachsene Persönlichkeit mit massiven ethischen Imperativen auf dem vierten Schaltkreis) oft total unfähig, mit Wissenschaftlern oder Technologen zu kommunizieren. Er mag sogar der Ansicht sein, und viele sind es tatsächlich, dass Wissenschaftler *per se* eine Klasse von «Unmenschen» sei. In Wirklichkeit ist die Moral etwas völlig Irrelevantes für den analytischen Geist des dritten Schaltkreises und das ist nun mal die Gehirnfunktion, die beim Durchschnittswissenschaftler am ausgeprägtesten entwickelt ist. Die einzig akzeptable Moral für den dritten Schaltkreis heisst Präzision, und die einzige Unmoral, die ihm zu schaffen machen könnte, wäre unpräzises Denken.

Auch hier erfolgte die Bildung eines «sozialen Bewusstseins» unter Wissenschaftlern erst dann, als es entwicklungsgeschichtlich notwendig war, z. B. nach Hiroshima. Wenn sie nicht schnell oder verbreitet genug zu sein scheint – nun gut, dann könnte man dasselbe wohl, fälschlicherweise, wenn Sie mich fragen, auch von der Erneuerung der Erziehung, der Wirkung der Frauenbewegung, der Abschaffung des Rassismus usw. sagen. Die Rebellion gegen all diese Torheiten der Vergangenheit hatte Erfolg und wird auch in Zukunft Erfolg haben, allerdings nur dann, wenn wir uns kontinuierlich zu einer Gesellschaft hinentwickeln, in der es notwendig ist, dass ihre Mitglieder auf allen Schaltkreisen gleich gut reagieren. Und es sieht ganz so aus, als bewegten wir uns immer schneller auf eine solche Gesellschaft hin.

Die ungeduldigen jungen Radikalen vergessen, dass viele der «Ungerechtigkeiten» traditioneller Primatengesellschaften von ihren besten Köpfen vor tausend, hundert, oder auch, etwa im Fall des institutionalisierten Sexismus, zwanzig Jahren gar nicht als solche erkannt worden waren. Wenn wir heute Ungerechtigkeit und Absurditäten in vielen alten Institutionen ausmachen, dann nur deshalb, weil wir dabei sind, uns aus der Roboterschaft zu befreien und genau an dem Punkt der Evolution stehen, an dem es notwendig wird, auf allen Schaltkreisen intelligenter und sensibler zu werden.

Jeder von uns hat seinen Lieblingsschaltkreis, d. h. einen, der massiver geprägt ist als die anderen. Kommunikationsprobleme, Missverständnisse und allgemeine Fehlurteile über andere werden zum grossen Teil dadurch verursacht oder zumindest gefördert, dass nur sehr wenige von uns über diese Dimensionen des Schaltkreissystems Bescheid wissen und wir im übrigen von vorneherein dazu tendieren, anzunehmen, dass die Person, mit der wir gerade zu tun haben, auf demselben Schaltkreis reagiert wie wir selbst.

So gibt es in jeder sozialen Gruppe narzistische (orale) Typen des ersten Schaltkreises. Wenn man sie mit einem Problem konfrontiert, schauen Sie sich als erstes nach jemandem um, der damit fertig werden könnte, denn das orale System ist auf Abhängigkeit geprägt. (Wenn sie allerdings aggressive Schwäche statt abhängiger Schwäche geprägt haben, dann explodieren sie vor Wut – infantiler Koller – und lassen sich lauthals darüber aus, warum es das Problem überhaupt gibt und warum man es wohl ausgerechnet ihnen aufhalsen musste.)

Ein Typ des zweiten Schaltkreises würde in derselben Lage versuchen, das Problem zu verscheuchen, indem er es ganz in der Art typischer Säugetiere anknurren und verbellen würde.

Ein Typ des dritten Schaltkreises dagegen würde versuchen, das Problem aus der Welt zu diskutieren. Das ist jedoch immer nur bei Problemen rationalistischer Natur ratsam, beispielsweise der Frage: «Wie bringe ich diese Maschine in Gang?» Wenn das «Problem» jedoch ein anderes menschliches Wesen ist, das gerade einen seiner berüchtigten Wutanfälle austobt, dann kann ein solches Verhalten nicht nur vergeblich, sondern geradezu zerstörerisch sein.

«Liberal ist man, wenn man einen Raum verlässt, sobald der Kampf losgeht», hat mal jemand gesagt. Typen des dritten Schaltkreises reagieren ziemlich verstört und fühlen sich hilflos, wenn die säugetierische Politik des zweiten Schaltkreises überhand nimmt.

Ein Typ des vierten Schaltkreises schliesslich würde versuchen, rational (dritter Schaltkreis) zu reagieren und die emotionalen Dimensionen des Problems (zweiter Schaltkreis) zu erfassen, letztlich allerdings mit der Hoffnung, eine moralische Lösung an den Mann zu bringen: «Also, in dieser Situation wäre es das Anständigste . . .» Das leuchtet dem Rationalisten des dritten Schaltkreises vielleicht ein, weil er auf der Suche nach objektiver Gerechtigkeit ist, im allgemeinen wird es aber für alle eingefleischten Schaltkreis-II-Typen keinen Sinn machen, die ja bekanntlich von Emotionen und Territorien beherrscht werden.

Was für die Gruppe gilt, trifft natürlich auch für das Individuum zu. Obwohl wir alle einen Lieblingsschaltkreis haben und dazu neigen, diesen über alle anderen zu stellen, kann man uns mit Hilfe von Schock oder Stress aus ihm herauskatapultieren. In diesem Fall wechseln wir auf einen anderen über.

Auch der überzeugteste Rationalist wird letztlich zum ersten Schaltkreis zurückkehren, wenn er seine Bio-Sicherheit auf dem inneren Bildschirm massiv genug bedroht sieht. Und wenn man ihn daran hindert, «den Raum zu verlassen, wenn der Kampf losgeht», wird er sich vielleicht sogar zum Knurren und Bellen des zweiten Schaltkreises herablassen, vorausgesetzt, der Druck ist gross genug. (Oliver Wendell Holmes bezeichnete ein solches Verhalten als «hydrostatisches Prinzip in Meinungsverschiedenheiten», gemäss dem die Toren jedermann auf ihre eigene Ebene herunterziehen müssen.)

Aber auch der eingefleischteste Emotionalist kann sich – wenigstens vorübergehend – zum dritten Schaltkreis aufschwingen, wenn er mit jeder Art von emotionaler Nötigung oder Trickserei gegen ein bestimmtes Problem nichts ausrichten kann.

Und jeder Mensch – selbst kleine Kinder, indem sie die Erwachsenen imitieren – verfällt in die Elternrolle oder das Über-Ich des vierten Schaltkreises, wenn die einzige Möglichkeit, etwas Bestimmtes zu erreichen, darin besteht, an die Stammesmoral zu appellieren: «Also es wäre geradezu *unanständig,* es anders zu machen als Grossvater...»

«Gebt uns ein Kind, noch ehe es fünf ist und wir behalten es das ganze Leben lang», prahlte ein Jesuit aus dem 18. Jahrhundert. Nun erzogen Jesuitenorden dieser Zeit, wie Aldous Huxley später sarkastisch bemerkte, Männer wie Voltaire, Diderot und den Marquis de Sade, also können ihre Techniken der Gehirnwäsche wohl doch noch nicht so ganz vollkommen gewesen sein. Nichtsdestotrotz wachsen die meisten Menschen in der Mehrheit der Gesellschaften wie Abziehbilder vorangegangener Generationen auf. Die meisten von Jesuiten erzogenen Kinder sind Katholiken geblieben. Die meisten demokratisch erzogenen Kinder werden später nicht Republikaner...

Wenn man die Vielfalt von Philosophien betrachtet, mit denen jeder von uns konfrontiert ist, Nudismus und Buddhismus, wissenschaftlicher Materialismus und Schlangenbeschwörung, Kommunismus und Vegetarismus, subjektiver Idealismus und Existenzialismus, Methodismus und Shinto undsoweiter undsoweiter, dann scheint doch die Tatsache, dass die meisten Kinder im gleichen Realitätstunnel verbleiben wie ihre Eltern, darauf hinzuweisen, dass Akkulturation ein geistiger Kontrollprozess ist. Wir alle sind Riesen, die von Zwergen erzogen wurden und sich deshalb angewöhnt haben, stets mit einem Buckel herumzulaufen. Dieses Buch handelt davon, wie wir uns zu voller Grösse – totalem Bewusstsein – erheben können.

Da fällt mir die Zen-Story über einen Mönch ein (sehr witzig, haha), der, nachdem er vergeblich versucht hatte, mit normalen Mitteln Erleuchtung (Bewusstseinsveränderung) zu erlangen, zu seinem Lehrer ging. Dieser riet ihm, an nichts anderes zu denken als an einen Ochsen. Fortan meditierte der Mönch Tag für Tag über den Ochsen, stellte ihn sich vor, zerbrach sich den Kopf über den Ochsen. Schliesslich kam der Lehrer eines Tages zur Zelle des Mönchs und sagte: «Komm heraus, ich habe mit dir zu reden.»

«Ich kann nicht», antwortete der Mönch. «Meine Hörner passen nicht durch die Tür.»

Ich kann nicht . . .

Bei diesen Worten erlangte der Mönch die Erleuchtung. Lassen wir für den Moment einmal beiseite, was «Erleuchtung» bedeutet. Offensichtlich machte der Mönch eine Art Bewusstseinsveränderung durch. Er hatte sich eingebildet, ein Ochse zu sein und als er aus diesem hypnoseähnlichen Zustand erwachte, durchschaute er die Mechanismen aller Illusionen und Täuschungen auf der Welt und erkannte, wie sehr wir in ihrem Banne stehen.

Übungen

1. Denken Sie so intensiv wie möglich an Ihren ersten Orgasmus. Inwieweit benutzen Sie auch heute noch die gleichen Accessoires (Stimuli), um sich zu erregen?

2. Versuchen Sie, Ihre sexuelle Prägung zu verändern. Probieren Sie aus, ob Sie mit Hilfe irgendeiner Methode, die bisher tabu oder undenkbar für Sie war, einen Orgasmus bekommen können.

3. Stellen Sie sich vor, Sie wären Reverend Jerry Falwell. Erklären Sie einem imaginären Homosexuellen, warum seine sexuelle Prägung eine «Sünde» ist und möglichst schnell verändert werden sollte. Vergessen Sie nicht, ihm genaue Anweisungen darüber zu geben, wie das zu geschehen hat.

4. Stellen Sie sich vor, Sie wären schwul oder lesbisch. Erläutern Sie Jerry Falwell, warum Sie Ihre sexuelle Prägung ihm zuliebe weder verändern wollen noch können.

5. Lesen Sie Margaret Meads *Jugend und Sexualität in primitiven Gesellschaften.* Anschliessend schreiben Sie einen fünfseitigen Aufsatz über die Frage, warum, objektiv gesehen, die Tabus unseres Stammes sinnvoller sind als die, die Mead während ihrer Studien beobachtete. *Nehmen Sie diese Aufgabe so ernst wie möglich.*

6. Versetzen Sie sich jetzt in die Lage oder in Dr. Meads Buch beschriebenen Samoaner. Schreiben Sie einen fünfseitigen Aufsatz über die Frage, warum ihre Tabus sinnvoller sind als die unserer Gesellschaftssysteme. *Auch hier gilt es, die Aufgabe so ernst wie möglich zu nehmen.*

7. Lesen Sie den Abschnitt über die Giraffe und über das Gänschen noch einmal. Was sagt er über Ihre eigene sexuelle Prägung aus? Was ist Ihr Jeep oder Ping-Pong-Ball?

KAPITEL 9

GEISTWÄSCHE UND GEHIRN-PROGRAMMIERUNG

Wir haben bestimmte Vorurteile
über unsere Lokalisierung im Raum,
die von affenähnlichen Vorfahren
an uns überliefert wurden.

Sir Arthur Eddington
Space, Time and Gravitation

Die grösste utopische Möglichkeit der Zukunft bedeutet gleichzeitig auch den unvorstellbarsten dystopischen Schrecken.

Wir sind dabei, von Tag zu Tag mehr über die Pragmatik der Gehirnmanipulation zu lernen: wie man ein Bewusstsein so verändert, dass sich der Betreffende in einer völlig neuen Realität wiederfindet. Doch im gleichen Atemzug müssen wir auch die Visionen von *1984* und *Schöne neue Welt* erwähnen, die hinter dieser vielversprechenden Fassade lauern.

Wir lernen aber auch, wie wir unser eigenes Bewusstsein verändern können – wie wir es spass- und profitbringend einsetzen können, statt für Elend und mechanische Reaktionen zu missbrauchen. Was immer dies bedeuten mag, es steckt ein Stück Vision vom Übermenschen darin.

Man kann das Gehirn wie einen Fernseher auf irgendeinen x-beliebigen Kanal einstellen, ihn wechseln, abstellen usw. Den Veteranen der Neurologischen Revolution der sechziger und siebziger Jahre ist das nicht neu. Es ist nicht nur die grösste Gefahr, sondern auch das grösste Versprechen unserer Zeit.

Betrachten wir die beiden Möglichkeiten etwas näher.

Cyanid und Synchronizität.

Im November 1978 hielt ich mich in Seattle auf, um an der Aufführung eines zehnstündigen Stückes mitzuwirken, das Ken Campbell aus der von Bob Shea und mir verfassten *Illuminatus!*-Trilogie gemacht hatte. Dort kam auch eine Szene vor, die Shea und ich in den sieben Jahren, die seit Beendigung des Romans verflossen waren, schon fast wieder vergessen hatten. Sie handelte von einem durchgedrehten Messias, der dreitausenddreihundert seiner Roboter-Anhänger befiehlt, Cyanid zu trinken und damit Selbstmord zu begehen. Die geistlosen Automaten denken gar nicht dran, aufzumucken. Sie gehorchen und schlucken brav ihren makabren Cyanid-Cocktail.

Shea und ich waren auf diese bizarre Idee verfallen, um das Extrem zu illustrieren, das durch eine Gehirnwäsche erreicht werden kann. Wir hielten sie beide für eine leicht überspannte Phantasievorstellung mit satirischem Hintergrund – sozusagen eine Überspitzung unseres im Grunde sehr ernsten Themas.

Doch noch während die Schauspieler auf der Bühne standen und diese Vorstellung spielten, diskutierte die ganze Nation in Zeitung und Fernsehen über exakt dieses unglaubliche Massenverhalten menschlicher Zombies. Unser erfundener verrückter Guru hiess Adolf Hitler; im November 1978, als unser Roman uraufgeführt wurde, hatte ein anderer Ausgeflippter namens Jim Jones der Welt das Fürchten gelehrt und diese Sequenz in die Tat umgesetzt. In Guyana hatte er neunhundert seiner Zombies befohlen, Cyanid zu trinken und keiner hatte ihm den Gehorsam verweigert.

Das für mich Interessanteste daran war vielleicht die Tatsache, dass Jones seine Götterdämmerung zur gleichen Zeit inszenierte wie wir unsere Premiere. Und wie in unserer Fiktion hatte Jones sich für Cyanid als Werkzeug des Massenselbstmordes entschieden.

Der Psychologe C. G. Jung und der Physiker Wolfgang Pauli hatten eine spezielle Bezeichnung für merkwürdige Zufälle dieser gespenstischen Art. Sie nannten sie Synchronizitäten und behaupteten, dass sie ein akausales und/oder ganzheitliches Prinzip der Natur repräsentierten, das ausserhalb der linearen Vergangenheit-Gegenwart-Zukunft des Newtonschen Zeitbegriffs operiert.

Wie die meisten Quantenphysiker war sich auch Pauli darüber im klaren, dass subatomare Vorgänge nicht mit Newtonschen Begriffen erfasst werden können, sondern irgendeine Art von Akausalität *(Indeterminismus)* und/oder Ganzheitlichkeit *(Super-Determinismus)* erfordern, um sich bestimmen zu lassen. In beiden Fällen bricht die Trennung von Beobachter und Beobachtetem zusammen. (Dazu später mehr.)

Jung dagegen hatte beobachtet, dass solche Synchronizitäten oder merkwürdigen Zufälle meistens dann auftreten, wenn ganz bestimmte, tiefsitzende Strukturen in der Psyche aktiviert werden. Er nahm an, dass sie die sogenannte «psychische Dimension» bildeten, die er unterhalb des kollektiven Unbewussten ansiedelte, wo Geist und Materie noch eine Einheit bilden – Quantenschaum, aus dem in hierarchischer Folge Materie, Gestalt und Bewusstsein aufsteigen ...

Doch warten Sie, es kommt noch toller ...

Erbin eines Bankräubers

Als Patty Hearst am 4. Februar 1974 von der Symbionese Liberation Army (Simbionesische Befreiungstront) entführt wurde, war sie eine ganz «normale» junge Millionenerbin. Sie ging auf ein normales College, lebte mit einem normalen jungen Freund zusammen und rauchte eine für diese Zeit normale Menge Gras am Tag. Siebenundfünfzig Tage später hatte sie sich in eine andere Persönlichkeit verwandelt und trug einen neuen Namen: Tania. Und sie lebte in einem neuen Realitätstunnel.

Patty war heterosexuell, Tania bisexuell. Patty hatte die Tunnelrealität der Hearst-Familie, mit einigen Abstrichen zwar, die aber für ihre Altersgruppe typisch waren, im grossen und ganzen übernommen; Tania war gewalttätig, fanatisch und revolutionär. Patty hatte ihre Eltern respektiert. Tania beschimpfte sie als «gemeine Lügner», die an einem kapitalistischen Komplott beteiligt waren, das es sich zur Aufgabe gesetzt hatte, alle Armen in den Vereinigten Staaten «bis zum letzten Mann, Frau und Kind» umzubringen. Patty war nett, höflich und ganz bestimmt nicht gewalttätig, Tania liess sich mit einer Maschinenpistole in der Hand fotografieren und war an mindestens einem Bankraub, wahrscheinlich auch anderen Verbrechen, aktiv beteiligt.

Was war geschehen? Als Patty/Tania verhaftet und vor Gericht gestellt wurde, behaupteten ihre Anwälte, dass man sie nur mit Hilfe einer «Gehirnwäsche» so weit hatte bringen können. Entweder verstand die Jury nicht, was sie meinten oder sie glaubte ihnen nicht, jedenfalls verurteilten sie Patty für die Verbrechen, die Tania begangen hatte, zu einer Haftstrafe. Die Debatte über diesen Fall hält bis heute an, denn es gibt immer noch Leute, die davon überzeugt sind, dass Miss Hearst selbst verantwortlich für die Bewusstseinsveränderung war, die sie in der Gefangenschaft bei der SLA durchgemacht hatte, und dann wieder genauso leidenschaftliche Verfechter der These, dass man sie nicht für diese Verbrechen verantwortlich machen konnte.

Lassen wir die metaphysische Frage nach der «Verantwortlichkeit» mal einen Augenblick beiseite, dann scheint es offensichtlich, dass kaum eine junge Dame aus Hearsts Kreisen und mit ihrem Hintergrund auf die Idee gekommen wäre, eine Bank auszurauben – es sei denn, sie wäre von der SLA entführt und aufgenommen worden.

Da die Symbionese Liberation Army sich selbst als Armee bezeichnet, wollen wir sie einmal mit anderen Armeen vergleichen, vielleicht bringt uns das weiter.

Man wird im allgemeinen nicht so von der Armee entführt wie Patty Hearst von der SLA, aber ganz so unähnlich ist der Vorgang auch nicht. Die Anwerber der US Army brechen nicht mitten in der Nacht in der Wohnung eines jungen Mannes ein, noch dazu mit Gewehren bewaffnet, wie die SLA bei Patty, sondern schicken dem betreffenden jungen Mann ein paar Zeilen mit der Post. Nichtsdestotrotz ist auch hier ein gewisser Zwang nicht zu leugnen; der Eingezogene weiss, dass die Regierung innerhalb kürzester Zeit hinter ihm her wäre, wenn er den Brief einfach in den Papierkorb schmeissen würde (es sei denn, er machte sich ganz aus dem Staub und ginge ausser Landes). Es bleibt ihm also nur die Wahl, zur Army zu gehen oder ins Kittchen zu wandern. Egal also, ob wir von der US Army oder von der Symbionese Liberation Army sprechen, in beiden Fällen wird das Opfer in einen Zustand infantiler Hilflosigkeit versetzt, und andere Menschen entscheiden von nun an, was mit seinem oder ihrem Körper passiert. Er oder sie werden auf den neonaten Zustand eines Zwerges in einer

Riesenwelt reduziert. Und wie ein kleines Kind lernt das Opfer als erstes die oberste Regel des Überlebens: Gehorsam.

Den meisten Menschen (abgesehen vielleicht von eingefleischten Nudisten) ist es peinlich, sich nackt in der Öffentlichkeit zu zeigen; das zeigt die Häufigkeit der Alpträume in diesem Zusammenhang: «Da stand ich . . . ohne einen Fetzen am Leib!» (Joyce verarbeitete dies zu einem zentralen Thema in dem Traum, der alle Träume der Welt widerspiegelt: *Finnegans Wake.*) Deshalb besteht natürlich auch der erste Schritt aus dem bürgerlichen Realitätstunnel heraus und in den der Armee hinein in der Musterung, bei der der Kandidat mit seinen Leidensgenossen splitterfasernackt durch ein Riesengebäude marschieren muss, während das voll bekleidete Armeepersonal knappe Befehle ausgibt: «Aufstehn! Da rüber! Hinsetzen! Herkommen!» usw. In der Initiation der Freimaurer, die den Kandidaten nur teilweise ausziehen, finden wir eine abgeschwächte Form des Abstreifens vorher sicherer sozialer Parameter wieder.

Was jedoch in Wirklichkeit «abgestreift» wird, ist viel subtiler, es ist das gesamte soziale System, in dem man lebte, ehe die US Army oder die SLA zugriff. Wenn der Arzt dem jungen Wehrpflichtigen befiehlt: «Bücken und Arschbacken spreizen!» dann ist es mit der sogenannten normalen Realität so endgültig aus, als fände sich das Opfer plötzlich in einem surrealistischen Film wieder. Wenn ein Arbeitgeber sich zuviel herausnimmt, besteht immer noch die Möglichkeit zu kündigen. Bei der US Army oder der Symbionese Liberation Army ist das unmöglich, denn alle Zeichen stehen auf akuter Hilfslosigkeit des ersten Schaltkreises.

Als der russische Mathematiker Ouspensky Gurdjieffs Schüler wurde, hatte er grosse Schwierigkeiten, zu verstehen, warum Grudjieff so hartnäckig darauf herumritt, dass die meisten Menschen Maschinen und sich ihrer objektiven Umwelt gar nicht bewusst sind. Eines Tages, kurz nach Ausbruch des Ersten Weltkriegs sah Ouspensky einen Laster mit künstlichen Beinen, die für die Krankenhäuser an der Front bestimmt waren, für Soldaten also, denen bisher noch nicht mal ein Bein amputiert worden war, deren Schicksal aber jetzt schon feststand. Die Prophezeiung, dass man diese Beine brauchen würde, war so korrekt, dass man sie ruhig schon mit losschicken konnte. Die Vorhersage basierte auf der mathematischen Gewissheit, dass Millionen von Männern an der Front verwundet und getötet werden würden, so gedankenlos wie Vieh, das zum Schlachthof marschiert.

Im Bruchteil einer Sekunde verstand Ouspensky die mechanische Natur des durchschnittlichen menschlichen Bewusstseins.

«Ich kann nicht – meine Hörner passen nicht durch die Tür.»

Auch die Zulassung zur Manson-Familie verlief nicht viel anders. Lynette Fromme war Patty Hearst ziemlich ähnlich – eine normale, amerikanische junge Frau, mit weniger Geld als Miss Hearst, aber keiner auffälligen Tendenz zu kriminellem Verhalten. Nach General Mansons Grundausbildung hatte Lynette sich in Squeaky Fromme verwandelt und wurde später überführt, mit einem Gewehr auf den Präsidenten der Vereinigten Staaten gezielt zu haben, offensichtlich in der Absicht, ihn zu töten.

Im nächsten Kapitel werden wir noch ausführlicher darauf eingehen, wie gut sich eine Entführung durch eine Armee als Modell aller Gehirnwäschen-Erfahrungen eignet.

Die menschliche Gesellschaft als Ganzes kann als riesiger Gehirnwäschen-Computer angesehen werden, der mit Hilfe von semantischen Regeln und festgelegten Geschlechtsrollen lauter soziale Roboter schafft.

Das Konzept einer «Wäsche» ist natürlich völlig unwissenschaftlich und keineswegs präzise. Das Gehirn ist schliesslich kein schmutziges Kleidungsstück, sondern ein elektro-kolloidaler Informationsverarbeiter, ein lebendiges Netzwerk aus über hundertzehn Milliarden Nervenzellen, das in der Lage ist, $10^{2783000}$ Zwischenverbindungen herzustellen, also mehr als die Gesamtsumme aller Atome im Universum. In diesem eleganten Mikro-Computer werden mehr als hundert Millionen Prozesse pro Minute gesteuert.

Ein Neurosoziologe würde sagen, dass die Art und Weise, wie man sich und seine Umwelt wahrnimmt, davon abhängt, wie die einzelnen Schaltkreise im Gehirn zusammenarbeiten. Wie man Kinder «schaltet», wusste die Gesellschaft zu allen Zeiten; dieser Prozess heisst Akkulturation und erklärt, warum Kinder von Katholiken in den meisten Fällen Katholiken bleiben, samoanische Kinder in die samoanische Gesellschaft passen, Kinder russischer Kommunisten brave kleine russische Kommunisten werden usw. Jede Generation verpasst der nach ihr kommenden ihre Gehirnwäsche.

Im Christentum, dem Buddhismus und dem Islam haben wir die drei potentesten Gehirn-Programmierungsinstitutionen des Planeten vor uns. Ungefähr die Hälfte aller Kunst und Philosophie, die die menschliche Rasse hervorgebracht hat – also Architektur, Musik,

Malerei, Literatur, pädagogische Ideale, «die grossen Ideen» –, sind von diesen grossen theologischen Systemen beeinflusst und/oder gespeist worden. Das soll den Anteil des Konfuzianismus, Judentums, Hinduismus, der modernen Wissenschaften usw. nicht schmälern, nur betonen, in welchem Ausmass die höheren Zivilisationen von den vier Schöpfern dieser drei allgegenwärtigen Religionen geprägt wurden: Buddha, Mohammed, Jesus und der heilige Paulus. Was hatten diese vier Männer gemeinsam?

Aleister Crowley meinte: «Keine bestimmte Doktrin, keine Ethik, keine Theorie vom ‹Jenseits› verbindet sie und doch finden wir in der Geschichte etwas Gemeinsames unter vielem Trennenden.»

Buddha war ein gewöhnlicher hinduistischer Adeliger, der irgendwann eine spontane Bewusstseinsveränderung durchmachte und danach ein grosser Lehrer wurde.

Mohammed war ein einfacher Kameltreiber ohne jedes Zeichen aussergewöhnlicher Intelligenz oder besonderen Ehrgeizes, bis er nach einer spontanen Bewusstseinsveränderung Lehrer, Eroberer, Gesetzgeber und Prophet wurde.

Von Jesus wissen wir nicht viel (ausser ein paar Gleichnissen), bis er im Alter von dreissig Jahren eine spontane Bewusstseinsveränderung erlebte und daraufhin eine Doktrin entwickelte, die das Römische Reich stürzen und die westliche Zivilisation bis auf den heutigen Tag beeinflussen sollte.

Der heilige Paulus übernahm das Erbe Jesu und verwandelte seine Lehre in eine militärische Bewegung. Dann erlebte er eine besonders extreme Form von spontaner Bewusstseinsveränderung. Er erzählt, wie er vorübergehend erblindet und in den Himmel erhoben wurde, wo er Dinge sah, «über die man nicht sprechen darf».

Abgesehen von der jeweiligen Erfahrung der Erleuchtung, sind sie in fast allen Dingen verschiedener Meinung. Buddha bestand darauf, dass seine Erleuchtung etwas völlig Natürliches war:

«Bist du Gott?» fragte man ihn.

«Nein.»

«Bist du ein Heiliger?»

«Nein.»

«Was bist du dann?»

«Ich bin erwacht.»

Mohammed berichtet, dass er mit dem Engel Gabriel «sprach», Jesus, dass der Vater, «der im Himmel ist», durch ihn sprach und der heilige Paulus erzählt von dem Licht und den Wundern des Himmels.

Auch wenn wir solchen Fabeln und Mythen mit Vorbehalten begegnen, so bleibt doch dieser eine Zufall: ein Niemand macht eine spontane Bewusstseinsveränderung durch (man könnte auch sagen, Bewusstseinserweiterung), und verwandelt sich über Nacht zu einer historischen Grösse. Ein Grossteil der menschlichen Rasse zehrt heute noch vom Erbe dieser vier bio-elektrischen «Erleuchtungen», sei es nun zum Guten oder zum Bösen.

Die meisten Leute (einschliesslich des Autors) würden wohl das, was Patty Hearst zustiess, als «schlecht» und das was Buddha passierte, als «gut» bezeichnen. Rein funktional gibt es natürlich keinen Unterschied zwischen «guten» und «schlechten» Bewusstseinsveränderungen. Man könnte das Ganze mit folgender Zeichnung, oder auch jeder beliebigen Variation von ihr, illustrieren.

Wenn Sie die Zeichnung nur auf eine Weise gesehen haben, dann betrachten Sie sie noch einmal. Es gibt nämlich zwei Arten, sie zu sehen.

Wenn Sie Ihre gesamte Umwelt, nicht nur eine Zeichnung in diesem Buch, auf diese Art sehen, dann erfahren Sie die Art von Bewusstseinsveränderung, die eine reiche Erbin in einen Bankräuber, einen obskuren Schreinerssohn in einen Messias und einen normalen Bankangestellten in einen Geisteskranken verwandelt.

Ganz ähnliche Formen von massiver Bewusstseinsveränderung liegen allen revolutionären Durchbrüchen in den Künsten, aber auch in der Wissenschaft, zugrunde. Neuro-Soziologie ist die Geschichte massiver Bewusstseinsveränderungen, in der die Menschheit Quantensprünge von «Stammes»- zu «feudaler», «industrieller» und nun zukünftiger Realität machte.

Denken Sie einmal über die Revolution gegen den Tod nach, wenn Sie glauben, Sie hätten *keine* Gehirnwäsche durchgemacht.

Nicht alle Menschen haben es akzeptiert, dass wir sterben müssen. Mystiker haben natürlich schon zu allen Zeiten von «spiritueller Unsterblichkeit» gesprochen, aber davon abgesehen verbrachten Taoisten in China und Alchimisten in Europa Hunderte von Jahren damit, das Elixir des Lebens zu suchen, das ihnen physische Unsterblichkeit garantierte. Paracelsus beispielsweise hinterliess eine Probe seines Spermas mit genauen Instruktionen, wie man ihn daraus zu neuem Leben erwecken könnte. (Anscheinend hatte er da eine noch recht unausgegorene und vage Idee vom Klonen.) In den achtziger Jahren des 18. Jahrhunderts schrieben Benjamin Franklin in Amerika und Concordet in Frankreich, dass die medizinische Wissenschaft eines Tages den Tod besiegen würde, ganz so wie irgendeine Krankheit.

Die moderne Immortalisten-Bewegung begann mit dem Physiker R. C. W. Ettinger, der 1964 *The Prospect of Immortality* veröffentlichte. Ettinger, der damit einen Realitätstunnel betrat, der sich deutlich von der geprägten Konsensus-Realität unseres Stammes unterschied, behauptete einfach, dass wir die Generation sein *könnten,* die den Tod abschafft, und forderte, dass wir uns schleunigst an die Arbeit machten, um dieses grosse Ziel zu erreichen.

Seitdem hat die Forschung, die sich mit Lebensverlängerung und Langlebigkeit beschaftigt, mehrere Quantensprunge vollzogen. Zahlreiche Bücher sind in den letzten Jahren erschienen, die dieselbe Botschaft verkünden wie Ettinger. Unter ihnen:

Die Biologische Zeitbombe, Taylor, 1968
Der Immortalist, Harrington, 1969
Der Unsterblichkeits-Faktor, Segerberg, 1974
Geheimnisse der Lebensverlängerung, Mann, 1982
Prolongevity, Rosenfeld, 1976
No More Dying, Kurtzman, 1978
The Life Extension Revolution, Kent, 1980

Dutzende von «Anti-Alterns-Gesellschaften» sind gegründet worden, um die Forschung voranzutreiben oder auch nur die Möglichkeiten, denen man sich plötzlich gegenüber sieht, in der Öffentlichkeit bekannt zu machen, nämlich den enormen Sprung von Sterblichkeit zu Unsterblichkeit. Dazu gehören Gruppen wie das Komitee zur Abschaffung des Todes, San Marcos, Ca.; die *Bay Area Cryonics*

Society, San Francisco, Ca.; die *Prometheus Society,* Baltimore, Md.; *Long Life,* Chicago, Ill.; die *Alcor Foundation,* San Diego, Ca.; die Stiftung zur Erforschung von Krankheit und Tod, New York, N. Y.; usw.

Betrachten wir einmal den Umschlag eines kürzlich erschienen Buches zu diesem Thema: *Conquest of Death* von Alvin Silverstein, Ph. D. Die Vorderseite verspricht in grossen Lettern, aber mit unsicherem Unterton:

Ein kontroverser Blick auf die medizinische Revolution
und warum wir vielleicht die letzte Generation sind,
die sterben muss.

Beachten Sie die pessimistische Haltung, die dahinter steht: zwar steht die Unsterblichkeit vor der Tür, aber für Sie und mich kommt sie garantiert zu spät. Wir beide sind immer noch zum Tode verurteilt. Unsere Hörner passen nicht durch die Tür.

Diese fatalistische Version von Dr. Silversteins Botschaft müssen sich die Verleger ausgedacht haben, vielleicht, weil sie meinten, das Versprechen: «Wir brauchen nicht länger zu sterben» könnte die Öffentlichkeit allzusehr verstören? Was? Sie und ich unsterblich? Blödsinn! Unsere Realitätstunnel sind so geprägt, dass sie mit dem Einbrechen der Dunkelheit untergehen.

Im Klappentext kommen wir dann endlich der Sache Dr. Silversteins etwas näher:

Es muss nicht sein,
dass wir die letzte Generation sind,
die sterben muss –
wir können den Tod noch zu unseren Lebzeiten besiegen!

Offenbar wäre das eine Ladung zuviel «neurologische Revolution» für den Durchschnittsleser gewesen, wenn man es gleich so auf dem Umschlag formuliert hätte – jedenfalls scheint der Verleger das geglaubt zu haben.

Und man muss dann doch tatsächlich bis Seite 189 lesen, um Dr. Silversteins eigene Einschätzung der Lage der Unsterblichkeitsfrage zu finden. Sie lautet:

Gute Neuigkeiten, Leute!

Ca. 1983: Wir fangen an, den Alterungsprozess zu bremsen.

Ca. 1989: Die individuelle Lebensspanne ist unbegrenzt verlängerbar.

Ca. 1990: Krankheit und Tod sind besiegt.

Sind Sie für eine derartige Möglichkeit bereit oder ist Ihr Bewusstsein schon so programmiert, dass Sie nicht mal darüber nachdenken können? Wer hat Ihnen eigentlich gesagt, dass Sie sterben müssen? Waren das Leute, die auch nur eine Spur verlässlicher waren als die, die Patty Hearst oder andere programmierten?

«Aber ... aber ... diese Immortalisten sind doch nur eine kleine Minderheit!»

Das waren die Einsteinianer 1910 auch.

«Aber ... aber ... Reverend Jones hat gesagt, ich soll das Cyanid schlucken und der wird schon wissen, was gut für mich ist ...»

«Aber ... aber ... meine Hörner passen nicht durch die Tür ...»

Übungen

1. Versetzen Sie sich in den Realitätstunnel der Rechtsaussen-Gruppierung *Minute Men.* Reden Sie sich ein, dass die Regierung der Vereinigten Staaten zu 85% von verkappten Kommunisten beherrscht wird und in nächster Zeit eine offene kommunistische Diktatur erklären wird. Schalten Sie das Fernsehen an und suchen Sie möglichst viele Beweise für die Behauptung, dass der Nachrichtensprecher entweder bewusst oder unbewusst Opfer der kommunistischen Verschwörung ist.

2. Versetzen Sie sich in den Kopf eines dogmatischen Rationalisten. Versuchen Sie, die Jim-Jones/Cyanid/*Illuminatus!*-Synchronizität als «puren Zufall» zu erklären.

3. Versetzen Sie sich in den Kopf eines Okkultisten. Versuchen Sie, die Jim-Jones/Cyanid/*Illuminatus!*-Synchronizität als Omen zu erklären. Was hat es zu bedeuten? Jungs Anhänger behaupten, dass solche Synchronizitäten Botschaften aus der Tiefenstruktur des kollektiven Bewusstseins enthalten. Wenn das stimmt, wie lautet dann die Botschaft?

4. Versetzen Sie sich ein paar Minuten lang in den Kopf eines überzeugten Immortalisten. Stellen Sie sich vor, Sie investierten eine

Summe von, sagen wir, tausend Dollar und erhielten dafür einen ganz normalen Zinssatz. Sie würden Ihre Bank bitten, Ihnen, bzw. Ihrem Guthaben, die Zinsen jedes Jahr gutzuschreiben. Wieviel Geld würden Sie nach hundert Jahren auf Ihrem Konto haben? Und wieviel erst nach zweihundert Jahren? (Bisher hat noch keiner diesen konservativen Pfad der Geldanlage eingeschlagen. Er wäre ein reicher Mann geworden, aber bisher hat noch keiner lange genug gelebt, um es ausprobieren zu können.)

5. Warum sind Sie eigentlich kein Nudist (vorausgesetzt, Sie sind wirklich keiner)? Denken Sie sich fünf gute Gründe aus, die gegen den Nudismus sprechen. Dann schnappen Sie sich den nächstbesten Anhänger dieser Bewegung und versuchen Sie, ihm oder ihr Ihre Gründe zu erläutern.

6. Versuchen Sie mal eine halbe Stunde, sich in den Kopf eines Nazi zu versetzen. Reden Sie sich ein, dass Politik nichts anderes als Stärke, List und Verrat ist und der Liberalismus nichts anderes als Heuchelei oder Dummheit. Denken Sie sich eine Kampagne aus, mit deren Hilfe Sie es zuwege bringen würden, mit Gewalt und Tücke die Herrschaft über die ganze Welt zu übernehmen.

7. Besuchen Sie eine Wiedererweckungs-Veranstaltung der Fundamentalisten, auf der auch die sogenannte «Gesundbeterei» praktiziert wird. Oder schauen Sie sich einen Auftritt von Jerry Falwell an, im Fernsehen vielleicht. Machen Sie sich dabei immer wieder klar, dass auch Jim Jones einmal so angefangen hat. Versuchen Sie, ob Sie sich in den Kopf der Gläubigen versetzen können, und selbst zu entscheiden, ob Sie Cyanid trinken würden oder nicht, wenn Ihr *Heiliger Mann* es Ihnen befehlen würde.

KAPITEL 10

WIE MAN FREUNDEN EINE GEHIRNWÄSCHE VERPASST UND LEUTE ZU ROBOTERN MACHT

Es gibt keine Regierung auf der Welt,
keinen industriell-militärischen Komplex,
kein ökonomisches System und kein Massenmedium,
die uns so gründlich zu einer willenlossen Masse
von Marionetten und Robotern reduzieren könnte
wie die Diktatur der Biologie und der Umwelt.

F. M. Esfandiary
Upwingers

Noch einmal: wenn der Bio-Überlebensschaltkreis Gefahr signalisiert, hört jede andere geistige Aktivität auf.

Auf dem Bio-Überlebensschaltkreis existiert das Konzept «Zeit» nicht und die Reflexe funktionieren, ohne dass das emotionale Zentrum, der rationale Geist oder die erwachsene Persönlichkeit daran beteiligt sind: «Plötzlich merkte ich, wie ich im Begriff war, es zu tun...»

Alle Kriegskünste – Judo, Aikido, Kung Fu usw. – sind Techniken für die Neuprägung des Überlebensschaltkreises. Sie sind dazu da, um sicherzustellen, dass das, was automatisch passiert («ohne Nachdenken») auch wirklich dem Bio-Überleben dient, denn die Reflexe, die zufällig auf diesem Schaltkreis geprägt werden, sind nicht immer zuverlässig.

Die mechanische Natur des Bio-Überlebensschaltkreises ist bei der Gehirnwäsche von entscheidender Bedeutung. *Um eine neue Prägung zu schaffen, sollte das Opfer in einen Zustand infantiler Hilflosigkeit, d. h. Verletzbarkeit oder Empfindlichkeit, versetzt werden.*

Wie wir im letzten Kapitel erörtert haben, beginnt dieser Prozess bei der Armee mit dem Musterungsbescheid, der dem Kandidaten ein für allemal klar macht, dass sein Körper nicht länger ihm, sondern der Regierung ehört. Die SLA, der es mit Pattys Bewusstseinsveränderung gar nicht schnell genug gehen konnte, begann ihre Umwandlung in Tania mit der Waffe in der Hand, doch die Botschaft, die dahinter steckte, war die gleiche: «Von jetzt an können wir mit deinem Körper machen, was wir wollen.» Bio-Überlebensinstinkte des ersten Schaltkreises werden so dazu missbraucht, denen gegenüber Gehorsam zu erzwingen, die diese schreckliche Macht besitzen. Ebenso lernt ein Kind, seinen Bio-Überlebensschaltkreis an seine Eltern zu binden.

Pattys Fahrt im Kofferraum des Entführerwagens ist ein Beispiel für ein klassisches Wiedergeburts-Ritual – die Form des Kofferraums hat sogar noch gewisse Ähnlichkeit mit dem Mutterleib. Als ihre Entführer den Kofferraum öffneten und sie mit Waffengewalt zum Aussteigen zwangen, wurde sie in einen neuen Realitätstunnel hineingeboren, in den der SLA. Dort, wo ursprüngliche Formen der Freimaurer-Initiation sich erhalten haben und nicht verwässert wurden,* wird der Kandidat in einen Brunnen geworfen und dann als neugeborener Freimaurer «erhoben». Das vollständige Eintauchen in Wasser, wie es von manchen protestantischen Freimaurern vorgezogen wird, imitiert diese Praxis, doch fehlt dabei die wirkliche Angst, die die Bewusstseinsveränderungstaktiken der traditionellen Freimaurer und der SLA so effektiv machte.

Jeder, der sich mit der Praxis der Gehirnwäsche auskennt (auch wenn er Learys Modell vom 8-Schaltkreis-Gehirn nicht kennt), weiss aus Erfahrung, dass der orale Bio-Überlebensschaltkreis eine Mutterfigur braucht, an der er sich orientieren kann. Wenn man also die Panik und die Verletzbarkeit des Opfers steigern will, wird man es nach seiner Entführung (durch die US Army, die SLA, die Geheimpolizei oder wem auch immer) von allen, mit denen es früher eng verbunden war, isolieren. Der Rekrut wird in ein Ausbildungslager verfrachtet

* Vgl. das Adeptus Major Ritual in: *Complete Golden Dawn System of Magic* von Israel Regardie, Falcon Press, 1983.

und hat für mehrere Wochen oder gar Monate keinerlei Kontakt zu seinen Angehörigen oder Freunden. Den politischen Gefangenen steckt man in Isolationshaft. Patty Hearst wurde in einem kleinen Zimmer eingeschlossen.

Experimente mit Isolation – durchgeführt vom US Marine Corps, Dr. John Lilly und anderen – und Berichte von schiffbrüchigen Seeleuten, die Lilly in *Simulations of God* veröffentlichte, zeigen, dass sich in manchen Fällen schon nach wenigen Stunden völliger Isolation die ersten Halluzinationen einstellen. Sie spiegeln, genau wie die künstlich von psychedelischen Drogen erzeugten Halluzinationen, den Zusammenbruch früherer Prägungen und den Beginn einer neuen Phase von Prägungsempfindlichkeit.

Das Beispiel mit unserer Giraffe, die sich auf einen Jeep fixierte, bestätigt das Bedürfnis, den Bio-Überlebensschaltkreis an einen Mutterersatz (der durchaus auch eine Sache, ein Objekt sein kann) zu binden. So erfinden Kinder, die keine Geschwister haben, besonders, wenn sie in abgeschiedenen Gegenden leben, häufig imaginäre Spielgefährten, die dann im Lauf der Zeit so «real» werden können, dass die Eltern befürchten, ihr Kind könnte an einer Psychose leiden. Dr. Lillys Berichte von Seeleuten und Forschern, die von der Aussenwelt abgeschnitten waren, zeigen, dass derartige «Führer», «Gefährten» oder auch «heilige Erzengel» auch bei Erwachsenen schnell wieder auftauchen, wenn es an normalem sozialen Kontakt mangelt. Diese wurden prompt auch bei Leuten beobachtet, die den geheimnisvollen Zustand des «klinischen Todes» oder «Erfahrungen ausserhalb des Körpers» erlebten – beispielsweise, wenn während einer Operation plötzlich ihr Herz zu schlagen aufhörte.

Zum Mutter- oder Vaterersatz wird meist das erste menschliche Wesen, das sich nach der Primär-Isolation um das Opfer kümmert. Vielleicht liegt darin der Grund dafür, warum Menschen, die von Terroristen (zum Beispiel in Flugzeugen) festgehalten werden, oft eine «paradoxe» Sympathie für die entwickeln, die damit drohen, sie umzubringen. Und vielleicht erklärt dieses Phänomen auch, warum viele Opfer in ihren Entführern nicht nur Feinde, sondern auch Beschützer sehen, und sie ihnen plötzlich gefallen, ihnen entgegenkommen und sie schliesslich sogar respektieren wollen.

Da in allen Fällen der Bio-Überlebensschaltkreis an die Ernährung gekoppelt ist, sind auch die, die für das Essen sorgen, mögliche Bindungsobjekte. Der politische Gefangene, der eingezogene Rekrut und das von Terroristen entführte Opfer einer Erpressung – sie alle neigen dazu, sich immer mehr mit ihren Bewachern zu identifizieren, jedenfalls solange sie regelmässig was zu essen kriegen. Auch dieses Phänomen wird von diversen Religionen (jedoch auch hier wieder ohne den Terror, der erst echte Prägungsempfindlichkeit schafft) brutal ausgeschlachtet, wenn sie die Tauf- oder Wiedererweckungsrituale mit einem Abendmahl oder einer Eucharistiefeier beschliessen.

Variationen dieser Prinzipien können auch bei Leuten angewendet werden, die anfänglich freiwillig zu bewusstseinsverändernden Institutionen wie dem People's Temple, der Manson-Family oder ähnlichen Gruppierungen kommen. Wenn sich das Opfer einmal innerhalb des Territoriums (der Kommune) befindet, kann der erste Schritt der Isolierung darin bestehen, alle Kontakte zur Aussenwelt und ihren kontroversen Realitätstunneln zu kappen. In der Zwischenzeit wird eine elterlich-schützende Atmosphäre aufgebaut *(«love-bombing»)* und für regelmässige Nahrung gesorgt.

Egal, ob das Opfer freiwillig gekommen ist, wie bei diesen Kommunen, entführt oder verhaftet wurde, wie in gewissen Polizeistaaten, immer besteht die nächste Phase darin, die emotional-territorialen Prägungen des zweiten Schaltkreises zu brechen. Das Opfer wird weiterhin ernährt (d. h. die orale Abhängigkeit des ersten Schaltkreises wird weiterhin aufrecht erhalten), obwohl gleichzeitig das Ego des zweiten Schaltkreises in jeder nur denkbaren Weise attackiert wird. Der schrittweise Vergleich zwischen den Techniken eines Synanon-«Gamers»* und eines Ausbildungsoffiziers der US Army würde erstaunliche Ähnlichkeiten zutage fördern, denn was letztlich dahinter steckt, sind Dutzende und Hunderte von Variationen des simplen Satzes: «Du hast unrecht. Wir haben recht. Es ist zwar äusserst unwahrscheinlich, dass jemand, der so unrecht hat wie du, je recht hat, aber wir versuchen trotzdem mal, es dir beizubringen.» Natürlich wird dabei so oft wie möglich das anale Vokabular des zweiten Schaltkreises eingesetzt. Und das ideale Opfer vergisst schleunigst seinen bürgerlichen Namen und wird darauf gedrillt, auf «Komm her, du Arschloch» zu reagieren.

* Einer, der besonders agressive Therapietechniken benutzt und das Ego direkt angreift, um Abhängigkeit von Synanon zu erreichen. Synanon ist eine faschistische Theorie, die (unglücklicherweise) auf der Spieltheorie des Verhaltens von Leary und Berne basiert.

Das Gefühl völliger Hilflosigkeit kann durch regelmässige Dosen echten Terrors noch verstärkt werden. Einer von Charlie Mansons berühmtem Sprüchen «Angst ist der beste Lehrer» ist bei Gehirnwäschen jeder Couleur gut bekannt. In kommunistischen Ländern ist es eine beliebte Methode (vgl. Costa-Gavras' ausgezeichneten Dokumentarfilm *The Confession),* das Opfer aus seiner Zelle zu holen, es auf den Hof zu führen, ihm eine Schlinge um den Hals zu legen und ihm klarzumachen, dass sein letztes Stündlein geschlagen hat. Eine Variation davon kommt in meinem Roman *Illuminatus!* vor, wo das Opfer überzeugt ist, vergiftet in einen Sarg gelegt worden zu sein, den man anschliessend auch noch zugenagelt hat. Freimauer-Kenner werden sofort sehen, dass diese Methode «das Zeichen ist, das du bis ans Grab tragen wirst».

Bei den Zuni-Indianern werden die jungen Männer von maskierten Dämonen entführt, die sie vom Stamm wegbringen (weg also von der Mutter und anderen geprägten Schutzfiguren). Sie werden in die Wüste verschleppt und mit Peitschen bedroht. Schliesslich nehmen die Dämonen die Masken ab und geben sich als Onkel mütterlicherseits zu erkennen.

In diesem Zustand höchster Prägungsempfindlichkeit werden den jungen Männern die «Stammesgeheimnisse» (die lokalen Realitätstunnel) anvertraut und zwar auf eine Art, die ein unauslöschliches Zeichen in ihrem Bewusstsein zurücklässt. Ähnliche Durchgangsriten sind auch in anderen Stämmen beobachtet worden, aber nur wenige sind so ausgeklügelt wie dieses Beispiel. Symbolische und verwässerte Versionen haben sich bis zu den heutigen Mega-Stämmen in Bar-Mitzwas und Konfirmationsfeiern erhalten.

Die Neuprägung des zweiten Schaltkreises ist (relativ) abgeschlossen, wenn das unterlegene Opfer anfängt, ehrlich (nicht nur gespielt) das Wohlwollen seiner Herren zu suchen. Ein solcher Prozess beginnt natürlich mit Schauspielerei, aber das ist einem Gehirnwäsche-Spezialisten auch bekannt und deshalb schreitet er nicht ein. Mit den subtilsten Verstärkungsmethoden wird aus diesen geschauspielerten ersten Versuchen ein immer ehrlicheres Verhalten. Edmund Burke beobachtete schon längst, und jeder gute Schauspieler wird ihm zustimmen, dass man in einer politischen Rede nicht drei wütende Gesten machen kann, ohne nicht wirklich die ersten Anzeichen von Wut zu empfinden. Genauso kann man Unterwerfung nicht heucheln, ohne wirklich anzufangen, sich unterlegen zu fühlen. (Dies ist die

Psychologie des braven Arbeiters, der sich nach Jahren des Gehorsams tatsächlich mit seiner Firma identifizieren kann.)

Der Rekrut wird zunächst versuchen, dem Sergeant zu gehorchen, um weiteren Demütigungen und Strafen aus dem Weg zu gehen; mit der Zeit aber wird er ihm wirklich gefallen wollen, ihm beweisen wollen, dass er nicht *nur* unrecht hat und «gut genug» ist, um Soldat zu sein. Patty Hearst hat zweifellos am Anfang nur so getan, als ob sie den Realitätstunnel der SLA akzeptierte, bis sich der Schein mehr und mehr ins Sein verkehrte.

Gelegentliche Belohnungen beschleunigen den Prozess. Das Opfer wird immer häufiger das gewünschte Verhalten «zeigen», wie die Behaviouristen sagen würden. Da Menschen komplizierter sind, als die Behaviouristen sich vorstellen, muss man gelegentliche «Rückfälle» oder «Unaufrichtigkeiten» mit gezielten Strafaktionen quittieren, bis das Opfer lernt, dass es nach der Anfangsphase einfach nicht mehr ausreicht, nur so zu tun, als ob es den neuen Realitätstunnel akzeptierte. Wenn es weitere Demütigungen, Ego-Verlust, Terror und permanenten Unterlegenen-Status vermeiden will, muss es wohl oder übel anfangen, ihn ehrlich zu akzeptieren. Nach der erfolgreichen Neuprägung werden die Konditionierung und der Lernprozess keine besonderen Schwierigkeiten mehr machen, besonders wenn die Verbündeten des feindlichen Anführers das Opfer immer wieder ermutigen, aufmuntern und (für ehrliche Unterwerfung) belohnen, andererseits aber (für Unaufrichtigkeit oder Rückfälle) auch konsequent mit Verachtung, Enttäuschung und Ablehnung strafen.

Nun wird auch die Neuprägung des dritten Schaltkreises keine Probleme mehr aufwerfen. Das menschliche Gehirn ist in der Lage, sich jedes beliebige Symbolsystem anzueignen, wenn es genügend motiviert ist. Es gibt Leute, die können sogar Beethovens späte Klavierstücke spielen, obwohl ich dies mindestens ebenso «wunderbar» finde wie die angeblichen Kunststückchen der PSI-Forscher. Menschen können französisch, hindustanisch, Differentialrechnung, Suaheli usw. lernen – Hauptsache, sie sind motiviert. Wenn die Sicherheitsbedürfnisse des ersten Schaltkreises neu geprägt und die Ego-Bedürfnisse des zweiten Schaltkreises an die Beherrschung eines neuen semantischen Realitätstunnels gekoppelt wurden, wird dieser Tunnel auch geprägt.

An diesem Punkt kann eine Dosis Blödsinn nichts schaden. Der neue Realitätstunnel oder das neue Symbolsystem sollte (genau wie das alte) ein paar Fallen (grobe Verletzungen des früheren Realitätstunnels und des gesunden Menschenverstands) enthalten, so dass das Opfer des Rückfalls beschuldigt («Also doch im Unrecht...») und dadurch angespornt werden kann, sich noch mehr Mühe zu geben, um endlich Teil des neuen Realitätstunnels zu werden.

So weigern sich die Zeugen Jehovahs, eine Bluttransfusion zu akzeptieren, auch wenn ihr Leben auf dem Spiel steht, und noch resoluter kämpfen sie gegen Bluttransfusionen bei ihren Kindern (denn alle Säugetiere wollen instinktiv ihre Jungen schützen), auch wenn sie damit das Risiko eingehen, dass sie ihre Kinder verlieren. Eine römisch-katholische Ehefrau lässt sich nicht scheiden, auch nicht, wenn ihr Mann jeden Abend betrunken nach Hause kommt, sie verprügelt und ihr Geschlechtskrankheiten anhängt. Wenn ein Rekrut der US Marine das schreckliche Verbrechen begeht, ein Gewehr «Gun» zu nennen, muss er mit dem Gewehr in der einen und dem Penis in der anderen Hand durch das ganze Lager laufen und jedem, der ihm über den Weg läuft, vor deklamieren: *«This is my rifle/ This is my gun/ This is for fighting/ And this is for fun!»* Theosophen mussten früher glauben, dass es im Nordpol ein Loch gibt, das bis ins Zentrum der Erde führt; Manson verlangte von seinen Anhängern, dass sie dieses Loch irgendwo in der Mojave-Wüste suchten. Mitgliedern der nationalsozialistischen Partei wurde eingebleut, dass der Löwe ein arisches, das Kaninchen dagegen ein nicht-arisches Tier sei. Undsoweiter.

Die neurologische und soziologische Funktion derlei Unsinns (bei dem aufrechten Rationalisten wohl der Atem stockt) liegt darin, eine scharfe Trennung zwischen denen innerhalb und ausserhalb des neuen Realitätstunnels zu vollziehen. Das schafft Gruppensolidarität, Gruppenloyalität und bei den seltenen Anlässen eines Kontakts mit der Aussenwelt ein starkes Gefühl von Entfremdung und Unbehagen. Natürlich muss die Gruppe mit Hilfe ihres semantischen Systems sicherstellen, dass diese Entfremdung als «Überlegenheit» empfunden wird. Alle, die nicht am gemeinsamen Realitätstunnel teilhaben, sind im Unrecht – genau wie das Opfer selbst vor seiner Gehirnwäsche.

Drogen können so eingesetzt werden (und das passiert), dass die Feineinstellung dieser Prozesse erleichtert wird. Doch im allgemeinen sind die neurologischen Prinzipien mächtig genug, ohne dass man zusätzliche Hilfsmittel verwenden müsste, so dass es ziemlich wahrscheinlich erscheint, dass die meisten spektakulären Fälle von Gehirnwäsche ohne Drogen durchgeführt wurden – beispielsweise die amerikanischen Soldaten, die Kriegsverbrechen gestanden, die sie nie begangen hatten, die loyalen Kommunisten, die trotzkistische Verschwörungen beichteten, die anscheinend nie existiert hatten usw. Auch ohne Drogen brauchen die meisten Armeen nur wenige Wochen, um einen normalen Bürger in einen Soldaten zu verwandeln und dabei unterscheiden sich diese beiden Spezies mindestens so sehr wie die römischen Katholiken und die Shintoisten.

In einem meiner unsterblichen Romane ist eine religiöse Sekte beschrieben, die Loonies, die von einem gewissen Neon Bal Loon gegründet wurde. Ihre Mitglieder beten in Küchenlatein und stehen dabei wie die Störche auf einem Bein. Das war natürlich satirisch gemeint, aber ich bin überzeugt, dass jeder angehende Messias, der auch nur eine leise Ahnung von den oben beschriebenen Prinzipien hat, keine Schwierigkeiten hätte, eine solche Sekte auf die Beine zu stellen und dafür zu sorgen, dass seine Anhänger schon bald ein starkes Gefühl von Überlegenheit denen gegenüber entwickeln, die mit ihrem Realitätstunnel nichts gemein haben.

Sekten und radikale Terroristen folgen im allgemeinen den oben beschriebenen Prozeduren, und prägen auch den vierten, soziokulturellen Schaltkreis neu. (Regierungen dagegen lassen diesen gewöhnlich links liegen, da ihre Beamten überwiegend puritanisch und autoritär veranlagt sind und davor zurückschrecken, sich mit dem ungezähmten Eros einzulassen.) Heute ist es kein Geheimnis mehr, dass die mächtigste Geheimgesellschaft des Mittelalters, die Tempelritter, ihre Kandidaten zwang, an blasphemischen und sodomitischen Ritualen teilzunehmen. So wie ein gewisses Mass an Unsinn in der kultischen Semantik des dritten Schaltkreises die Gruppe vom Rest der Gesellschaft unterscheidet, so trennte diese Initiation die Templer vom Rest der Christenheit und das sich daraus ergebende Gefühl der Entfremdung wurde ohne Probleme in ein Gefühl der Überlegenheit umkonditioniert. Die Mau-Maus in Kenia bestanden darauf, dass ein neues Mitglied homosexuellen Geschlechtsverkehr hatte, bevor es aufgenommen wurde, um seine frühere Konditionierung in Richtung Heterosexualität und Monogamie zu brechen. Andere, zum Teil berühmte Sekten versuchen, die Sexualität ganz zu unterdrücken – auch eine Möglichkeit, die statistisch gesehen normale Prägung des vierten Schaltkreises zu brechen.

In der Manson-Family herrschte etwas, was man ironisch als «Zwang zur freien Liebe» bezeichnen könnte. Die Armee kappt alle normalen Beziehungen und stösst den frischgebackenen Rekruten in eine Welt, in der aufgezwungenes Zölibat mit Bordellabenteuern und nicht selten auch Vergewaltigungen abwechselt und die Homosexualität eine allgegenwärtige, wenn auch versteckte Option bleibt. Ein zeitgenössischer amerikanischer Guru, Da Free John, verlangt von seinen Anhängern lebenslängliche Monogamie wie die vorherrschende amerikanische Kultur auch, nur ist es ihm egal, ob eine solche Verbindung homosexueller oder heterosexueller Natur ist. Für welche Möglichkeit sich der Sektenführer auch entscheiden mag, sie muss sich in jedem Fall irgendwie vom Realitätstunnel der normalen Gesellschaft abheben.

Die einfachste Art der Gehirnwäsche ist die Geburt.

Alle oben aufgeführten Prinzipien spielen hier ihre Rolle und setzen einen Prozess in Gang, den Sozialpsychologen euphemistisch Sozialisation nennen. Der Bio-Überlebensschaltkreis orientiert sich automatisch an der geeignetsten Mutter oder am geeignetsten Mutterobjekt; der emotional-territoriale Schaltkreis sucht nach seiner Rolle oder Selbstverwirklichung in der Familie, bzw. im Stamm; der semantische Schaltkreis lernt die lokalen Realitätsraster (Symbolsysteme) zuerst zu imitieren und später auch selbständig zu gebrauchen, und der sozio-sexuelle Schaltkreis wird in der Pubertät zum ersten Mal von bestimmten Paarungserfahrungen geprägt.

Am Ende eines solchen Prozesses kann das «Opfer» bereit sein, Frauen und Kinder zu ermorden, so wie der Absolvent der militärischen Grundausbildung, oder glauben, dass Charlie Manson Gott und Teufel in einer Person verkörpert, oder auch Slogans der Neuen Linken brüllen, während er eine Bank überfällt. Wie die «Opfer» aus der normalen Sozialisation herauskommen, hängt davon ab, ob sie als Eskimo-Totemisten, moslemische Fundamentalisten, römisch-katholische Christen, marxistisch-leninistische Kommunisten, Nazis, Republikaner, in Oxford ausgebildete Agnostiker, Mafiosi, Unitarier, IRA-Anhänger, PLO-Anhänger, orthodoxe Juden, eingefleischte Baptisten undsoweiter undsoweiter erzogen werden.

Das Universum (die Existenz) ist offensichtlich gross und komplex genug, und das Ego so selbstsüchtig, dass all diese verschiedenen Realitätstunnel «einen Sinn ergeben» können, jedenfalls begrenzt für die, die so konditioniert oder geprägt sind, dass sie sie überhaupt akzeptieren. Ausserdem ist es offensichtlich, dass die meisten dieser Realitätstunnel Elemente enthalten, die so absurd sind, dass jeder, der nicht durch sie geprägt oder konditioniert wurde, sie erstaunt oder gar entsetzt zur Kenntnis nimmt und sich fragt: «Wie kann bloss ein vernünftiger Mensch (oder ein Volk) einen solchen Schwachsinn glauben?»

Was der Denker denkt, wird der Beweisführer beweisen.

Ob man in einem christlichen Realitätstunnel, einem Manson-Realitätstunnel, einem Immortalisten-Realitätstunnel, einem vegetarischen Realitätstunnel oder einem rationalistischen Realitätstunnel lebt...

Jeder besitzt die einzig wahre, ja, die wahre Religion.

Zu Beginn des zweiten Kapitels haben wir ein paar Worte von Persinger und Lafreniere zitiert:

> Als Spezies existieren wir in einer Welt mit Millarden von Energiebündeln. Über diese Matrizen von Energiebündeln stülpen wir eine Struktur und schon ergibt die Welt einen Sinn für uns. Der Entwurf dieser Struktur hat seinen Ursprung innerhalb unserer biologischen und soziologischen Fähigkeiten.

Es ist zu hoffen, dass das jetzt mehr Sinn macht als zu Beginn unserer Analyse.

Die Funktion des domestizierten Primatengehirns, soweit wir es bisher erörtert und dabei die höheren oder neueren Schaltkreise noch weggelassen haben, besteht darin, als Anpassungsorgan, wie Freud sagen würde, zu dienen. Vor allem die ältesten und primitivsten Schaltkreise dienen schlicht und einfach dem Bio-Überleben. Die neueren (etwa fünfhundert Millionen Jahre alten) emotional-territorialen Zentren dienen zur Aufrechterhaltung der Rudel-Identität, des Wohnraums und der Hierarchie. Der deutlich menschliche, semantische Schaltkreis (ca. hunderttausend Jahre alt) entwirft Raster und Tunnelrealitäten, die wir leicht mit der wirklichen, oder noch schlimmer, mit der «ganzen» Realität verwechseln. Der moralisch-soziale (dreissigtausend Jahre alte?) Schaltkreis schafft die domestizierte Erwachsenen-Persönlichkeit, das Eltern-Ich oder das Über-Ich.

Nun arbeitet jedoch der dritte, semantische Schaltkreis nicht nur mit, sondern auch für diese anderen alten Schaltkreise. Die Schemata und Modelle, die er produziert, sind Instrumente der Anpassung– sie passen uns an die sozialen Rollen in domestizierten Primatengesellschaften an. Deshalb «missbraucht» der Methodist aus dem Mittelwesten auch nicht sein Gehirn, indem er sich einen methodistischen Mittelwesten-Realitätstunnel aufbaut – das ist genau das, wozu sein Gehirn da ist: ihn an das Stammessystem des methodistischen Mittelwestens anzupassen, das Raster einer methodistischen Mittelwesten-Ideologie über die unzähligen Einzeldaten zu legen, die im Laufe des Lebens auf ihn einprasseln. Der chinesische Maoist, der iranische Moslem, die New Yorker Feministin, der Hedonist aus Marin County usw. – sie alle haben ähnliche, gleichermassen willkürliche und gleichermassen komplexe Realitätstunnel. Und von aussen betrachtet sind sie ausserdem auch noch alle mehr oder weniger absurd.

Die Probleme der modernen Welt entstehen zum grossen Teil deswegen, weil die einzelnen Realitätstunnel nicht mehr auseinander gehalten werden. Fast während der gesamten Geschichte der Menschheit, und weiter bis vor etwa hundert Jahren – in manchen Teilen der Welt noch bis vor zwanzig Jahren –, konnte ein Mann oder eine Frau sein oder ihr ganzes Leben gemütlich in einem Kokon der lokalen Tunnelrealität verbringen. Heute geraten wir andauernd mit anderen Menschen und anderen Tunnelrealitäten aneinander. Das schafft Aggressivität bei den eher Zurückgebliebenen, sehr viel metaphysische und ethische Verwirrung bei den Gebildeten und wachsende Orientierungslosigkeit bei uns allen – eine Situation, die wir im allgemeinen als «Umwälzung der Werte» bezeichnen.

Der Durchschnittsmensch sieht sich einer Unmenge von widersprüchlichen und gegensätzlichen Realitätstunneln gegenüber und verfügt so gut wie gar nicht über Erfahrung mit kulturellem oder neurologischen Relativismus. Beispielsweise hat die Reisegeschwindigkeit seit 1900 um das Tausendfache zugenommen, die Kommunikationsgeschwindigkeit sogar um das Zehntausenfache, so behauptet es jedenfalls J. R. Platt. Und diese Geschwindigkeit intensiviert und beschleunigt sich weiter, Tag für Tag. Dafür spricht etwa die Tatsache, dass der *TV Guide* von einem Haufen zu Tode erschrockener Konservativer übernommen wurde, die diese Sintflut von «fremden» Signalen absolut nicht mehr verstehen und sie nur noch als Bedrohung interpretieren können. Statt Information über das Fernsehprogramm zu bieten, lassen sich seine Redakteure nur noch darüber aus, dass die Tunnelrealität des Fernsehens ständig weiter, fremder und vielfältiger wird, als es die enge Tunnel-Vision des Kleinstadt-WASPs zulässt.

Ein weiteres Symptom ist der seit einigen Jahren wachsende

Berufsstand des sogenannten «De-Programmierers». Das sind Neurotechniker, die gegen Entschädigung Kinder entführen (manchmal auch «Kinder» über einundzwanzig). Diese sind vielleicht von zu Hause abgehauen, haben den elterlichen Realitätstunnel hinter sich gelassen und wurden mittels Gehirnwäsche dazu gebracht, zu einem Konkurrenz-Realitätstunnel irgendeiner x-beliebigen neuen (d.h. nicht etablierten, noch nicht anerkannten) Sekte überzulaufen. Die Arbeit des De-Programmierers besteht nun darin, das Opfer zu renormalisieren.

Das ist natürlich Heuchelei ersten Grades und zeugt von absoluter neurologischer Dummheit. Die sogenannten De-Programmierer sind in Wirklichkeit Re-Programmierer. Die elterliche Tunnel-Realität ist ganz genauso willkürlich (und für einen Aussenstehenden bizarr) wie die irgendeiner Sekte. Ein spezielles System ausgetüftelter Semantik ermöglicht den meisten Menschen und auch manchen Richtern, von dieser Tatsache einfach keine Notiz zu nehmen. Stellen Sie sich nur mal vor, was passieren würde, wenn ein widerspenstiges Kind methodistischer Eltern bei einer römisch-katholischen Gemeinde gelandet wäre und die Eltern versuchten nun, ihr Kind mit Gewalt zum Methodismus zu «re-programmieren». Oder das Kind wäre, wie Leutnant Calley, in die US Army eingetreten und die Eltern versuchten, es für den zivilen Realitätstunnel zurückzugewinnen.

Diese Probleme werden nicht so schnell verschwinden und die Wunden, die sie schlagen, indem viele Gehirnwäschenzombies weiterhin aneinandergeraten, werden zunehmen. Reisegeschwindigkeit und Kommunikationsgeschwindigkeit werden ebenfalls weiterhin zunehmen.

Glücklicherweise bilden sich im menschlichen Gehirn noch neuere, höhere Schaltkreise, die einen anderen Blickwinkel auf die enge Tunnelvision der alten Schaltkreise ermöglichen. Mit diesem Thema werden wir uns in der zweiten Hälfte des Buches beschäftigen.

Da jedermann einen Schaltkreis über alle anderen stellt, gib es auch in jeder Gesellschaft Individuen, die sich leicht als Narzisten (Roboter des ersten Schaltkreises), Emotionalisten (Roboter des zweiten Schaltkreises), Rationalisten (Roboter des dritten Schaltkreises) und Moralisten (Roboter des vierten Schaltkreises) ausmachen lassen.

Die rationalistischen Roboter beispielsweise können entweder völlig mechanisch reagieren, oder über eine gewisse Flexibilität verfügen, oder aber das Programm «Entscheidungsfreiheit» in ihrem Schaltkreis eingebaut haben. Genauso ist es auch mit allen anderen. Die völlig Roboterisierten stellen die riesige Herde des fundamentalistischen Flügels innerhalb der materialistischen Kirche und andere Wahre Gläubige der wissenschaftlichen Paradigmen von 1968, 1958 oder 1948 – je nachdem, wann ihre Nervensysteme aufgehört haben, neue Prägungen aufzunehmen.

Das sind die Leute, die ein grosser Teil menschlichen Verhaltens immer wieder erschreckt oder gar entsetzt, obwohl es durch die Säugetierpolitik des zweiten Schaltkreises weitergegeben wird. Sie sind der Ansicht, da dieses territorial-emotionale (patriotische) Verhalten nicht rational erfassbar ist, es am besten gar nicht erst existieren sollte. Sie glauben an Darwin wie an ein Dogma, werden aber sofort nervös, wenn man von «Darwinismus» spricht (und zwar deshalb, weil er die säugetierische Politik als bisher durchaus erfolgreiche evolutionäre Strategie betrachtet), und fühlen sich abgestossen von den Informationen, die Ethologie, Genetik und Soziobiologie heutzutage anzubieten haben. Sie mögen den Rest der Menschheit nicht besonders, denn er lässt sich meist nicht vom selben Schaltkreis leiten wie sie und gleichzeitig sind sie sich der ungemütlichen Tatsache bewusst, dass der Rest der menschlichen Rasse *sie* auch nicht gerade schätzt.

Die rationalistischen Roboter fühlen sich nicht unbedingt wohl bei dem Gedanken an die neueren Schaltkreise ... und manche von ihnen verbringen einen Grossteil ihres Lebens damit, Bilder und Artikel zu produzieren, mit denen sie beweisen wollen, dass diese neuen Schaltkreise gar nicht existieren und alle Wissenschaftler, die die Funktionen dieser Zentren beobachten, als Lügner, Narren, Pfuscher, Scharlatane oder Abtrünnige beschimpfen.

Wie der emotionale, der narzisstische und der moralische Roboter lässt auch der rationalistische nicht mit sich reden, wenn man versucht, ihn aus seinem engen Realitätstunnel herauszulocken. Wir können nur immer wieder darauf hinweisen, dass jeder von einem domestizierten Primatengehirn geschaffene Realitätstunnel nur ein begrenzter Querschnitt der persönlichen Geschichte dieses Gehirns ist und genauso «personalisiert» ist wie die Musik eines Bach oder Beethoven, die Malerei eines Rembrandt oder Picasso, die Romane eines Joyce oder Raymond Chandler, die Komödien der Three Stooges oder Monty Pythons, die römisch-katholische oder zenbuddhistische Religion, die Politik der Indeterministen oder der IRA. oder die Architektur des Petersdoms oder Disneylands ...

Und jedes dieser Kunstwerke erscheint den Leuten, die sie erschaffen haben, wie Realität. Rationalismus ist auch ein solches Kunstwerk, ein bisschen weniger tolerant vielleicht als die meisten anderen, für Technokraten ein bisschen nützlicher als andere und ein bisschen verbohrt, wenn es das letzte, von ihm selbst geschaffene Paradigma nicht mehr transzendieren kann.

Einen völlig roboterisierten Rationalisten, also einen, dessen Nervensystem das Wachstum total eingestellt hat, kann man an zwei Merkmalen erkennen:

Er (oder sie) ist ständig damit beschäftigt, zu beweisen, wieviel alltägliche Erfahrung «Einbildung», «Halluzination», «Gruppenhalluzination», «Hirngespinste», «reiner Zufall» oder «schlampig recherchiert» ist.

Und er (oder sie) käme nie auf die Idee, dass seine (oder ihre) eigene Erfahrung in eine dieser Kategorien passen könnte.

Übungen

1. Verwandeln Sie sich in einen überzeugten römisch-katholischen Christen. Erläutern Sie auf drei Seiten, warum die Kirche trotz Päpsten wie Alexander VI. (der Borgia-Papst) oder Pius XII. (ein Verbündeter Hitlers) immer noch heilig und unfehlbar ist.

2. Das ist eine Übung für die, die sich noch an Mi Lai erinnern können: Verwandeln Sie sich in Leutnant Calley. Sprechen Sie laut vor sich hin, *fühlen und glauben* Sie von ganzem Herzen: «Zuerst kommt die Armee. Ich stehe voll und ganz hinter der Armee.» Wenn Sie sich nicht an Mi Lai erinnern können, probieren Sie es mal mit Jerry Falwell. Sprechen Sie laut vor sich hin, *fühlen und glauben* Sie von ganzem Herzen: «Unterstützen Sie unserem Kampf gegen den moralischen Verfall – schicken Sie uns noch heute Ihre Spende.»

3. Widerlegen Sie dieses Buch. Beweisen Sie, dass ausser Ihnen und Ihrer Mutter (Vater) alle einer Gehirnwäsche unterzogen worden sind, und dass Sie die einzigen sind, die eine reale, *objektive* Sicht vom Universum haben.

4. Akzeptieren Sie dieses Buch – wenn nicht bis ins letzte Detail, dann doch wenigstens im grossen und ganzen. Nehmen Sie an, dass

auch Sie einer Gehirnwäsche unterzogen wurden. Versuchen Sie,von jedem Mensch, mit dem Sie zu tun haben, so viel wie möglich über die verschiedenen Realitätstunnel zu lernen und sehen Sie, was Sie davon benutzen können, um Ihren eigenen Realitätstunnel weiter und komplexer zu machen. Mit anderen Worten: Lernen Sie, zuzuhören.

5. James Joyce hat einmal gesagt, er wäre noch nie einem langweiligen Menschen begegnet. Versuchen Sie, diesen Satz zu erklären. Probieren Sie aus, ob Sie sich in Joyces Kopf versetzen können, wo jedermann eine separate Realitätsinsel ist, voller Überraschungen und Geheimnisse. Mit anderen Worten: Lernen Sie, zu beobachten.

6. Besorgen Sie sich das Buch *The Genius and the Goddess* von Aldous Huxley und lesen Sie es. Achten Sie darauf, wie das wissenschaftliche Schaltkreis-III-Genie zum hilflosen Schaltkreis-I-Kind wird, als seine Frau ihn verlässt.

7. Nach diversen Experimenten mit den Tunnelvisionen der Nazis, der Katholiken oder anderer Weltanschauungen, kehren Sie zu Ihrem gewohnten Realitätstunnel zurück. Scheint er Ihnen jetzt immer noch so völlig objektiv wie früher? Fangen Sie an, dahinterzukommen, wieviel davon Ihre ganz persönliche Hardware, Software und die laufenden Programme Ihres Gehirns sind?

8. Zum Schluss erforschen Sie die jeden Tunnel sprengende Realität des Werkes *Undoing Yourself With Energized Meditation and Other Devices* von Christopher S. Hyatts. Welche Tunnelrealität will er verkaufen und wie ehrlich ist er, was das Schreiben angeht? Glauben Sie, dass er meine Bücher kennt und ich die seinen gelesen habe oder ist diese Frage ein Spielchen der Verleger, die sich einen Scherz mit zwei unschuldigen Schriftstellern und einem leichtgläubigen Publikum erlauben? Oder noch schlimmer: Ist es etwa möglich, dass ich selbst der Autor seines Werkes bin oder könnte es gar sein, dass wir beide ein und derselbe Autor sind?

KAPITEL 11

DER GANZHEITLICHE NEUROSOMATISCHE SCHALTKREIS

Aber es steckt in uns auch das Streben,
die Natur zu beherrschen ...
Gesundheit, Kraft, Ausdauer, Glück und Heiterkeit,
Erlösung vom Leiden
sind Teil der physikalischen Transformation ...
die die Evolution realisieren muss.

Sri Aurobindo
Zyklus der Menschlichen Entwicklung

Die Auferstehung des Körpers muss nicht unbedingt bis nach dem Tod verschoben werden. Sie kann jeden Augenblick stattfinden. Die Bestie mit den vier Köpfen (siehe Abbildung auf der folgenden Seite) steht als Symbol für die vier alten Schaltkreise, die hedonistisch sich räkelnde nackte Dame für neurosomatische Verzückung. Ganz rechts «erhebt sich die Kundalini-Schlange», eine hinduistische Metapher für den Prägungsprozess dieses fünften Schaltkreises und der Kontrolle über die neurosomatische Verzückung.

An alle. An alle Dunnen und Tänen. Hurra!
Die Auferstehung! ... Sie steht kurz, sie steht kurz,
sie steht kurz vorm Überganzherumwälzen.
James Joyce,
Finnegans Wake

Das Wort «psychosomatisch» existiert nun schon so lange, dass es in die Umgangssprache eingegangen ist; dummerweise ist es aber auch wieder nur so ein semantisches Spukgespenst. Das Konzept einer «Psyche» oder «Seele» wurde von den Theologen ausgeliehen, die gar nicht in der Lage sind, etwas auszuleihen, da sie völlig bankrott sind.

Alles, was wir wissen oder wahrnehmen – unsere ganze Tunnelrealität –, wird in unserem Gehirn und Nervensystem registriert.

Dies ist eine Skizze von Crowleys inspirierter Zeichnung; das Original findet sich im *Buch Thoth* oder in seinem Tarot-Spiel.

Die Phänomene «Gesundbeterei», «Regeneration», «Verjüngung», Seligkeit, Ekstase und Verzückung sind in allen bekannten Kulturkreisen seit Jahrtausenden aufgetreten. In der vorwissenschaftlichen Sprache der Psychologie von gestern würde man solche Vorfälle als «psychosomatisch» bezeichnen. In unserem bewusst modernistischen und fast der Science Fiction entlehnten Jargon ziehen wir die Bezeichnung «neurosomatisch» vor.

Der neurosomatische Schaltkreis des Gehirns ist beträchtlich neuer als die anderen Schaltkreise, die wir im ersten Teil dieses Buches analysierten. Er manifestiert sich auch nicht bei allen menschlichen Wesen und tritt gewöhnlich erst im fortgeschrittenen Alter und dann auch nur bei denjenigen in Erscheinung, die ihn aktivieren und prägen.

Temporäres neurosomatisches Bewusstsein kann erreicht werden erstens durch die Yoga-Praktik der Pranayama-Atmung, und zweitens für die, die damit klarkommen, durch die Einnahme von Cannabis-Drogen wie Haschisch und Marihuana. Sie lösen Neurotransmitter zur Aktivierung dieses Schaltkreises aus.

Über Pranayama schrieb Aleister Crowley – mit Sicherheit der skeptischste unter allen Mystikern – höchst eindrucksvoll:

> Für Körper und Geist gleichermassen gibt es keine bessere Reinigung als *pranayama,* keine bessere Reinigung als *pranayama.*
>
> Für Körper und Geist gleichermassen, für Körper und Geist gleichermassen – gleichermassen! Gibt es, gibt es, gibt es keine bessere Reinigung als *pranayama – pranayama ... pranaymaa! ... pranayama!* Ja, für Körper und Geist gleichermassen gibt es keine bessere Reinigung, keine bessere Reinigung, keine bessere Reinigung (und zwar für Körper und Geist gleichermassen) als *pranayama!*

Wem das noch nicht deutlich genug ist, findet an anderer Stelle:

> *Pranayama* ist besonders dann von Nutzen, wenn es darum geht, Emotionen und Gelüste zu dämpfen ... auch Verdauungsbeschwerden lassen sich auf diese Weise einfach beheben. Es reinigt den Körper und den Geist und sollte von einem ernsthaften Schüler nicht weniger als eine Stunde pro Tag praktiziert werden.

Dazu gehört noch folgende Fussnote:

> Mit Nachdruck. Mit Nachdruck. Mit Nachdruck. Es ist unmöglich, korrekt durchgeführtes *pranayama* mit emotionsgeladenem Denken (Reflexen des zweiten Schaltkreises – R. A. W.) zu verbinden. Zu allen Tageszeiten kann

man immer dann Zuflucht bei dieser Übung finden, wenn die innere Ruhe gefährdet erscheint.

Das ist wirklich starker Tobak für diesen Mystiker, dessen Bücher von Witzen und kleinen Spässen überquellen und der seine Schüler ständig ermahnte: «Glaubt mir bloss nicht!» statt umgekehrt: «Glaubt mir.» Was *Pranayama* betrifft, da war es Crowley jedoch einmal im Leben wirklich ernst.

Nach der Erfahrung des Autors wird *Pranayama* alle Formen der Depression beseitigen, einschliesslich echten Leidens und dem Gefühl des Verlassenseins; es wird Kummer lindern und Verstimmungen verschwinden lassen; es scheint sich positiv auf alle kleineren Gesundheitsprobleme auszuwirken und – gelegentlich – auch auf grössere. Hindus, die auf dem Gebiet des *Pranayama* Meister sind, behaupten noch viel mehr, beispielsweise, dass es gegen alle möglichen Arten von Schmerz unempfindlich macht und Samadhi («die Einheit mit Gott»), Levitation usw. erleichtert.

Pranayama schafft jedoch vor allem ein neurosomatisches Hochgefühl: sensorische Bereicherung, sinnliche Wonne, Lust an der Wahrnehmung – kurz, ein allgemeines, hedonistisches High. Ähnliche Effekte lassen sich durch *freiwillige* Isolation in Lillys Tank, Schwerelosigkeit (die «mystischen» Erfahrungen der Astronauten sind durchweg neurosomatischer Natur) und für die Weisen oder Glücklichen auch durch Cannabis, wie schon gesagt, erzielen.

Negative Wirkungen des neurosomatischen Schaltkreises werden von Amateur-Yogis, von vielen Haschischrauchern und einer grossen Zahl von Schizophrenen registriert. Das neurosomatische Feedback stellt in solchen – unglücklichen – Fällen die obige Beschreibung völlig auf den Kopf. Die sensorische Erfahrung wird unangenehm (jeder Ton und jede Berührung wird als schmerzhaft empfunden); Sinnlichkeit verwandelt sich in akutes Unbehagen, das am ganzen Körper auftritt; Wahrnehmungen werden zu Alpträumen und alle Prägungszeichen stehen auf Angst. Vor allem Licht kann schrecklich und furchterregend sein und wird häufig mit der Hölle oder auch «Todesstrahlen» identifiziert, die skrupellose Feinde übermächtig stark machen.

Gopi Krishna, ein hinduistischer Bürokrat, der Yoga ursprünglich nur aus gesundheitlichen Gründen praktizierte, wurde ohne jede Vorwarnung eines Tages abrupt in einen mehrjährigen negativen neurosomatischen Zustand katapultiert. *Alle* Empfindungen waren so schmerzerregend, dass er mehrmals glaubte, daran zugrunde gehen zu müssen. Die Einzelheiten, die er in seiner Autobiographie *Kundalini* beschrieben hat, sind erschütternd und lassen auf die Erfahrung eines Schizophrenen schliessen. Schliesslich überwand er jedoch diese Phase, erreichte einen positiven neurosomatischen Zustand und schreibt seitdem ein ekstatisches Buch über die Vollkommenheit des Universums nach dem anderen – typisch für diesen Schaltkreis.

Nikola Tesla, das jugoslawische Genie, erlebte als junger Mann ohne Yoga dieselbe Hölle oder eine ähnliche schizoide Phase. Als der Spuk vorbei war, besass er die voll ausgearbeitete wissenschaftliche Theorie des Wechselstroms, einen Glauben an aussersinnliche Wahrnehmung, ein übermenschliches Gedächtnis und einen Anflug visionärer Menschenfreundlichkeit, die ihm andauernd Konflikte mit den Konzernen einbrachte, die seine mehr als hundert grossen elektrischen Erfindungen finanzierten. (Noch vor seinem dreissigsten Geburtstag hatte er schon eine Million Dollar verdient und das war eine Zeit, als eine Million Dollar noch eine Menge Geld war. Aber er starb als mittelloser Mann, der versuchte, eine Erfindung zu verkaufen, die seiner Meinung nach die Armut abschaffen würde.)

Die meisten Schamanen und viele Mystiker haben ähnliche Sensibilisierungsprozesse durchgemacht. Die Christlichen Wissenschaftler nennen das «Chemikalisierung», der heilige Johannes vom Kreuz bezeichnet es sehr poetisch als «dunkle Nacht der Seele» und die Kabbalisten einfach als «Überquerung des Abgrunds».

Die Odyssee: Eine Moderne Fortsetzung von Katzanzakis schildert, wie Odysseus eine Statue erblickt, die ihm sofort sehr bedeutungsvoll erscheint. Diese Statue ist Katzanzakis' Symbol für die Evolution dieser Schaltkreise, die seit mehr oder weniger als einigen tausend Jahren in den verschiedensten Metaphern beschrieben worden sind, etwa als «die sieben Seelen» bei den Ägyptern, die «zehn Lichter» bei den Kabbalisten usw.

Die Katzanzakis-Statue besteht aus einem Tier (Schaltkreis I), darüber einem Krieger (Schaltkreis II), darüber einem Gelehrten (Schaltkreis III), dann einem Liebenden (Schaltkreis IV), einem schmerzverzerrten Gesicht («Chemikalisierung», «dunkle Nacht der Seele» oder «Überquerung des Abgrunds», was den harten Einstieg in den Schaltkreis V darstellt), dann einem ekstatisch-verzückten Gesicht (erfolgreiche Neuprägung des Schaltkreises V) und schliesslich einem Mann, der sich in reinen Geist auflöst (Schaltkreis VII). Der sechste Schaltkreis fehlt, so wie der vierte bei Jung fehlt und alles, was über den dritten Schaltkreis hinausgeht, bei Carl Sagan.

Manche haben Glück und springen mitten rein in die Wonne des fünften Schaltkreises, ohne zuerst den Schrecken der «Chemikalisierung» oder der «dunklen Nacht der Seele» durchstehen zu müssen.

Der neurosomatische Schaltkreis ist «polymorph pervers», wie Freuds unappetitliche Terminologie es ausdrücken würde. Das bedeutet einfach nur, dass das Nervensystem selbst das Steuer übernimmt und den Rest des Körpers lenkt. «Jeder Akt (wird zum) Orgasmus», sagt Aleister Crowley und verleiht damit der polymorphen Natur dieses Schaltkreises seine eigene tantrische Färbung.

Die Lebensgeschichten der Heiligen wimmeln nur so von Begebenheiten, die einer durchschnittlichen Schaltkreis-IV-Mehrheit wie «Wunder» erscheinen, oder von dogmatischen Rationalisten des dritten Schaltkreises als «Lügen, Schwindel und Betrug» abgetan werden, und trotzdem aus dem Blickwinkel des polymorphen Schaltkreis-V-Bewusstseins völlig normal wirken. Der Heilige spricht Gott verzückt seinen Dank für das Festmahl aus, das er ihm beschert: reines Brot und Wasser. (Natürlich wird so manchem Haschischraucher dieser Grad von neurosomatischer Verzückung bekannt vorkommen...) Der Guru betritt den Raum und seine Bio-Energie* hat eine solche Macht, dass der Krüppel von der Bahre hüpft und «geheilt» ist. Dieser Krüppel erreichte also durch eine blosse Berührung ein neurosomatisches High, so wie andere Leute sich sozusagen «anstecken» lassen können, wenn sie mit Leuten zusammen sind, die sich angeknallt haben. In vielen schamanistischen Überlieferungen laufen Menschen mit blossen Füssen über glühende Kohlen, und wenn Anthropologen nachhaken, erklären sie, dass sie das tun, um ihre «Kontrolle über den Geist» zu beweisen, d. h., um zu demonstrieren, und zwar nicht nur sich selbst, sondern auch anderen, dass sie eine sehr hohe neurosomatische Ebene erreicht haben.

Ein Gesundbeter erzählte mir einmal: «Die meisten Leute ster-

* Darunter verstehen wir nichts «Mystisches». Man weiss heute, dass viele physikalische Energien vom Körper ausstrahlen und dass selbst chemische Effekte von einer Person auf die andere übertragen (d. h. als emotionale Schwingung erlebt) werden können. Dabei wirken die Chemikalien als Stimuli, die wiederum bei einer anderen Person Neurotransmitter aktivieren.

ben an Adrenalin-Vergiftung.» Wir würden sagen: Die meisten Leute haben zuviel Schaltkreis-I-Angst und zuviel Kampfeslust des zweiten Schaltkreises. Das wirkt sich negativ aus. Sie kämpfen buchstäblich, um zu überleben, so wie es kein anderes Tier machen würde, trotz allem, was Darwin gesagt hat. Die meisten Tiere spielen viel, und lösen die Probleme des Überlebens nur, wenn sie müssen, oder sie gehen daran zugrunde. Nur Menschen sind sich des Kampfes bewusst und deshalb verzweifeln sie auch an diesem ‹Spiel des Lebens›.»

Der Gesundbeter sagte weiter: «Das einzige, was sie kuriert, ist die Erfahrung, dass *ich* keine Angst habe.» Das heisst, der Kontakt zu einem Individuum des fünften Schaltkreises, einer Person also, die ihre Adrenalinstösse des zweiten Schaltkreises beherrscht, kann als Katalysator fungieren, indem er den Kranken zu einer persönlichen Erfahrung des fünften Schaltkreises verhilft.

Die zwanzig Prozent der Bevölkerung, die sich als Avantgarde verstehen, haben aufgrund der Bewusstseins-Bewegung der sechziger Jahre (die viele alte schamanistische Weisheiten säkularisierte) schon eine gewisse Ahnung von all den ausgeflippten Ideen, die wir auf den letzten Seiten erwähnt haben. Sie haben zumindest soviel neurosomatische Erfahrung, um zu wissen, dass sie einmal völlig roboterisiert waren (wie die meisten Menschen heute noch) und setzen sich jetzt massiv dafür ein, selber mehr neurosomatisches Know-How zu erwerben und es dann auch weiterzuverbreiten. Wenn dieses Phänomen 51 Prozent der Bevölkerung erfasst hat, hat eine bedeutende historische Revolution stattgefunden, die mindestens so tiefgreifende Folgen hat wie die Lebensverlängerungs-Revolution. Bitte lesen Sie diesen Satz jetzt noch einmal und denken Sie darüber nach.

Laut McLuhan ist der fünfte Schaltkreis «nicht-linear» und «global», das heisst nicht begrenzt wie die Immer-nur-eins-auf-einmal-Sequenzen des semantischen Schaltkreises, sondern in Gestalt denkend. Deshalb assoziiert man ihn auch so oft mit «Intuition», das ist eine Art zu denken, die sich zwischen und um Einzelinformationen bewegt, und spürt, zu welchem Gesamtbereich die Daten gehören müssen.

Grosse Musiker haben ein bemerkenswertes Feedback entwikkelt, zwischen dem Gestalten des fünften Schaltkreises und der Funktion des dritten, solche «kohärenten Strukturen» im inspirierten Symbolismus der Musik zu verschlüsseln. Musik regt die rechte Gehirnhälfte an und der fünfte Schaltkreis ist mit hoher Wahrscheinlichkeit in der rechten Gehirnhälfte angesiedelt.

Erinnern wir uns noch einmal daran, dass Beethoven Linkshänder war. Neurologisch ist die linke Hand mit der polymorphen rechten Gehirnhälfte verbunden, man könnte also sagen, dass er genetisch zu Aktivitäten der rechten Gehirnhälfte tendierte, d. h. kohärente Ganzheiten aufzuspüren, sich fast nach Belieben in neurosomatische Verzückung zu versenken und allgemein eine Präferenz für bestimmte Zustände sensorisch-sinnlicher Versunken- und Entrücktheit zu zeigen. Jedermann «weiss», dass die sechste Symphonie «pantheistisch» ist, aber ob Beethoven ein ideologischer Pantheist war oder nicht – diese Reaktion auf die Natur ist normal und gehört zu den natürlichen Funktionen des rechtshirnigen fünften Schaltkreises. Jeder, der sich vom fünften Schaltkreis lenken lässt, wird «reden wie ein Pantheist», egal ob er daraus eine Philosophie gemacht hat oder nicht. Das Wunderbare an Beethoven ist nicht, dass er das Universum so empfunden hat – denn es gibt in der Geschichte bestimmt noch ein paar tausend andere, die es genauso empfunden haben wie er –, sondern dass er die Kunst der Musik (dritter Schaltkreis) so überragend beherrschte, dass er solche Erfahrungen weitergeben konnte, denn genau das kann der gewöhnliche Mystiker nicht.

Der neurosomatische Schaltkreis tauchte vor etwa dreissigtausend Jahren zum ersten Mal auf – jedenfalls ist das der Schluss, zu dem Barbara Honegger kam, nachdem sie eine umfassende Analyse europäischer Höhlenmalerei durchgeführt hatte. Sie entdeckte, dass viele dieser Malereien Übungen darstellen, die darauf abzielen, die Aktivitäten der rechten Gehirnhälfte zu steigern. Sie ähneln zum Teil solchen, die heute noch in überlieferten schamanistischen und Yoga-Praktiken erhalten sind.

Dieser fünfte Schaltkreis ist in die rechte Hirnrinde eingebunden und neurologisch an das Randsystem des ersten Schaltkreises und die Genitalien gekoppelt. Diese neurale Verbindung erklärt auch die sexuelle Metapher «Kundalini-Energie» oder «Schlangenkraft», mit der man diesen Schaltkreis in so unterschiedlichen Systemen wie dem Gnostizismus, dem indischen Tantra oder auch dem Voodoo beschrieben hat, aber auch die chinesischen Yin-Yang-Energien, die mit ihm assoziiert werden.

Wenn man den Geschlechtsakt so lange wie möglich ausdehnt, ohne zum Orgasmus zu kommen, löst dies immer Schaltkreis-V-Bewusstsein aus.

Es ist ziemlich einfach, festzustellen, ob der fünfte Schaltkreis aktiviert wurde oder nicht. Wie oft geht eine bestimmte Person zum Arzt? Wirkt der Bewusstseinserforscher eher «feurig» oder eher gräulich, eher sprunghaft oder eher lahmarschig, hat er das gewisse «Etwas», diesen besonderen Funken? Und wenn er ausserdem so gut wie gar nicht zum Arzt geht, dann hat er den neurosomatischen Schaltkreis so gut wie sicher unter Kontrolle. Mary Baker Eddy hat einmal irgendwo geschrieben (und sich dabei ziemlich unbeliebt bei Leuten gemacht, die gerne von mystischen Dingen reden, ohne jedoch selber empirische Erfahrung zu haben):

> «Und das Wort wurde zu Fleisch». Die göttliche Wahrheit muss man durch ihre Wirkungen auf den Körper ebenso erfahren wie auf den Geist.

In der Anthropologie ist kein Stamm bekannt, der nicht mindestens einen neurosomatischen Techniker (Schamanen) hat. Massive Ausbrüche von neurosomatischem Bewusstsein sind in allen wichtigen historischen Perioden häufig beobachtet worden, wurden aber gewöhnlich schnell von den lokalen Handlangern der Inquisition oder der A.M.A.*. erstickt, andere wurden «integriert» und verwässert.

Im Neuen Testament heisst es:

> Und er rief seine zwölf Jünger zu sich und gab ihnen Macht über die unsauberen Geister, dass sie die austrieben, und heilten allerlei Seuche und allerlei Krankheit.
>
> Macht die Kranken gesund, reinigt die Aussätzigen, weckt die Toten auf, treibt die Teufel aus. Umsonst habt ihr's empfangen, umsonst gebt es auch.
>
> Matth. 10:1/8

So mag es gewesen sein – vielleicht. Mark Twain würde wahrscheinlich sagen: Da ist eventuell ein bisschen Schwindelei im Spiel... Doch wie sehr der Evangelist auch übertrieben haben mag, irgend etwas dieser Art muss geschehen sein, um den raschen Triumph des Christentums über andere, wenn auch vermutlich weniger spektakuläre Systeme zur Öffnung des fünften Schaltkreises zu erklären. Der Mithraismus, der eleusinische Kult in Athen, die dionysischen Kulte usw. – sie alle

* American Medical Association – Amerikanische Gesundheitsbehörde. A. d. Ü.

verfügten über uralte schamanistische Techniken, um neurosomatische Verzückung zu erlangen. Das Christentum scheint (zuerst) insofern überlegen gewesen zu sein, als es neurosomatische Kontrolle einführte. Um es mit dem heiligen Paulus zu sagen: der «alte Adam» (Schaltkreis I – IV) wurde ausgebleicht und der «neue Adam» (Schaltkreis V) übernahm die Herrschaft als Zentrum des Bewusstseins und der Selbstbeherrschung. In einem anderen Vergleich wird der Körper zu einer formlosen Tonmasse und der erwachte (erleuchtete) Geist zum Bildhauer.

Probleme des vierten Schaltkreises nehmen im allgemeinen die Form von *Schuldgefühlen* an: «Ich kann nicht das tun, was ich eigentlich tun sollte.» Probleme des dritten Schaltkreises manifestieren sich als *Verwirrung:* «Ich verstehe einfach nicht, wie ich da reinrutschen konnte oder wie ich hier je wieder rauskomme oder was man eigentlich von mir erwartet.» Probleme des zweiten Schaltkreises äussern sich in *Kraftmeierei* oder *Feigheit:* «Ich werde sie zwingen, oder ich werde mich zwingen lassen, mich unterwerfen.» Und Probleme mit dem ersten Schaltkreis zeigen sich in *körperlichen Symptomen:* «Mir geht's saumässig schlecht», die sich bei genügend Stress auf ein einziges akutes, lähmendes Symptom konzentrieren*.

Das neurosomatische Bewusstsein des fünften Schaltkreises bleicht alle diese Probleme auf einen Schlag aus. Doch das Verschwinden aller körperlichen Krankheiten (Schaltkreis I) *scheint* nur wunderbarer als die Transzendenz der emotionalen Ich-Bezogenheit (Schaltkreis II), der Verwirrung (Schaltkreis III) und der Schuldgefühle (Schaltkreis IV). Es ist der karthesianische Dualismus von Körper und Geist, der uns glauben machen will, solche «körperlichen» Heilungen des ersten Schaltkreises wären in irgendeiner Weise merkwürdiger oder geheimnisvoller als die rasche Besserung der anderen Schaltkreisprobleme.

Es gehört auch zu den Zielen unserer Terminologie, diesen karthesianischen Dualismus zu transzendieren und alle Schaltkreise innerhalb eines bestimmten Kontextes gleichermassen verständlich zu machen.

Der roboterisierte Rationalist fürchtet die Verzückung des fünf-

* Hierunter fällt auch Eric Bernes «Wooden Leg»-Spiel, bei dem der Teilnehmer aufgrund der Tatsache, physisch *hors de combat* zu sein, danach trachtet, von der Partizipation am sozialen Leben befreit zu werden.

ten Schaltkreises und weigert sich, sie und ihre ganzheitlichen intuitiven Kräfte anzuerkennen (genau wie der roboterisierte Gefühlsmensch die Vernunft des dritten Schaltkreises fürchtet und ablehnt). Wenn also das Feedback des neurosomatischen Schaltkreises einsetzt und das mutierte Schaltkreis-V-Individuum versucht, seine Verzükkung und das Gefühl der Einheit mit dem Universum zu beschreiben, murmelt unser Rationalist schnell: «Ist ja wieder typisch – total subjektiv das Ganze.»

Auch Elend kann «total subjektiv» sein, aber das hindert es nicht daran, äusserst schmerzhaft empfunden zu werden. Das neurosomatische Talent, alle Erfahrung so umzugestalten, dass man sich gut und glücklich fühlt, und das auch noch in einer Situation, in der die Schaltkreis-IV-Mehrheit sich ziemlich mies fühlen würde, ist schon ein bisschen Anstrengung wert, und sei es nur aus dem schlichten, egoistischen Grund, dass es nun mal mehr Spass macht, glücklich zu sein, als zu leiden. Ausserdem trägt es zum sozialen Wohl bei, wie ein Weiser der sechziger Jahre mir einmal erklärte: «Man kann nichts Gutes tun, wenn man sich nicht selber gut fühlt.» So wie die Not immer danach trachtet, sich möglichst weit auszubreiten, so möchte auch der Glückliche am liebsten jeden, der ihm über den Weg läuft, high und glücklich sehen. (Die erste Lektion, die der Adept des fünften Schaltkreises lernen muss, heisst, die aufflammende Nächstenliebe beherrschen zu können und nicht allen möglichen Leuten auf den Wecker zu fallen, indem er sie *zwingt,* glücklich zu sein!)

Aber den Rationalisten machen die Resultate einer länger andauernden Schaltkreis-V-Ekstase, die ja auch die Fähigkeit einschliesst, Krankheiten bei sich und andern zu heilen, noch ängstlicher. Selbst die sorgfältig dokumentierte, laufende Erforschung der Endorphine, die uns vielleicht eines Tages den Schlüssel dafür bieten wird, wie solche Heilungen vonstatten gehen,wird er nur mit Unbehagen oder Aggressivität registrieren*. Das klingt ihm alles viel zu metaphysisch und deshalb leugnet er am liebsten von vorneherein ihre Existenz.

Dabei gibt es nichts Übernatürliches am fünften Schaltkreis. Er

* Endorphine sind Neurotransmitter, die den fünften Schaltkreis aktivieren. Sie können durch Cannabis, Psychedelika, Meditation, Pranayama oder Visualisierung des Weissen Lichts aktiviert werden. Letzteres ist eine gebräuchliche Praktik der sogenannten «Gesundbeter» und war auch bei den Rosenkreuzern des Mittelalters bekannt.

wirkt nur im Vergleich mit den früheren Schaltkreisen so, dabei erschien der dritte Schaltkreis, auf den der Rationalist immer so stolz ist, bestimmt auch ganz schön «übernatürlich», als er zum ersten Mal auftauchte. (Die Ägypter zum Beispiel schrieben Sprache und Schrift, also Funktionen des dritten Schaltkreises, dem himmlischen Eingreifen ihres Gottes Thoth zu.) Auch der fünfte Schaltkreis ist nichts anderes als eine evolutionäre Mutation, die für uns notwendig ist, solange wir uns auf eine komplexere neuro-soziale Ebene zubewegen.

«Es ist genau wie im täglichen Leben, nur dass man dreissig Zentimeter über dem Erdboden schwebt», sagt ein alter Zen-Spruch.

Und genau dieses «Schwebephänomen» des fünften Schaltkreises bereitet uns auf die Auswanderung ins All vor.

Vom Blickwinkel unserer Theorie her war Mary Baker Eddy eine der interessantesten neurosomatischen Adeptinnen in der Geschichte. Sie war nämlich unglaublich naiv und hatte kaum einen Schimmer von Philosophie. Deshalb kam sie auch nie dahinter, dass man über das Unaussprechliche weder reden noch schreiben darf. Und so schrieb sie in aller ausführlicher Unschuld. Auch wenn ihre Texte kaum zu entschlüsseln sind und sich stellenweise anhören wie die «Raserei eines Geistesgestörten» (Aleister Crowley über mystische Schriften, einschliesslich seiner eigenen), so geben sie doch manchmal auch Zeugnis von einer erstaunlichen Klarheit. Zum Beispiel wusste Mary Baker und sagte es auch ganz offen, dass Krankheit auf Angst basiert und Liebe ihr Heilmittel dagegen ist. Erst heute, hundert Jahre später, fangen die Psychologen zögernd an, das zu begreifen.

«Vollkommene Liebe vertreibt die Angst», sagte sie, und ebenso heilt das neurosomatisch erwachende Bewusstsein die Krankheit.

Eines Tages erläuterte Mrs. Eddy einem Neugierigen ihr Patentrezept: «Liebe, Liebe und nochmals Liebe! Das ist alles, was Sie brauchen, um ein Heiler zu werden.» Sechzig Jahre später schrieb ein schottischer Psychiater namens Ian Suttie, von den meisten seiner Kollegen unbemerkt: «Die Liebe des Arztes heilt den Patienten.»

Hier fällt mir noch ein anderes Zitat von Mrs. Eddy ein:

> Wenn sich das Verständnis ändert, werden wir die Realität des Lebens gewinnen und auch die Kontrolle der Seele über die Sinne ... dies ist der Höhepunkt auf dem Weg zum harmonischen und unsterblichen Menschen, dessen Fähigkeiten uns heute noch verborgen bleiben.

Für den gewöhnlichen, wissenschaftlich ausgebildeten Leser ist dies nichts weiter als metaphysisches Geschwätz. Versuchen wir doch einmal, es in unsere eigene neurologische Sprache zurückzuübersetzen:

> «Wenn das Gehirn sein volles Potential entwickelt hat, werden wir eine neue Sicht vom Leben und die Kontrolle neurosomatischer Seligkeit über Schuldgefühle, Verwirrung, Gefühle und körperliche Symptome der unteren Schaltkreise gewinnen... dies ist evolutionär vorherbestimmt und wird eintreten, noch ehe das evolutionäre Bewusstsein des sechsten Schaltkreises und physische Unsterblichkeit erreicht sind.»

Wir gestehen damit Mrs. Eddy die Fähigkeit zu, in «Gestalt» zu denken und als Transmitter neurosomatischer «Heilprozesse» bei anderen zu dienen, nachdem sie einen grossen Teil ihrer eigenen rechten Gehirnhälfte aktiviert hatte. Sie schaute den Highway DNS hinunter und sah die wissenschaftlichen Durchbrüche des Jahrzehnts, in dem wir jetzt leben, voraus.

Viele Menschen haben den neurosomatischen Schaltkreis auch nach langen Krankheiten angeturnt, besonders dann, wenn das Vertrauen in ihre Ärzte nachliess und sie zu Selbstheilungspraktiken und/oder Gesundbeterei griffen. Stefan Zweig beschreibt Nietzsches Badezimmer als eine «Apotheke» mit einem Wust von Drogen und Medikamenten, die überall verstreut waren und mit denen der Philosoph versuchte, seine chronische Migräne zu bekämpfen. Gurdjieff nahm Kokain und Haschisch und machte Yoga-Übungen (höchstwahrscheinlich auch Pranayama-Übungen), um die unaufhörlichen, sich ständig steigernden Schmerzen zu bekämpfen, die aus einer Kriegsverletzung und zwei Autounfällen resultierten. Die «Härte» dieser beiden Denker, ihre Verachtung gewöhnlichen, menschlichen Leiden gegenüber, ihre Visionen von einem übermenschlichen Zustand jenseits von Gefühlen und Schmerz, all dies basierte wahrscheinlich auf neurosomatischen Hochstimmungen, die mit akuten Schmerzen abwechselten. Das heisst, sie erfuhren die gesamte Evolution von den unteren Schaltkreisen bis hin zur vollständigen Entwicklung neurosomatischer Potentiale und drückten hauptsächlich Verachtung für ihre eigenen Rückfälle in Bewusstseinszustände älterer Schaltkreise aus.

Im Osten bezeichnet man die Herrschaft über den neurosomatischen Schaltkreis als Dhyana, Cha'an oder Zen, manchmal auch «Buddha-Geist» oder «Buddha-Körper». Bei den alten Griechen, wo man mit psychedelischen Drogen jedes Jahr in Eleusis Rituale veranstaltete, um diesen Schaltkreis zu aktivieren, nannte man die, die dabei erfolgreich waren, *digenes,* d. h. zweimal geboren. Diese Bezeichnung erinnert noch irgendwie an die Terminologie vom Wiedergeborenwerden des charismatischen Christentums und wird durch den Mythos von der Auferstehung des Körpers symbolisiert.

Freud nannte diesen Zustand vage eine «ozeanische Erfahrung».

Gurdjieff sprach vom Magnetischen Zentrum.

Für Gesundbeter und Adepten bestimmter Yoga-Schulen scheint das neurosomatische Bewusstsein ein permanenter Dauerzustand zu sein, die meisten anderen erhaschen, wenn überhaupt, nur einen ungreifbaren Eindruck. Ezra Pound beschreibt es so:

Le Paradis n'est pas artificiel
sondern zersprungen
Für einen Funken
eine Stunde
Dann Agonie
dann eine Stunde.

Dieses «Paradis», dieser Zustand neurosomatischen Friedens (geistig und körperlich, wohlgemerkt), muss als neuer Gehirnschaltkreis angesehen werden, auf den die Menschheit sich hinentwickelt. Dieser Prozess aus den alten, säugetierischen Schaltkreisen heraus ist langsam und schmerzhaft. Der Fortschritt von Primatenemotionen zu posthominider heiterer Gelassenheit, vom Menschen zum Übermenschen, ist der «Nächste Schritt», von dem die Mystiker immer reden. Am besten hat Beethoven ihn vor allem in seinen späteren, wichtigeren Kompositionen verwirklicht.

Wie schon gesagt, sind die von der Regierung bezahlten Gehirnwäscher im allgemeinen zu puritanisch, um den sozio-sexuellen Schaltkreis zu manipulieren und begnügen sich damit, den Geist zu malträtieren und Programmierungen auf dem Bio-Überlebens-, dem emotionalen und dem semantischen Schaltkreis vorzunehmen, während Gangsterbanden wie die SLA oder die Mansonoiden durchaus weitergehen und vor dem sozio-sexuellen Schaltkreis nicht Halt machen.

Man sollte auch erwähnen, dass einige Sekten, die momentan auf diesem zurückgebliebenen Planeten ihr Unwesen treiben, darüber noch hinausgehen und sich auf neurosomatische Gehirnwäschen spezialisieren.

Ein neurosomatischer Dauerzustand kann aber nur durch ständige Übung mit Yoga-, Tantra- oder verwandten Wissenschaften erreicht werden – hinzu kommen dann noch die richtigen Gene, eine günstige Umwelt und eine gehörige Portion Glück.

Eine neurosomatische Gehirnwäsche – die mächtigste aller Formen der Roboterisierung – besteht aus einer temporären Aktivierung des neurosomatischen Schaltkreises durch einen Gehirnwäscher, der gleichzeitig glaubhaft versichert, dass nur er (beziehungsweise der «Gott», der «durch ihn handelt») diesen Schaltkreis zum Leben erwecken kann.

Um die volle Wirkung zu erzielen, muss natürlich eine normale Gehirnwäsche vorausgehen. Das Opfer wird von seiner oder ihrer früheren Umgebung isoliert und so trainiert, dass es seinen oder ihren Bio-Überlebensschaltkreis an den Guru oder den Ashram koppelt. Dann unterwirft man den emotionalen Schaltkreis durch ständige Attacken auf den Status (das Ego) und bricht ihn, bis nur noch in totaler Abhängigkeit von der «Realität» der Gruppe emotionale Sicherheit gefunden wird. Das wieder zum Kind gewordene Opfer ist dann so weit, dass es sich jedem beliebigen semantischen System anpassen kann, angefangen bei EST über Krishna bis zu People's Temple usw. Dann kann der sozio-sexuelle Schaltkreis problemlos auf Zölibat, freie Liebe oder was immer für sexuelle Spielarten dem Guru eingefallen sein mögen, programmiert werden. Erst dann, und nur dann betätigt der Guru die neurosomatischen Schalter und gewährt dem Opfer eine Portion Ekstase.

Marjoe Gortner, der über langjährige Erfahrung auf diesem Gebiet verfügt, meinte einmal in einem Film, nachdem er die Praxis der Gehirnwäsche zugunsten einer neuen Karriere aufgegeben hatte: «Die Dummköpfe kamen einfach nie dahinter, dass sie es auch selber konnten (den neurosomatischen Schaltkreis anturnen). Sie dachten immer, sie brauchten mich, um sich einen runterzuholen.» Wenn er heute darüber spricht, ist Gortner ungewöhnlich offen. Ein gewöhnlicher Charismatiker würde nie im Leben zugeben, dass sein Opfer solche Praktiken selber lernen kann.

Einer der berühmtesten Praktiker dieser Neurowissenschaft war

Hassan I Sabbah, der relativ einfache Techniken einsetzte, anscheinend unter anderem auch eine Langzeitpille, die die Sufi-Schule der Weisheit in Kairo entwickelt hatte.

In meinem Roman *Der Zauberhut* habe ich Hassans Technik aufgrund historischer Grundlagen folgendermassen beschrieben: zwei junge Männer sind bei Hassan zum Abendessen eingeladen. Hassan hat in ihrem Essen diese Langzeitpille versteckt. Sobald sie eingeschlafen sind, werden die beiden Kandidaten in Hassans berühmten «Garten der Lüste» transportiert. Die Pille hatte eine reichliche Dosis Opium enthalten und so waren sie, ihrer irdischen Umwelt ganz und gar entrückt, in tiefe Träume versunken.

Der Garten – offiziell bekannt als «Garten der Lüste» – erstreckte sich über mehrere Morgen Land. Hier wurden die Kandidaten auf die Aufnahme in den Orden der Assassinen vorbereitet, dem legendären Bund der gefürchtetsten und professionellsten Killer der Geschichte. Im selben Garten wurden jedoch auch Vorkehrungen für die Aufnahme in die Bruderschaft des Lichts getroffen. Die Kandidaten durchliefen die gleichen Zeremonien. Sie selbst entschieden dann, ohne es zu wissen, welchem Orden sie in Zukunft angehören würden – den politischen Assassinen oder den mystischen Illuminaten.

Man brachte die beiden jungen Männer in den Garten der Lüste und bettete sie an zwei verschiedenen Orten ins Gras. Nach kurzer Zeit setzte das zweite Stadium der Langzeitpille ein. Kokain sickerte in ihren Blutkreislauf, hob die Wirkung des einschläfernden Opiums auf und liess sie voller Energie und Lebensfreude erwachen. Zur gleichen Zeit machte sich auch die Wirkung des in der Kapsel enthaltenen Haschischs bemerkbar, so dass sie jede Einzelheit mit ungewöhnlicher Klarheit erlebten. Die Farben ringsum erschienen wie glitzernde Juwelen, die auf göttliche Weise strahlten.

Eine Gruppe von anmutigen, schlanken jungen Mädchen – die Hassan aus dem teuersten Bordell von ganz Kairo importiert hatte – sass im Kreis um jeden Kandidaten herum und spielte auf Flöten und anderen feinen Instrumenten. «Willkommen im Himmel», sangen sie, als die erwachenden jungen Männer sich erstaunt aufrichteten. «Durch die Zauberkraft des heiligen Lord Hassan hast du bei lebendigem Leib das Paradies betreten.» Sie reichten ihnen «Paradiesäpfel» (Orangen), die viel süsser und fremder schmeckten als die irdischen Äpfel, die sie bisher gekannt hatten, und zeigten ihnen die Tiere des Himmels (die in manchen Fällen aus fernen Ländern wie Japan herangeschafft worden waren), Kreaturen, die weit erstaunlicher waren als die, die man normalerweise in Afghanistan zu Gesicht bekommt.

«Das *ist* das Paradies», rief der erste junge Mann entzückt. «Gross ist Allah und gross ist der weise Lord Hassan I Sabbah!»

Zwanzig Morgen weiter jedoch schaute sich der zweite junge Mann, von ähnlich liebreizenden Geschöpfen umgeben wie sein Freund, nur staunend um, lächelte zufrieden und sagte nichts.

Und dann begannen die *Huris* des Himmels, wie es der Koran versprach, für die beiden zu tanzen und während sie tanzten, warfen sie eine nach der anderen ihre sieben Schleier ab. Die Schleier fielen, die Kapseln setzten immer mehr Haschisch frei und die jungen Männer sahen immer klarer, fühlten intensiver und erlebten Schönheit und sexuelle Lust auf eine Weise, die sie in ihrem früheren Erdenleben nie gekannt hatten.

Wenn die beiden jungen Männer von der Schönheit und den Wundern des Paradieses ganz und gar verzaubert waren, beendeten die *Huris* ihren Tanz und stürzten sich wie Blumen, die man in den Wind wirft, nackt und anmutig auf sie. Einige fielen den Kandidaten zu Füssen und küssten sie, andere küssten Knie oder Schenkel, eine saugte leidenschaftlich an seinem Penis, andere küssten Brust, Arme und Bauch, wieder andere Mund, Augen und Ohren. Und während der Kandidat unter dieser vom Haschisch verstärkten Lawine versank, machte sich eins der Mädchen immer mehr an seinem Glied zu schaffen, lutschte und saugte, bis er in ihrem Mund kam, so sanft und langsam und entrückt wie eine fallende Schneeflocke.

Nach einer kleinen Ruhepause hörte die Wirkung des Haschisch langsam wieder auf und es strömte neues Opium in ihren Blutkreislauf. Die jungen Kandidaten fielen in tiefen Schlaf und wurden noch während ihrer Betäubung wieder aus dem Garten der Lüste heraus und in den Speisesaal Lord Hassans geschafft.

Dort erwachten sie.

«Wahrlich», rief der erste aus, «ich habe die Herrlichkeiten des Himmels gesehen, die der heilige Koran uns versprochen hat. Ich zweifle nicht länger. Ich werde Hassan I Sabbah mit Zuversicht und Liebe dienen, mehr als ich meinem eigenen Vater je ergeben war.»

«Du wirst in den Orden der Assassinen aufgenommen», sagte der gütige Lord Hassan ernst und feierlich. «Begib dich ins Grüne Zimmer, dort wird dich dein Vorgesetzter schon erwarten.»

Als der Kandidat sich entfernt hatte, wandte Hassan I Sabbah sich an den zweiten jungen Mann und fragte ihn: «Nun, und wie steht es mit dir?»

«Ich habe die Medizin der Metalle, den Stein der Weisen, das Elixir des Lebens, wahre Weisheit und vollkommenes Glück entdeckt», antwortete er und zitierte damit die traditionelle alchimistische Formel. «Und das ist mein eigenes Bewusstsein.»

Hassan I Sabbah grinste breit. «Willkommen im Orden der Illuminaten!» rief er lachend.

Hassan I Sabbah war weder der erste noch der letzte Schüler der Prozesse, durch die Sexualität in Verzückung des fünften Schaltkreises umgewandelt werden kann. Weiter im Osten gab es Tantra-Schulen innerhalb hinduistischer, buddhistischer und taoistischer Traditionen, die Praktiken lehrten, mit deren Hilfe man die geschlechtliche Vereinigung so lange ausdehnen konnte, dass sich das Bewusstsein dabei spontan und explosiv veränderte. Im Westen hüteten Untergrund-Sekten der Gnostiker, Illuminaten und Alchimisten, aber natürlich auch die Hexen, ähnliche Geheimnisse, denn wenn die Heilige Inquisition je Wind von solchen Techniken bekommen hätte, wären ihre Lehrer als Teufelsanbeter auf dem Scheiterhaufen verbrannt worden.

Unsere eigene Zeit hat einen revolutionären Aufschwung dieser alten neurologischen Geheimnisse unter Einbezug moderner Techniken erlebt. Tantra-Schulen findet man heute in vielen Städten der Welt. Masters und Johnson benutzen quasi-tantrische Praktiken, um sexuelle Störungen zu behandeln. Schon 1968 zeigte eine Umfrage von McGlothlin, dass 85 % aller Haschischraucher in Amerika angaben, sie rauchten hauptsächlich deshalb, weil sie dabei die Steigerung erotischer Empfindungen schätzten. Vibratoren und andere Spielzeuge sexueller Natur nehmen zu, die Schwulen kommen aus ihren Verstecken heraus und die Philosophen, die eine Kultur ohne Unterdrückung predigen (Norman Brown, Henri Marcuse, Charles Reich) werden zu Bestseller-Autoren.

Saul Kent, populärwissenschaftlicher Autor im Bereich Medizin, hat sogar behauptet, dass schon in nächster Zukunft elektronische sexuelle Surrogate produziert werden können, und wohl auch produziert werden. (Stellen Sie sich vor – Ihre ganz persönliche Marilyn-Monroe-Puppe!) Statt mit Tom Wolfe und den Neopuritanern ins gleiche Horn zu stossen, die vor Schreck über eine solche Vorstellung die Hände überm Kopf zusammenschlagen, wollen wir uns doch lieber mal genauer ansehen, ob wir damit nicht vielleicht ein bisschen über unseren Prägungs/Konditionierungs-Realtitätstunnel hinausschauen können.

Wenn 1995 oder 2005 oder wann auch immer ein sexueller Android im Rahmen des Möglichen liegen soll, warum dann nicht auch eine durchprogrammierte sexuelle Umwelt? Nennen wir sie in Anlehnung an Hermann Hesse versuchsweise einmal unser Magisches Theater, und fangen mit dem an, was in hochkarätigen Bordellen des hedonistischen Sonnengürtels von Amerika gang und gäbe ist.

Massage, ein Tranquilizer des ersten Schaltkreises, vereinigt alle Vorteile der Opiate in sich, ohne jedoch süchtig zu machen. Unser Magisches Theater würde über Körperentspannungs- und Energie-Computer verfügen, besser als die heutigen Massage-Techniken.

Pornofilme sind zur Stimulierung des sexuellen Schaltkreises in besseren Bordellen durchaus üblich. Im Magischen Theater würden sie natürlich in 3D und auf allen vier Wänden eines Zimmers laufen.

Marihuana und Stimulantien wie Kokain oder Speed kriegt man mittlerweile in allen Bordellen der Welt. Das Magische Theater würde noch bessere chemische Scharfmacher anbieten.

Man könnte hier endlos weitermachen, je nach persönlichen Vorlieben, bis man sich eine Umgebung zusammengezimmert hat, in der Lust ohne jede Einschränkung möglich ist.

Etwas Merkwürdiges ist mir bei der Konstruktion dieses kybernetischen Bordells passiert. Es sieht so aus, als wären wir damit über den Sex an sich hinausgegangen und bei einer Art Meta-Sex angekommen. Während spezifisch geschlechtliche Lust zwar immer noch Spass machen könnte, scheint sie doch andererseits kaum noch so wichtig wie damals, ehe wir diese multi-dimensionale Lustkuppel betraten, die *alle* Sinne zur Ekstase treibt.

Und das Verrückteste an dieser geilen Science Fiction-Vorstellung ist die Tatsache, dass wir das Magische Theater nicht mal bauen müssen. Es existiert nämlich schon in unserem Gehirn. Wir haben hier das positive, neurosomatische Bewusstsein beschrieben, das Freud in einer seiner puritanischen Anwandlungen als «polymorph pervers» bezeichnete und in einem seiner eher mystischen Momente als «ozeanische Erfahrung». Genauso fühlt sich ein neurosomatisch angeturntes Gehirn an.

In der Alchimie sprach man von «Multiplikation der ersten Substanz» oder «dem Gold des Philosophen». Es unterschied sich insofern von anderem Gold, als es niemals aufgebraucht oder ausgegeben werden konnte, weil es sich ständig vermehrte. Es ist das «dritte Auge» der Illuminaten-Überlieferung, das alles verwandelt, was es erblickt, das Auge, von dem Jesus in seiner aphoristischen Art sagte: «Das Auge ist des Leibes Licht. Wenn dein Auge einfältig ist, so wird dein ganzer Körper Licht sein.» Matthäus 6:22.

Übungen

1. Besorgen Sie sich das Lehrbuch der Christlichen Wissenschaftler und beschäftigen Sie sich einen Monat lang mit seinen Lektionen.
2. Nehmen Sie an einem Sufi-Wochenendseminar teil.
3. Besorgen Sie sich mein Buch *Sex and Drugs* und versuchen Sie, die darin beschriebenen Tantra-Übungen zu machen.
4. Lassen Sie sich von einem Experten beibringen, wie man richtig Pranayama macht. (Ich habe schon einmal versucht, es zu beschreiben, musste aber einsehen, dass es unmöglich ist, schwere Missverständisse bei der verbalen Weitergabe dieses nicht-verbalen Wissens auszuschliessen. Lassen Sie es sich von einem Inder *zeigen*.)
5. Da Free John, ein amerikanischer Guru, behauptet, dass man Erleuchtung erlangen kann, indem man sich immer wieder fragt: «Wer ist der Eine, der mich jetzt lebt?» Ist es das Bewusstsein des ersten Schaltkreises, Ego des zweiten, Geist des dritten, Geschlechtsrolle des vierten, Gestalt des fünften oder sogar ein höherer Schaltkreis? Wer ist es? Wo ist es? *Wie alt* ist es?
6. Dr. Aiden Kelly behauptet, dass der sogenannte «unbewusste» Geist bewusster ist als der sogenannte bewusste. Das heisst, der «unbewusste» enthält alle Feedbacks des neurosomatischen Schaltkreises und der anderen, die das Überleben sichern. Denken Sie darüber nach. Ist es «das Eine, das Sie jetzt lebt»?

KAPITEL 12

DER KOLLEKTIVE NEUROGENETISCHE SCHALTKREIS

Die Rechte ist gar nicht mehr allein konservativ.
Es ist die gesamte Linke,
die plötzlich konservativ geworden ist.
Die Liberalen und die radikalen Linken
sind ins Hintertreffen geraten.

F. M. Esfandiary
Upwingers

Der sechste Gehirnschaltkreis springt an, wenn das Nervensystem lernt, Signale aus dem Inneren eines individuellen Neurons zu empfangen, dem RNS-DNS-Dialog also, dem neurogenetischen Feedbacksystem.

Das gesamte Nervensystem, einschliesslich des Gehirns, ist, wie auch der restliche Körper, durch einen «Code» im DNS-Molekül festgelegt. Dieses sendet RNS-Botenmoleküle aus, um dem Organismus zu übermitteln, was er tun soll: *Rote Haare, Blaue Augen. Steh jetzt auf und geh ein paar Schritte hin und her. Mach den Mund auf und fang an zu sprechen. Such dir einen Partner,* usw. Unser ganzes geistiges Tun, die Hardware und die Software unseres Gehirns, existiert immer nur innerhalb der Perimeter dieses DNS-Mastertapes.

Bei neurogenetischem Bewusstsein werden diese DNS-Speicher auf dem inneren Bildschirm sichtbar, auch wenn man völlig wach ist.

(Während des Traumschlafes sind sie ja bekanntlich als Archetypen des Jungschen «kollektiven Unterbewusstseins» sowieso verfügbar.)

Der erste Mensch, der vor ein paar tausend Jahren das neurogenetische Bewusstsein kennenlernte, sprach von «Erinnerungen an vergangenes Leben», «Re-Inkarnation», «Unsterblichkeit» usw. Dass diese neurologischen Adepten etwas sehr Reales meinten, wenn sie es zu jener Zeit vielleicht auch nicht so präzise ausdrücken konnten wie wir heute, wird dadurch belegt, dass viele von ihnen (besonders Hindus und Sufis), wunderbare, poetische Beschreibungen der Evolution Millionen von Jahren vor Darwin überlieferten und den Übermenschen lange vor Nietzsche vorhersagten.

Die Griechen sprachen von der «Vision des Pan», die Chinesen vom «grossen Tao», die Hindus vom «Atman-Bewusstsein». Die geheimnisvoll erhabenen und ehrfurchtgebietenden Figuren von Göttern, Göttinnen und Dämonen, die im Anfangsstadium dieses Erwachungsprozesses auftauchen, sind Jungs «Archetypen des kollektiven Unterbewusstseins» und werden von Primitiven als «Besucher aus der Traumzeit», von Hexen als «die von Sidde» und in Tausenden von Volksüberlieferungen als «das verrückte Völkchen» tituliert.

Gurdjieff bezeichnet diesen Schaltkreis als das wahre emotionale Zentrum.

Die «Akasha-Chronik» der Theosophie, das «phylogenetische Unterbewusste» von Dr. Stanislaw Grof, die «Gaia-Hypothese» der Biologen Margulis und Lovelock, die behauptet, dass die Biosphäre unseres Planeten ein einziger intelligenter Organismus ist – das sind drei moderne Metaphern für diesen Schaltkreis. Und die Visionen von vergangener und zukünftiger Evolution oder die Beschreibungen von Erfahrungen am Rande des Todes und jensseits von Zeit schildern ebenfalls den neurogenetischen Realitätstunnel des sechsten Schaltkreises.

In den Yoga-Lehren finden sich keine spezifischen Übungen, die neurogenetische Prägungen fördern könnten; gewöhnlich erfolgen sie, wenn überhaupt, nach vielen Jahren Übung und Erfahrung mit fortgeschrittenem Rajah-Yoga, der auch die somatische Verzückung des fünften Schaltkreises entwickelt. Und starke Dosen von LSD aktivieren natürlich immer temporäre neurogenetische Einblicke.

In der Terminologie der heutigen Wissenschaft sollte man den neurogenetischen Schaltkreis am besten als genetisches Archiv bezeichnen, das durch die Aktivierung antihistonischer Proteine angeregt wird, die DNS-Erinnerung, die sich bis zur Dämmerung des ersten Lebens zurückschlängelt und gleichzeitig schon die Baupläne für die zukünftige Entwicklung des Planeten in sich trägt.

«Ich bin der, der war und ist und sein wird» – ein Satz aus dem Ägyptischen Totenbuch. Man fand ihn, in Hieroglyphen, aber auch in seiner eigenen Handschrift, auf Beethovens Schreibpult, dort wo die Neunte Symphonie und all die späteren, äonen-umspannenden «evolutionären» Werke entstanden waren. Man kann daher annehmen (und das wird durch die Musik selbst bestätigt), dass Beethoven seinen neurogenetischen Schaltkreis geöffnet hatte.

Uralte Archetypen haben hier ihren Sitz, älter als die Sprache und doch jünger als das Morgen. Crowley verwandelt diesen Schaltkreis in eine Person und sagt:

> «... das Baby in dem Ei aus Blau (vgl. das letzte Bild in Kubricks *2001,* R. A. W.) symbolisiert das Höhere Ich ... Die Verbindung zum Zwerg in der Mythologie ... in seiner absoluten Unschuld und Unerfahrenheit ist er der ‹Narr›, ist er der Retter ... der ‹Grosse Narr› der keltischen Sagen, der ‹reine Narr› im ersten Akt des *Parzifal* ... ausserdem der grüne Mann der Frühlingsfeiern ... voll bewaffnet als Bacchus Diphues, männlich und weiblich zugleich, bisexueller Baphomet und ... Zeus Arrhenothelus ... (der in voller Gestalt auf der Trumpfkarte XV des Tarots als ‹der Teufel› dargestellt wird) ... aber die ‹kleine Person› im Hindu-Mystizismus, der verrückte und doch geschickte Zwerg vieler Legenden in vielen Ländern ist auch mit ihm identisch, das schweigende Ich eines Menschen, oder auch sein heiliger Schutzengel.»

Das sind durchaus nicht nur poetische Schrullen Crowleys. Diese Bilder tauchen auch in den Träumen anderer Individuen auf (den persönlichen Mythen der Nacht), in den Überlieferungen aller Völker (den unpersönlichen Träumen der Spezies) und natürlich immer wieder in Berichten von Leuten, die Kontakt mit UFOs hatten.

Neurogenetisches Bewusstsein des sechsten Schaltkreises: Es symbolisiert einen pan-ähnlichen Gott, der das Konzept der genetischen Erinnerungen in Form menschlicher und tierischer Samenformen in den Hoden offenbart.

Ein weiterer Archetypus aus dem neurogenetischen Archiv (oder «kollektiven Unterbewusstsein»). Die grosse Mutter symbolisiert die genetischen Erinnerungen, dargestellt als Blume, Vogel usw.

Die «Sprache» dieses Schaltkreises bewegt sich auf vielen Ebenen wie etwa bei *Finnegans Wake,* wo Finnegan oder Finn-again für den wiedergeborenen Finn Mac Cool aus dem irischen Sagenschatz und natürlich auch wieder Huck Finn steht, der «Missus Liffey» hinuntersegelt, also den Fluss Anna Liffey in Irland und Huck Finns Mississippi; wo Mark the Wan König Markus ist, dem Tristan Hörner aufsetzt; Mark the Twy ist Mark Twain, der seine Frau «Livvy» nannte, genau wie den irischen Fluss, und Mark the Tris schliesslich ist der gehörnte Markus und der Ehebrecher Tristan in einer Person. Dann ist da noch Marcus Lyons – er verkörpert sie alle auf einmal und dazu noch den Apostel Markus, seinen emblematischen Löwen (der in der mittelalterlichen Kunst immer mit ihm zusammen dargestellt wird), Leo den Löwen, den Leo des Tierkreises und alle mit ihm assoziierten Feuerzeichen und einer der vier alten Männer (Matt Gregory, Marcus Lyons, Luke Tarpey und Johnny McDougall), die den Träumer die ganze Nacht verfolgen, identisch mit den vier Evangelisten, den vier Bettpfosten, die den Schläfer umgeben, den vier alten Schaltkreisen, den vier Farben des Tarot oder anderer Kartenspiele, den vier Elementen der Alten und all den anderen Vieren, die Jung im kollektiven Unterbewusstsein allgegenwärtig fand. Um die Evolution der ersten vier Schaltkreise in der menschlichen (und säugetierischen) Geschichte nachzuvollziehen, bietet Joyce ebenfalls die vier Stadien der Entwicklung im Leben eines «Gracehüpfers» an (Ei, Larve, Puppe und Schmetterling) oder stellt traum-logische Quartifikationen vor wie «Ei-Sprung, Ei-Schnitt, Ei-Bestattung und Brüt-Brut», «die Liebeleien und Hochzeiten und Bestattungen und natürliche Auswahl», «ein menschliches (pest!) Cylcling (pist!) und Re-Cycling (past!) und da ist er ja schon wieder (pust!)» usw.

Dieser archetypische Schaltkreis steckt voller «Synchronizitäten» (Jung), d. h. bedeutungsvollen Zufälle, die in der «psychoiden Ebene» verwurzelt sind, wie er behauptet, also unterhalb des persönlichen und kollektiven Unterbewusstseins, wo Geist und Materie noch eine Einheit bilden ... die Prachtstrasse des DNS-RNS-ZNS (= zentrales Nervensystem)-Telegraphen.

Solche Synchronizitäten sind ein sicheres Anzeichen dafür, dass man es mit dem neurogenetischen Schaltkreis zu tun hat. Eines Tages lagen wir in einer Arbeitsgruppe, die sich mit *Finnegans Wake* beschäftigte, am Boden und hielten uns den Bauch vor Lachen, als wir dahinter kamen, dass «Toot and Come Inn» nicht nur eine Anspielung auf heruntergekommene amerikanische Motels ist, sondern eines von Joyces zahllosen Wortspielen mit Tutenkhamon. Genau an dieser Stelle kam meine Frau ins Zimmer und wollte wissen, warum wir so lachten. Als wir es ihr erzählten, sagte sie: «Was für ein Zufall – ich habe gerade ein Fernsehprogramm über Tutenkhamon gesehen!» Joyce arbeitete den Königsknaben natürlich auch deshalb in den Traum ein, weil das Hauptthema in *Finnegans Wake,* wie auch das Hauptthema des genetischen Schaltkreises, das Überleben der genetischen Erinnerung quer durch die Zeit ist, die durch den Mythos der Auferstehung symbolisiert wird. Übrigens wurde Tut kurz nach Fertigstellung des Epos ausgegraben.

Joyce selbst erklärt die Logik des neurogenetischen Schaltkreises so: «Diese unsere Erde ist nichts als Ziegelstaub und da sie humus ist, roturnt es immer wieder» (mit anderen Worten, die Erde gibt in anderer Form immer wieder zurück, was sie genommen hat) und «Auf der Pritsche unseres Verdienstes liegt die Frucht unseres Samenvaters» (Kommentar überflüssig, vorausgesetzt Sie kennen *Den Goldenen Zweig*) oder «Phall wenn du willst, aber aufstehn musst du selbst». Der Samc, der genetische Code und das Ei, zellulare Weisheit, vermitteln über Äonen hinweg ein Signal, so wie Nobelpreisträger und Genetiker Herbert Müller meint: «Wir sind nur riesige Roboter, die die DNS entworfen hat, um mehr DNS zu produzieren.»

Für ein Individuum sind die Einschnitte in der Kette von Leben und Tod nur allzu real und schmerzlich, während die übergangslose Einheit von Todlebentodleben für die weise Ei/Samen-Verschmelzung des neurogenetischen Schaltkreises die grössere Realität bleibt.

Der neurogenetische Schaltkreis hat seinen Sitz wahrscheinlich in der vorderen rechten Gehirnhälfte und ist jünger als der neurosomatische, der im rückwärtigen Bereich angesiedelt ist.

Das neurosomatische Bewusstsein des fünften Schaltkreises ermöglicht uns, uns mit den evolutionären Architekten zu «unterhalten», die unseren Körper sozusagen entworfen haben und ausserdem Milliarden von weiteren, seit Beginn des Lebens überhaupt vor drei bis vier Milliarden Jahren.

Diese Architekten sind die grössten Designer auf unserem Planeten, wie Bucky Fuller ganz richtig bemerkte. Kein Mensch konnte ihnen bisher das Wasser reichen, wenn es um Effektivität oder Ästhetik bei Routineprodukten wie Rasen, Eier, Insektenkolonien oder Fischen ging.

Heutzutage würde man sie vielleicht als Mutter DNS oder Vater Nukleinsäure bezeichnen. Der Rationalist wird gegen solche Versuche, sie zu personifizieren, unweigerlich Sturm laufen, obgleich das für all jene, die diesen Architekten auf ihrem neurogenetischen Schaltkreis schon begegnet sind, überhaupt keine Frage mehr ist. Der Rationalist wird das Ganze für illegitim halten, weil es *unbewusst* ist. Die Antwort der Adepten des sechsten Schaltkreises, ganz gleich, welcher Kultur oder Altergruppe sie angehören, wird lauten, dass es nicht unbewusst, sondern berauscht ist und zwar göttlich berauscht.

Weniger peotisch ausgedrückt: ob wir diese Architekten vermenschlichen und einen grossen Daddy und eine brave Mom aus ihnen machen oder sie wie die Ägypter zu einem schakalgesichtigen Wesen «animalisieren», oder wie ein afrikanischer Stamm in eine himmlische Gottesanbeterin «insektizieren» oder wie die Hindus und Christlichen Wissenschaftler in etwas ganz Abstraktes «spiritualisieren» – stets beschreiben wir nur einen Querschnitt dieses drei bis vier Milliarden Jahre alten Seins. Wenn wir es in DNS «molekulisieren», erblicken wir wieder nur einen Querschnitt – allerdings für eine wissenschaftliche Anaylse den praktischsten oder nützlichsten Querschnitt. Das ist alles, was zur «wissenschaftlich materialisierten Chemikalisierung» der Biosphäre zu sagen ist, und es steht absolut nicht in Widerspruch zur direkten Erfahrung dieses Wesens oder Seins mittels biologischer oder chemischer Techniken des sechsten Schaltkreises. Tatsächlich wird die unmittelbare Erfahrung zweifelsohne sehr hilfreich sein und schon manchem Wissenschaftler hat sie einen ganzheitlicheren Blick dafür geschenkt, was in der Evolution vor sich geht – Erkenntnisse, die sie später in verbesserte linguistische Modelle des dritten Schaltkreises übertragen haben. Teilhard de Chardin ist ein Beispiel für einen Wissenschaftler, dessen evolutionäres Konzept von einer solchen, direkten Erfahrung mit dem sechsten Schaltkreis verfeinert wurde.

Denjenigen, die bisher noch keine Erfahrung mit dem sechsten Schaltkreis hatten – und die Menschheit wird schon innerhalb der nächsten zwanzig Jahre technologische Möglichkeiten entwickeln, mit deren Hilfe sie ihn beliebig aktivieren kann –, mag dieses evolutionäre Phänomen unter Umständen durch eine Reihe von perspektivischen Quantensprüngen einleuchten:

Ein Individuum kann Fehler machen, möglicherweise auch fatale Fehler. Ebenso kann man keineswegs behaupten, dass das Bewusstsein des ersten bis vierten Schaltkreises unfehlbar ist – schliesslich haben wir alle unsere Probleme und manchmal machen sie uns ganz schön fertig.

Auch der Gen-Pool macht Fehler, wenn auch weniger häufig. Die meisten Gen-Pools haben eine weit höhere Lebensdauer als irgendein Individuum; sie ist mehrere tausendmal grösser. Wenn wir Intelligenz definieren als die Fähigkeit zu überleben, dann sind Gen-Pools – die ja bekanntlich aus der Information vieler Millionen Individuen bestehen – offensichtlich «intelligenter» als andere Individuen, auch wenn es Genies sind. (Einstein zum Beispiel war noch lange nicht so klug wie das gesamte jüdische Volk. Er entdeckte die Relativität und war klug genug, den Nazis zu entwischen. Historisch gesehen entwickelten aber die Juden Dutzende von Ideen, die genauso wichtig waren wie die Relativität, und überlebten Hunderte von Progromen.)

Die Spezies schliesslich ist noch intelligenter als der Gen-Pool. Sie existiert Millionen von Malen länger als jedes Individuum und viele tausendmal länger als jeder Gen-Pool.

Die Biosphäre aber – Gaia – das DNS-Skript, ist noch intelligenter als Gen-Pools und Spezies. Sie hat alles überlebt, was man in sie hineingestopft hat und wird seit vier Milliarden Jahren von Tag zu Tag intelligenter. Sie steht kurz vor der Unsterblichkeit, der sechste Schaltkreis ermöglicht ihr ein besseres Erfassen ihrer selbst als je zuvor und sie ist durchaus darauf vorbereitet, diesen Planeten zu verlassen und sich im ganzen Universum auszubreiten.

Ich möchte noch ein letztes Mal auf Beethoven zurückkommen. Er hat einmal gesagt: «Jeder, der meine Musik versteht, wird nie wieder unglücklich sein.» Denn seine Musik ist das Hohelied des sechsten Schaltkreises, das Lied Gaias, des Lebensgeistes, der sich seiner selbst bewusst wird, seiner Kraft und seiner Fähigkeiten zu grenzenloser Weiterentwicklung.

Übungen

1. Machen Sie eine Liste und notieren Sie darin mindestens fünfzehn Ähnlichkeiten zwischen New York (oder einer anderen Grossstadt) und einer Insektenkolonie, etwa einem Bienenstock oder

einem Termitenhügel. (Wenn Ihnen keine fünfzehn einfallen, empfehle ich Ihnen Edward Wilsons *Sociobiology.*) Meditieren Sie über die Information in der DNS-Schleife, die diese beiden kohärenten und durchorganisierten Enklaven bei Primaten- und Insekten-Gesellschaften erschaffen hat.

2. Lesen Sie die *Upanischaden* und jedesmal, wenn Sie den Begriff «Atman» oder «Seele der Welt» sehen, übersetzen Sie ihn als DNS-Bauplan. Überprüfen Sie, ob das Ganze so einen Sinn ergibt.

3. Normalerweise löst die Beschäftigung mit solchen Themen Synchronizitäten im Jungschen Sinne aus. Achten Sie im Verlauf der nächsten Zeit darauf, wie lange es dauert, bis Ihnen der erste merkwürdige Zufall passiert, beispielsweise ein Auto mit dem Kennzeichen DNS an Ihnen vorbeisaust, jemand Ihnen plötzlich und aus heiterem Himmel ein Exemplar der *Upanischaden* mitbringt, Sie ein Motiv wie Crowleys Pan oder die Grosse Mutter in einem populären Kunstwerk entdecken, usw.

4. Erklären Sie sich solche Synchronizitäten, wenn sie tatsächlich eintreffen, in der rationalistischen Terminologie des dritten Schaltkreises – blosser Zufall usw.

5. Die Psychologin Barbara Honnegger erklärt Synchronizität mit der Behauptung, die rechte Hemisphäre des Gehirns (also die Hälfte, in der der sechste Schaltkreis seinen Sitz hat) bewege einen in Zeit und Raum dorthin, wo sich diese Synchronizität ereignen wird, während das rationalistische, linke Gehirn vernünftige Erklärungen dafür erfindet, warum man sich dorthin bewegt. Synchronizität ist eine Sprache, mittels derer der Schaltkreis mit der linken Gehirnhälfte kommuniziert. Versuchen Sie, Ihre Zufälle mit dieser Theorie zu erklären. Welche Botschaften versucht die rechte an die linke Gehirnhälfte zu übermitteln?

6. Jung und mehrere seiner Schüler (zum Beispiel Coleman, Steiger und Fideler) haben behauptet, dass UFOs Botschaften sind, die das kollektive DNS an die linke Gehirnhälfte übermitteln will. Was könnten das für Botschaften sein? Was will die rechte Gehirnhälfte uns damit sagen?

KAPITEL 13

DER RELATIVITÄTS-FAKTOR

Die menschliche Situation ist im Grunde tragisch.
Weder rechte noch linke Revolutionäre
können dieses grundlegende Dilemma ändern,
denn auch die radikalste Gruppierung des linken Flügels
hat kein Programm,
mit dem sie den Tod besiegen kann.
Das gesamte Establishment,
ob rechts oder links orientiert,
ist immer noch auf den Tod fixiert.

F. M. Esfandiary
Upwingers

Irgendwo habe ich einmal einen Cartoon gesehen – leider habe ich vergessen wo – der eine gute Zusammenfassung des neurologischen Relativismus zu sein schien.

Eine Katze begegnet einem Hund und sagt: «Miau!» Der Hund schaut ziemlich verdattert drein. Die Katze sagt noch mal «Miau!». Der Hund kapiert immer noch nichts. Die Katze sagt noch einmal, diesmal mit Betonung: «Miiiau!» Schliesslich versucht der Hund zaghaft: «Wau-wau?» Entrüstet stolziert die Katze davon und denkt: «Blöder Hund!»

Ist doch wohl klar, dass menschliche Kommunikation und ihre grossen philosophischen Auseinandersetzungen sich nicht auf einer derart primitiven Ebene abspielen – oder?

Trotzdem . . .

Zwischen Mai und Oktober 1917 ereignete sich in Fatima in

Spanien die am besten dokumentierte Serie von «Wundern» in der modernen Geschichte. Wie jeder weiss, fing alles damit an, dass drei einfache Bauernmädchen eines Tages eine Vision von der Jungfrau Maria hatten. Wie Sie sicherlich merken, ist es hier für den Rationalisten, den nicht katholischen erst recht, noch ganz einfach und natürlich auch verlockend, die ganze Geschichte als «Halluzination» abzutun. Achten Sie aber auch darauf, wie schwer es ist, eine solche Erklärung aufrecht zu erhalten, wenn die näheren Einzelheiten bekannt werden.

Beim zweiten «Besuch unserer lieben Frau» im Juni waren fünfzig Zeugen anwesend. Alle bezeugten, dass sie zuerst eine Explosion gehört und dann eine Rauchwolke gesehen hatten. (Nur die drei Mädchen sahen bei dieser, wie auch bei andereren Gelegenheiten, die Jungfrau Maria selbst.) Sollen wir etwa allen Ernstes glauben, dass hinter drei halluzinierenden Mädchen ein Witzbold steckte, der mit einer Rauchbombe herumspielte, damit das, was da vorging, einen Sinn ergibt?

Beim dritten Besuch im Juli gab es viertausendfünfhundert Zeugen. Wieder hörten alle zuerst eine Explosion und später, so behaupteten jedenfalls die meisten, summende und brummende Geräusche, während die Kinder sich mit der Jungfrau Maria unterhielten, die sich dann von ihnen verabschiedete. (Dieses Summen und Brummen findet sich übrigens später in diversen UFO-Stories wieder...)

Am 13. August gab es achtzehntausend Zeugen, die eine ganze Symphonie von Ungereimtheiten entweder wirklich sahen oder halluzinierten, inklusive vom Himmel fallende Blumen, helle Lichtblitze in den Wolken und auf der Erde (blutrot, rosa, gelb und blau) und eine über den Himmel rasende leuchtende Kugel, anscheinend so etwas wie unsere modernen Ufos.

Am 13. September hatten sich dreissigtausend Zeugen versammelt. Alle sahen das leuchtende «UFO» und erlebten einen Schauer von – nein, diesmal waren es keine Blumen, sondern glitzernde Lichtkugeln, die je tiefer sie kamen, umso kleiner wurden und in der Nähe der Erdoberfläche schliesslich einfach «schmolzen». Dr. Carl Sagan wird Ihnen dazu feierlich und ohne mit der Wimper zu zucken erklären, dass offensichtlich alle dreissigtausend versammelten Zeugen gleichzeitig halluzinierten.

Am 13. Oktober hatten sich siebzigtausend Zeugen in unmittelbarer Nähe und dreissigtausend weitere in einem Umkreis von mehreren hundert Meilen eingefunden, die alle Stein und Bein schworen, das Phänomen teilweise miterlebt zu haben. Manche sagten, die Sonne sei direkt auf die Erde zugestürzt, andere behaupteten, eine Kugel, die «hell und leuchtend wie die Sonne» gewesen sei, sei erschienen und in die Erdatmosphäre eingetaucht. Der ganze Vorfall wurde von roten, violetten, blauen und gelben Blitzen begleitet und zur gleichen Zeit breitete sich überall in der Umgebung ein «himmlischer Duft» aus.

Man sagt, dass nach diesen «Wundern» Tausende von Menschen zum katholischen Glauben übergetreten seien. Wahrscheinlich wären, wenn diese Vorgänge sich fünfzig Jahre später, also erst 1967 ereignet hätten, ebenso viele zur neueren Mystik der Space Brothers übergetreten.

Nietzsche hat einmal gesagt, dass wir alle grössere Künstler seien als wir selber wüssten. Es gehört zu den Zwecken des oben geschilderten Vorgangs (und dieses Buches überhaupt), diesen obskuren Witz auch dem skeptischsten und ungläubigsten Leser verständlich zu machen.

Aber...aber...aber... dann müssten ja sämtliche hunderttausend Zeugen, die beim letzten «Fatima-Wunder» anwesend waren, und die genannten Phänomene «gesehen» haben, eine gemeinsame Halluzination gehabt haben. Das wäre natürlich die bequemste und konservativste Methode, mit solchen Ereignissen umzugehen und man muss gar nicht mal so engstirnig sein wie Dr. Sagan, um so simpel zu argumentieren. Und doch... wenn hunderttausend Leute zur gleichen Zeit halluzinieren und, wie uns die Geschichte lehrt, Millionen einem religiösen oder politischen Irrglauben verfallen können, dann kann nur ein unflexibler und dogmatischer Mensch wie Sagan über die bohrenden Fragen zum Ursprung seines eigenen Glaubens und seiner eigenen Wahrnehmung hinwegsehen.

Cromwell hat einst die irischen Rebellen ermahnt: «Ich bitte Sie, im Namen Christi, vergessen Sie niemals, dass auch Sie unrecht haben können.» Dass er die gleiche Bitte auch an sich selbst stellte, ist nicht bekannt.

Wir alle sind in den Realitätstunneln (Perzeption – Konzeption) gefangen, die unser eigenes Gehirn hervorgebracht hat. Wir *sehen* oder *empfinden* es jedoch nicht als ein von unserm Gehirn geschaffenes Modell. Wir *sehen* und *empfinden* es automatisch, unbewusst und mechanisch als von uns abgetrennt und halten es deshalb für objektiv. Wenn wir mit jemand zu tun haben, dessen Realitätstunnel sich offensichtlich von unserem unterscheidet, reagieren wir leicht ängstlich und verwirrt. Wir neigen zu dem Schluss, dass sie entweder verrückt sind, uns auf die eine oder andere Art übers Ohr hauen oder uns einfach nur einen Streich spielen wollen.

Doch neurologisch ist es klar, dass es nicht zwei Gehirne auf der Welt gibt, die das gleiche genetisch programmierte Leitungsnetz, die gleichen Prägungen, Konditionierungen oder die gleichen Lernerfahrungen haben. Wir leben nun mal in unterschiedlichen Realitäten. Deshalb läuft auch so oft etwas schief mit der Kommunikation untereinander, deshalb sind Missverständnisse und Verstimmungen so häufig. Ich sage «Miau!» und Sie antworten «Wuff!» und wir sind beide überzeugt, dass der andere eine Schraube locker hat.

Aus verlässlichen Statistiken ist zu ersehen, dass über hundert Millionen amerikanische Bürger an UFOs glauben und mindestens fünfzehn Millionen schon mal eins gesehen zu haben behaupten. Das Netzwerk von Theorien, Gerüchten, Mythen und Hoffnungen, das sich um das UFO-Phänomen rankt, ist vielleicht soziologisch gesehen die mächtigste Kraft zur Veränderung, die unsere Gesellschaft momentan beeinflusst, wie Dr. Jacques Vallee kürzlich in einer Rede vor dem Sonderausschuss der Vereinten Nationen zu bedenken gab, der sich mit dem UFO-Phänomen beschäftigt.

Die UFO-Debatte oder -Auseinandersetzung schwankt zwischen zwei Kategorien hin und her, die für unsere Theorie beide von entscheidender Bedeutung sind – den so unschuldig wirkenden Thesen von «innen» und «aussen». Um es allgemeinverständlich zu sagen: die UFO-Skeptiker sind die, die behaupten die sogenannten UFOs befänden sich «innerhalb» des Betrachters («Halluzinationen», falsche Identifikationen usw.), während die UFO-Anhänger die Ansicht vertreten, UFOs gehörten in die Aussenwelt («Objektivität»).

Der Semantiker Alfred Korzybski hat oft davor gewarnt, verbal zu trennen, was existenziell nie getrennt war, weil dadurch entscheidende Trugschlüsse in unser Denken einfliessen würden. Korzybskis Lieblingsbeispiel war die Sache mit «Raum und Zeit». In unserer alltäglichen Erfahrung begegnen wir dem Phänomen «Raum» nie ohne das der «Zeit», d. h. ein Jahr misst den Raum, den die Erde braucht, um sich in der Umlaufbahn um die Sonne zu drehen und der Raum, den die Sonne dazu braucht, gibt uns die «Zeit», die wir Jahr nennen. Die verbale Trennung von «Raum» und «Zeit» wurde in der Physik des späten neunzehnten Jahrhunderts ein solches Problem, dass

Paradoxe und Widersprüche den Wissenschaftlern über den Kopf wuchsen und das hörte erst auf, als das Genie Einstein sich wieder auf die verbalen Kategorien besann und sich klar machte, dass wir selbst für dieses Durcheinander verantwortlich waren, weil wir selbst diese Kategorien geschaffen hatten. Er baute die Physik daraufhin von Grund auf neu auf und zwar auf der simplen Tatsache, dass man «Zeit» und «Raum» nie getrennt voneinander erfahren kann, sondern es stets ein undifferenziertes «Raum/Zeit-Kontinuum» bleibt.

Wenn wir Einsteins Verfahrensweise auf das UFO-Problem übertragen, dann fällt auf, dass wir nie von einem UFO ohne den dazugehörigen menschlichen Beobachter hören. Selbst die UFOs, die auf Radar «erscheinen», werden erst durch Bewertungsprozesse im Nervensystem des Radar-Operators zu UFOs (d. h. unidentifizierten statt identifizierten fliegenden Objekten).

Wenn wir also wie Einstein verfahren wollen, müssen wir die übergangslose Einheit von UFO/Beobachter akzeptieren und aufhören, sie in UFO und Beobachter aufspalten zu wollen.

Folgende Typen oder Kreaturen kommen in menschlichen UFO-Erfahrungen vor:

Schwarze Männer, blaue Männer, grüne Männchen, schwarzgesichtige Männer mit grünen Körpern;

fischschuppige Männer, behaarte Zwerge, Zwerge mit riesigen Glatzköpfen, armlose Humanoiden;

Zwerge mit drei Fingern, Zwerge mit acht Fingern, klauenfingrige Männer, einäugige Männer;

Männer mit Elefantenohren; langhaarige, geschlechtslose Frauenmänner, Menschenaffen, Menschenvögel;

Roboter, bierdosenförmige Wesen, die auf Flossen gehen, kopflose Dinge, Zwerge in Nazi-Uniform.

Das ist nur eine kleine Auswahl aus der UFO-Zoologie.

Die von dieser merkwürdigen Crew bevorzugten Fortbewegungsmittel umfassen unter anderem:

grosse Lichtkugeln, kleine Lichtkugeln, Lichtbündel, harte metallische Raumschiffe, flache Untertassen, münzen- oder kuppelförmige Untertassen, ovale oder runde Flugzeuge, Würfel, Tetraeder, Luftschiffe, Zeppeline, halbmondförmige, eierförmige, tränenförmige Raumschiffe und Bumerangs. Aber auch das ist nur eine Auswahl.

«Wesen aus Dutzenden von fremden Galaxien sind schon bei uns gelandet», kommentierte Otto Binder, der an die ausserirdische Theorie der UFOs glaubt, als ihm diese Liste vorgelegt wurde.

Eins bleibt trotz dieses verwirrenden Durcheinanders immer wieder gleich: alle Personen, die UFOs gesehen haben, zeigten anschliessend auffällige Persönlichkeitsveränderungen. In extremen Fällen kam es zu paranoiden oder schizophrenen Zusammenbrüchen mit akuten Angstzuständen, die im Krankenhaus behandelt werden mussten, andererseits aber auch zu «Erleuchtungen», die hinter denen von Buddha, Jesus, Paulus usw. nicht zurückstehen. Und dazwischen liegt jede Menge messianischer Fanatismus, der auf der ganzen Welt typisch für primitive Religiosität ist.

Aber es gibt noch andere statistische Häufungen in der UFO-Literatur: das blendende Licht zum Beispiel; erinnern wir uns an den heiligen Paulus oder die Tausenden von Gläubigen in Fatima. Auch die summenden oder brummenden Geräusche sind bekannt, nicht nur in Fatima, sondern auch in schamanistischen Überlieferungen überall auf der Welt und in so hoch entwickelten Bewusstseinssystemen wie dem tibetischen Buddhismus.

Niemand sollte also dieses Phänomen unterschätzen, nur weil es nicht so einfach zu erklären ist. Genauso irrational ist die Tatsache, dass neunhundert Leute Cyanid trinken, nur weil ein paranoider Speedfreak das von ihnen verlangt. Oder der Nationalsozialismus, oder die Heilige Inquisition. Dr. Jacques Vallee sagte vor dem UFO-Komitee der Vereinten Nationen:

> «Besonders der *dritte Aspekt* des UFO-Phänomens verdient unsere volle Aufmerksamkeit... Der dritte Aspekt ist das soziale Glaubenssystem, das sich auf Erwartungen an die Besucher aus dem All stützt... Dieser Glaube *schafft neue religiöse und politische Konzepte,* die die Sozialwissenschaften bisher kaum beachtet haben*.» (Kursiv im Original).

* Dr. C. G. Jung hat UFOs im allgemeinen und Besuche von UFOs im besonderen mit den «Zeichen und Wundern» verglichen, die den Zusammenbruch des römischen Heidentums und den Aufstieg des Christentums begleiteten. Ironischerweise straften die Rationalisten dieser Zeit – die Stoiker, Epikuräer und andere Erben der griechischen philosophisch-skeptischen Tradition – das Christentum mit der gleichen Verachtung wie die heutigen Rationalisten die UFOs.

Der Rationalismus ist eine philosophische Richtung, für die wir etwa so viel Sympathie empfinden wie für einen zurückgebliebenen Verwandten. Er würde die UFO-Anhänger wahrscheinlich am liebsten am Kragen packen, kräftig durchschütteln und sie anbrüllen: «Jetzt pass mal auf, Freundchen: das Ganze ist nie passiert. Hast du mich verstanden?» Nun ja, vielleicht ist es ja wirklich nie passiert – vielleicht aber doch. In jedem Fall sind die UFO-Anhänger auch bessere Künstler, als sie glauben.

Das trifft natürlich in gleichem Masse auf den Rationalisten zu. Unter Millionen von Menschen, die Tag für Tag in irgendeiner x-beliebigen Stadt dieses Planeten solche Erfahrungen machen, oder ein Gespür dafür entwickeln, hat sich der Rationalist eine eigene Version der Realität entwickelt, in der solche Dinge passieren: *ihm* passieren sie jedenfalls nicht.

Fliegende Untertassen und ASW (ganz zu schweigen von kopflosen Ungeheuern, die über die Strasse laufen) haben auf den ersten Blick vielleicht nichts mit Patty Hearsts «Entscheidung», eine Bank auszurauben, zu tun. Wir wollen jedoch trotzdem versuchen, die Parallelen zwischen diesen Unregelmässigkeiten «normalen» Bewusstseins aufzuzeigen.

Der Prozess, mit dessen Hilfe aus einem chaotischen Wirbel von Atomenergie ein ganz normaler Küchenstuhl wird, ist mindestens genauso kreativ (oder künstlich) wie der, mit dem Patty Hearst ihren geliebten Vater in ein imperialistisches Schwein verwandelte.

Auch Ihre Realität ist auf diese Weise aufgebaut. Sie haben sich mit dem Tod «abgefunden», weil man Ihnen Ihr ganzes Leben lang erzählt hat, dass eines Tages jeder Mensch sterben muss. Nur eine kleine Minderheit von Immortalisten, die man überall dort antrifft, wo sich Wissenschaftler, Science Fiction-Fans, Futuristen und Weltraumenthusiasten versammeln, lebt in ihrer eigenen Realität und behauptet, dass wir dieses Axiom der Verzweiflung endlich hinter uns lassen können.

Die Revolutionäre eines Jahrzehnts werden zu Reaktionären des nächsten, weil die Welt um sie herum sich viel zu schnell verändert. Wer in einer aufgewühlten, rasenden, immer schneller werdenden Zeit stehen bleibt, fällt – relativ gesehen – zurück. So werden in jeder einst revolutionären, heute reaktionären Bewusstseinsbewegung Hunderte von «Thanatologischen Seminaren» angeboten, die dazu dienen sollen, dass man sich mit dem Tod abfindet. Sie sind etwa genauso reaktionär wie Seminare um 1860, die den Schwarzen einreden sollten, dass sie gar nicht anders konnten als sich mit der Sklaverei abzufinden.

Nur ein Ausläufer der Bewusstseinsbewegung, die Theta-Seminare von Leonhard Orr, versucht, den Menschen mit der aufkommenden Idee der Unsterblichkeit vertraut zu machen.

Übungen

1. Besorgen Sie sich eine Ausgabe des *Christian Science Sentinel* und studieren Sie alle Artikel darin, die sich mit Gesundbeterei beschäftigen. Achten Sie darauf, wie jedes Wunder in die Lehre integriert wird, die angeblich von Jesus Christus direkt an Mary Baker Eddy überliefert wurde.

2. Besorgen Sie sich das Buch *Der Peyote-Kult* des Anthropologen Weston Le Barre, der die gleichen Wirkungen der Autosuggestion zuschreibt.

3. Studieren Sie das *Brain/Mind-Bulletin** vom letzten Jahr und achten Sie darauf, wie hier ähnliche Heilungen mit den Endorphinen im Gehirn in Verbindung gebracht werden.

4. Laut Zeugenaussagen benutzte Jim Jones (wie auch andere professionelle Gesundbeter) teilweise Gehilfen. Gehilfen sind Menschen, die vorgeben, krank zu sein und sich dann heilen lassen, um das Publikum in die richtige Stimmung zu versetzen. Lesen Sie noch einmal nach, wie im Neuen Testament die Wunder beschrieben werden und betrachten Sie sie durch folgende Brillen: Jesus besass die richtige Lehre; Jesus arbeitete mit Auto-Suggestion; das Gehirn des Kranken setzte Endorphine frei, wenn Jesus ihm positive Auto-Suggestion vermittelte; Jesus war ein Schwindler, der mit Gehilfen arbeitete.

Da Sie selber nicht dabei waren – sagt jetzt Ihre Entscheidung für eine bestimmte Theorie mehr über Jesus oder Ihren eigenen Realitätstunnel aus?

5. Haben Sie die Übung: «Ich kann all meine früheren Hoffnungen weit übertreffen» je wirklich ausprobiert? Wenn nicht, versuchen Sie es und testen Sie auch die hier gleich mit: «Ich kann gesünder sein als je zuvor!»

* Auf Deutsch als Mittelteil in der Zeitschrift SPHINX, Postfach, CH 4003 Basel.

KAPITEL 14

DER META-PROGRAMMIERENDE SCHALTKREIS

Der Mensch ist sich über die wahre Natur
seines Wesens und seiner Kräfte gar nicht im klaren.
Selbst die Idee seiner Grenzen basiert nur
auf vergangenen Erfahrungen.
Deshalb gibt es gar keinen Grund,
theoretische Grenzen für das aufzustellen,
was er sein könnte oder was er tun könnte.

Aleister Crowley
Magick

Laut Alfred Korzybskis Überlegungen ist eine Idee oder ein Geisteszustand ein Schaltkreis des Gehirns, der in der Lage ist, sich selbst zu erfassen. Dadurch wird beispielsweise eine Idee über eine bestimmte Idee, oder ein Geisteszustand in bezug auf einen bestimmten Geisteszustand ermöglicht. Für solche Prozesse höherer Ordnung gibt es weder theoretische, noch wirkliche Grenzen, sie bilden die *innere Unendlichkeit,* von der die Mystiker sprechen.

Dr. John Lilly hat einmal gesagt: «Im Geistigen ist das, was man für wahr hält, tatsächlich wahr oder wird zumindest wahr, jedenfalls innerhalb bestimmter Grenzen, die sich aus Erfahrung und Experiment ergeben. Diese Grenzen sind jedoch nur weitere Glaubenssätze, die es nun zu transzendieren gilt. Denn im Geistigen gibt es keine wirklichen Grenzen.»

Funktional sind der Geist und sein Inhalt identisch: Meine Frau existiert nur für mich, jedenfalls in meinem Kopf. Da ich mich nicht zu den Solipsisten zähle, erkenne ich auch das Gegenteil an: in ihrem Kopf existiere auch ich nur für sie. Damit Sie, lieber Leser, nun nicht wie Byron of Wordworth nach einer Erklärung dieser Erklärung rufen müssen, wollen wir es folgendermassen versuchen: gesetzt den Fall, ich sässe glücklich und zufrieden im Sessel und hörte mir die Hammerklaviersonate an und jemand käme herein und fragte mich: «Wer bist du?», dann gäbe es darauf eigentlich nur eine einzige Antwort: die Hammerklaviersonate zu summen. Denn Musik dieser Güte versetzt einen in einen Zustand hypnotischer Verzückung: es gibt keinen Unterschied mehr zwischen «mir» und «meiner Erfahrung».

Wenn ich in tiefer Meditation über mich selber nachdenke, dann bin ich ich; denke ich über dich und mich nach, dann bin ich ich und du; denke ich an dich allein, dann bin ich gar nicht mehr da, und denke ich über Gott nach, bin ich Gott. Was ich sehe, wenn ich die Augen schliesse oder wenn ich sie öffne, ist genau das gleiche – abhängig vom Gehirnschaltkreissystem.

Der Mathematiker J.W. Dunne drückt das Ganze in einem Gleichnis aus. Ein Maler der aus einer Anstalt geflohen ist, in die man ihn (mit oder auch ohne Gewalt) gesteckt hatte, beschliesst, das Feld zu malen, in das er sich verirrt hat. Als er fertig ist, schaut er sich sein Werk an und merkt, dass etwas fehlt, nämlich er selbst mit seiner Leinwand, die zu diesem Feld gehören. Also fängt er von vorne an und malt sich selbst mitsamt Leinwand im Feld. Aber als er das Resultat betrachtet und philosophisch analysiert, fällt ihm auf, dass immer noch etwas fehlt, nämlich er selbst und seine Leinwand auf der Leinwand im Feld. Also fängt er ein drittes Mal an... und ein viertes Mal... *ad infinitum.*

Bei dieser Geschichte muss man unwillkürlich an die Gemälde von M.C. Escher denken. Oder an die alte Geschichte von dem Bauern, der mit zehn Eseln zum Markt ging. Einen davon benutzte er als Reittier. Nach einer Weile fing er an, sich zu fragen, ob er nicht einen von den Eseln verloren hatte und zählte sie: da waren es nur noch neun. Verstört stieg er ab, ging um seine Herde herum und zählte sie noch einmal: da waren es wieder zehn. So stieg er auf und setzte seinen Weg fort, bis ihn die Sorge, eins der Tiere könnte verloren gegangen sein, von neuem plagte. Er fing an zu zählen... und fand wieder nur neun vor. Er stieg ein zweites Mal ab, schritt die ganze Herde ab und kam auf zehn. Dieses Verfahren wiederholte sich so lange, bis er das

Problem löste, indem er den einen Esel auf den Rücken band und die übrigen neun vor sich hertrieb.

Der «verschwundene» Esel ist der Inbegriff aller Ideen über Ideen über Ideen, Gemälde von Gemälden von Gemälden usw. Der verschwundene Esel ist eine Synekdoche des metaprogrammierenden Schaltkreises im Nervensystem.

Dieser Schaltkreis, der im Gnostizismus als «Seele», in China als «Nicht-Geist» (*wu-shin*), im tibetischen Buddhismus als weisses Licht der Leere, im Hinduismus als *Shivadarshana,* bei Gurdjieff als wahres intellektuelles Zentrum bezeichnet wird, repräsentiert einfach ein Gehirn, das sich seiner selbst bewusst wird. Der Künstler, der sich selbst auf seinem Bild integriert, und zwar so, wie er sich selbst in sein Bild integriert ... ist wie der Spiegel im Zen, der alles reflektiert, aber nichts festhält. Aber es ist ein bewusster Spiegel, er weiss, dass er unendlich viele Reflektionen wiedergeben kann, indem er seine Perspektive ändert.

G. Spencer Brown analysiert dieses Problem in seinem Buch *Laws of Form.* Ein ähnliches Werk, das jedoch nicht auf Browns, sondern Gödels Mathematik basiert und mit Bachs Musik und Eschers Gemälden illustriert ist, ist Hofstadters *Gödel, Escher, Bach.*

Ein grosser Teil der okkulten Weltliteratur, abgesehen von den 95 % reinen Schwachsinns, besteht aus Tricks, Drehs und Spielen (bei den Hindus *upaya,* kluge Möglichkeiten genannt), mit denen Metaprogrammierungs-Bewusstsein aktiviert werden kann. Im allgemeinen führt das dazu, dass man den Schüler so lange um «Robin Hoods Scheune» herumführt, bis das arme Opfer dahinter kommt, dass er sie selbst erfunden hat.

Bei einem bei kalifornischen Okkultisten sehr beliebten Spiel – ich weiss leider nicht, wer es erfunden hat – gibt es einen sogenannten Magischen Raum, der unserer Lustkuppel von vorhin ziemlich ähnlich ist, nur dass er auch noch einen Allwissenden Computer beherbergt.

Um dieses Spiel zu spielen, projiziert man sich mittels Astralkörper in diesen Magischen Raum. Fragen Sie bloss nicht, was Astralprojektion ist und glauben Sie auch nicht, dass es sich dabei um metaphysischen Quatsch handelt (und deshalb entweder unmöglich wird – wenn Sie Materialist sind, oder zumindest ziemlich schwierig – wenn Sie Okkultist sind). Nehmen Sie einfach mal an, dass es ein Gedankenexperiment ist, ein «geistiges Spiel». Projizieren Sie sich in den Magischen Raum und stellen Sie sich dem Allwissenden Computer vor.

Erfinden Sie sämtliche Einzelheiten, die Sie brauchen, um einen solchen Super-Informationsprozessor in Ihrer Phantasie zu verwirklichen.

Sie benötigen kein Vorwissen in Programmierungstechniken, um den Astral-Computer nun auch zu benutzen. Er existiert in den neunziger Jahren oder im frühen dritten Jahrtausend. Sie kommen durch eine Art Zeitreise an ihn ran, wenn Sie das so sehen wollen (oder können). Er ist so angelegt, dass er spontan auf menschliche Gehirnfrequenzen reagiert, sie «liest» und ihre Bedeutung entschlüsselt. (Einfache Prototypen solcher Computer existieren bereits.) Wenn Sie sich nun also in unserem Magischen Raum befinden, können Sie den Computer alles fragen, was Sie wollen, indem Sie einfach nur an das denken, was Sie wissen wollen. Er wird Ihre Gedanken lesen und die korrekte Antwort mittels Laserstrahlen in Ihr Gehirn projizieren.

Dabei ergibt sich nur ein kleines Problem. Der Computer reagiert äusserst sensibel auf *alle* Gehirnfrequenzen. Wenn Sie also irgendwelche Zweifel haben, dann wird er diese als negative Befehle registrieren, etwa in dem Sinne: «Beantworte diese Frage nicht!» Man sollte also zweckmässigerweise mit leichten Fragen beginnen. Fragen Sie ihn, ob er den Namen Ihres Klassenlehrers im zweiten Schuljahr in seinem Archiv hat. (An den im ersten Schuljahr erinnert man sich meistens noch gut – Prägungsempfindlichkeit! –, beim zweiten wird es schon schwieriger.)

Wenn der Computer diesen Namen tatsächlich ausgespuckt hat, versuchen Sie es mit einer schwereren Frage, achten Sie aber darauf, dass es noch nicht *zu* schwer wird. Es ist nämlich ziemlich einfach, die Maschine zu sabotieren, nur wollen Sie ja hier gar keine Sabotage. Im Gegenteil, Sie wollen herauskriegen, wie gut sie ist.

Am besten stellt man immer nur eine Frage auf einmal, denn es erfordert Konzentration, diesen magischen Computer im Bereich Ihrer Kontrolle zu behalten. Erschöpfen Sie Ihre Kapazitäten bezüglich Vorstellungs- und Einbildungskraft nicht gleich bei den ersten Testfragen.

Nach ein paar trivialen Experimenten können Sie zu den interessanteren Programmen übergehen. Nehmen Sie eine Person, die Sie nicht mögen, die Gefühle von Ärger, Enttäuschung, Eifersucht, Neid oder was auch immer in Ihnen weckt und damit den reibungslosen Ablauf Ihres eigenen Bio-Computers stört. Bitten Sie ihn, Ihnen diese Person zu erläutern, Sie so lange in ihren Realitätstunnel zu versetzen, dass Sie verstehen, wie bestimmte Ereignisse auf sie wirken. Versuchen Sie vor allem rauszukriegen, wie *Sie* auf diese Person wirken.

Wie der Dichter flehte:

«Oh gäb es eine Macht, die uns die Gabe schenkt,
zu sehen, was ein andrer von uns denkt!»

Der Computer wird diesen Job für Sie erledigen, aber machen Sie sich zumindest am Anfang auf ein paar unliebsame Überraschungen gefasst.

Ausserdem kann dieses Superhirn Ihnen die Exegese bestimmter Ideen abnehmen, die Ihnen vielleicht obskur, paradox oder absurd erscheinen. Beispielsweise können Sie Experimente mit ihm anstellen, die sich unter Umständen als nützlich erweisen, indem Sie ihn auffordern, ein paar Thesen aus diesem Buch, die ihnen besonders pervers, unerklärlich oder verbiestert vorkommen, zu interpretieren, etwa die Behauptung, dass wir alle grössere Künstler sind als wir glauben, oder die vom Denker und dem Beweisführer oder auch die, dass Geist und Inhalt funktional identisch sind.

Dieser Computer ist mächtiger und wissenschaftlich gesehen weiter entwickelt als der Verzückungsautomatismus im neurosomatischen Schaltkreis. Er hat nicht nur Zugang zu allen früheren oder primitiveren Schaltkreisen, er kontrolliert sie auch. Wenn Sie eine Anweisung zur Metaprogrammierung in diesen Computer eingeben, wird er sie an die alten Schaltkreise weiterleiten und alle anderslautenden Programme der Vergangenheit löschen. Versuchen Sie doch mal, ihn mit folgenden Metaprogrammen zu füttern:

1. Ich kontrolliere meinen Körper.
2. Ich kontrolliere meine Phantasie.
3. Ich kontrolliere meine Zukunft.
4. Mein Kopf schwirrt vor Schönheit und Macht.
5. Ich mag die Menschen und die Menschen mögen mich.

Vergessen Sie nicht, dass unser Computer nur noch ein paar Jahrzehnte von der gegenwärtigen Technologie entfernt ist, er aber Ihre Befehle nicht «verstehen» kann, wenn Sie, diese Zeitspanne betreffend, irgendwelche Zweifel hegen. Zweifel bedeuten, dass er nicht reagiert. Fangen Sie deshalb stets mit Fragen an, an die Sie glauben können, und weiten Sie den Problemkreis nur in dem Mass aus, wie die Resultate sie ermutigen, weitere Transformationen Ihres vergangenen Realitätstunnels zu riskieren.

Dieser Prozess steht für kybernetisches Bewusstsein; der Programmierer programmiert sich selbst, wird zum Meta-Programmierer, Meta-Meta-Programmierer usw. So wie die emotionalen Zwänge des zweiten Schaltkreises vor dem neurosomatischen Bewusstsein letzten Endes primitiv, mechanisch und absurd erscheinen, so werden auch die Realitätsraster des dritten Schaltkreises für den Meta-Programmierer komisch und relativistisch und nicht mehr als ein Spiel sein.

«Immer, wenn man von etwas sagt, dass es das ist, dann ist es das nicht», hämmerte der Semantiker Korzybski seinen Studenten immer wieder ein. Damit wollte er klarstellen, dass die semantischen Raster des dritten Schaltkreises keineswegs die Territorien sind, für die sie stehen, dass wir immer neue Karten unserer Karten, Revisionen unserer Korrekturen, Meta-Ichs unseres Ichs produzieren.

«Neti, neti» (das nicht, das nicht), lautete die traditionelle Antwort der Hindulehrer auf die Frage nach «Gott» oder «Realität».

Yogis, Mathematiker und Musiker scheinen meta-programmierendes Denken leichter zu entwickeln als der Rest der Menschheit. Korzybski behauptete sogar, dass die Verwendung mathematischer Skripts eine Hilfe bei der Ausbildung dieses Schaltkreises ist, denn sobald man dazu fähig ist, seinen Geist als Geist^1 zu denken, und den Geist, der Geist^1 betrachtet, als Geist^2 und wiederum den, der Geist^2 bei der Betrachtung von Geist^1 betrachtet, als Geist^3, ist man auf dem besten Weg, metaprogrammierendes Bewusstsein zu entwickeln. *Alice im Wunderland* ist ein ausgezeichneter Führer durch den Mataprogrammierungsschaltkreis (geschrieben übrigens von einem der Begründer der mathematischen Logik). Selbst Aleister Crowley erkannte nüchtern seine Bedeutung und hielt seine Anhänger zum Studium dieses Meisterwerkes an.

R. Buckminster Fuller illustrierte den Metaprogrammierungsschaltkreis in seinen Vorlesungen, indem er herausarbeitete, dass wir uns im Vergleich zur Grösse des Universums zwar unbedeutend fühlen mögen, dass aber in Wirklichkeit nur unsere Körper (= Hardware) unbedeutend sind. Unsere Köpfe (und damit meinte er die Software) enthalten ja das ganze Universum, schon durch den blossen Akt des Verstehens.

Der siebte, metaprogrammierende Schaltkreis ist in der Evolution der jüngste und scheint seinen Sitz in den vorderen Stirnlappen zu haben. Deshalb fixiert die traditionelle hinduistische Übung zur Aktivierung dieses Bewusstseins das Denken vor der Stirn und hält es dort, Stunde um Stunde, Tag um Tag, Jahr um Jahr, bis der Metaprogrammierer endlich erwacht und das Individuum anfängt, unendliche Realitäten wahrzunehmen und/oder zu schaffen, wo vorher nur eine statische Zellenrealität herrschte, in der es gefangen war.

Wie schon gesagt, die Gnostiker nannten diesen Schaltkreis «Seele» und empfanden sie als vom Ich getrennt. Das Ich scheint nur fest und unveränderlich, in Wirklichkeit ist es das nicht. Mit anderen Worten, man ist immer das Ich, dessen Schaltkreis im Moment gerade arbeitet. Wenn ich Sie mit einem Gewehr bedrohe, springen Sie automatisch auf Schaltkreis-I-Bewusstsein über, und das ist dann in diesem Moment Ihr Bewusstsein. Wenn Sie sich jedoch sexuell von jemand angezogen fühlen, schalten Sie auf IV und das bleibt dann solange Ihr «Ich», bis Sie entweder orgasmisch gesehen befriedigt oder hoffnungslos frustriert sind. Die meisten Vorübungen in Sufi- oder Gurdjieff-Seminaren zielen darauf ab, Ihnen bewusst zu machen, dass dieses «Ich» keine konstante Grösse ist, sondern zwischen den Prägungen der verschiedenen Schaltkreise hin- und herpendelt.

Die «Seele» aber oder der siebte Schaltkreis ist deshalb konstant, weil er die «Leere» oder «Nicht-Form» repräsentiert. Er spielt alle Rollen, die Sie auch spielen – orale Abhängigkeit, emotionaler Tyrann, cooler Rationalist, romantischer Verführer, neurosomatischer Heiler, neurogenetisch-evolutionärer Visionär –, aber er «ist» nichts davon. *Er ist plastisch.* Er ist Nicht-Form, denn er ist alle Formen auf einmal. Er ist die «kreative Leere» der Taoisten.

Wenn Sie der Ansicht sind, das Ganze hört sich an wie dummes Zeug, dann macht das gar nichts, denn das ist auf dieser Ebene einfach unvermeidlich. Schon Lewis Morgan hat beobachtet, dass in Werken, die sich mit der Linguistik beschäftigen, unweigerlich der Punkt kommt, an dem der Text selbst völlig unverständlich wird und sich auf reinen Schwachsinn reduziert.

Das gleiche, so behauptet Morgan, passiert jenseits eines bestimmten Punktes in der modernen Mathematik:

> «Gödels Theorem wurde mir einmal von einem Patienten erklärt, einem freundlichen Mathematiker. Und gerade, als ich anfing, es zu begreifen und vor der Schönheit dieser Idee

> anerkennend nickte ... da verwandelte sich plötzlich alles in meinem Kopf in baren Unsinn.»

Das passiert in der Linguistik und der Mathematik, weil es im Bewusstsein selbst passiert und Mathematik und Linguistik ja nichts anderes als Modelle des Bewusstseins sind.

«Geist» ist ein Instrument, das das Universum erfunden hat, um sich selbst sehen zu können. Und doch wird ihm das nie ganz gelingen und zwar aus dem gleichen Grund, wie man es (ohne Spiegel) nicht schafft, seinen eigenen Rücken zu sehen, oder weil, wie Alan Watts einmal sagte, die Zunge nicht die Zunge schmecken kann.

Ideen zu Ideen, Mathematik über Mathematik (Gödel), Sprache über Sprache und Bewusstsein vom Bewusstsein – der siebte Schaltkreis katapultiert uns in etwas hinein, was Hofstadter einmal *«strange loops»* («Seltsame Schleifen») genannt hat. Wie der legendäre Ko-Ko-Vogel drehen wir uns in immer engeren Kreisen um unseren eigenen Schwanz, aber im Gegensatz zu diesem mythischen Vogel vollenden wir diesen Prozess auch, indem wir in unser eigenes Rektum hineintauchen und einfach verschwinden. Es sieht so aus, als wären wir kurz davor, uns auf diese schillernde Art selbst zu zerstören und deshalb beschliessen wir, alles, was wir gehört, gedacht oder wahrgenommen haben, für «Unsinn» zu erklären.

Aber es ist kein Unsinn. Wir sehen uns nur da mit der Unendlichkeit konfrontiert, wo wir es am wenigsten gedacht hätten: in unserem einsamen Ich.

In diesem metaprogrammierenden Spiegelsaal blieb der Physik nichts anderes übrig, als sich mit Linguistik, Mathematik und Psychologie zusammenzutun, als Schrödinger bewiesen hatte, dass Quantenereignisse aus der Newtonschen «Objektivität» herausfallen. In den fünfzig Jahren, die seitdem vergangen sind, haben die Physiker darum gekämpft, ein System zu finden, das sie aus diesen *Seltsamen Schleifen* herausholt. Und die Resultate sind so amüsant wie ein Zen-Koan.

Niels Bohr beispielsweise schlug die sogenannte Kopenhagener Interpretation vor, die in der Art Gödels behauptet, dass unsere Gleichungen das Universum nicht wirklich beschreiben. Sie beschreiben nämlich nur den geistigen Prozess, den wir anstellen müssen, um das Universum beschreiben zu können. Das soll nicht bezweifelt werden – dieses ganze Buch ist im Grunde die Kopenhagener Interpretation der Psychologie und verdankt seine Entstehung niemand anders als Dr. Bohr, aber wir stecken immer noch in unserer *Seltsamen Schleife* und die meisten Physiker wollen da doch ganz gerne wieder raus.

Dr. John von Neumann bewies, dass es gar keinen Ausweg mehr gibt. Technisch ist seine Theorie als Von Neumanns Katastrophe vom Unendlichen Rückschritt bekannt. Sie beweist, dass jede Erfindung, die uns aus der einen *Seltsamen Schleife* herausholt*, uns unweigerlich in eine zweite stürzt, und jeder Weg da heraus in eine dritte usw., von Ewigkeit zu Ewigkeit.

Heute versucht jeder, von Neumann zu widerlegen, aber bisher hat das noch keiner geschafft.

«Ich kann nicht... meine Hörner passen nicht durch die Tür.»

Der metaprogrammierende Schaltkreis ist keine Falle. Joyce würde sagen, er sieht nur so aus verdammt wie noch eine. Akzeptieren Sie vorerst doch einfach, dass das Universum so strukturiert ist, dass es sich selber erkennt und diese Fähigkeit zur Selbst-Reflektion in die vorderen Stirnlappen eingebaut ist, so dass das Bewusstsein immer wieder einen Schritt weiter zurück gehen kann. Alles, was wir da machen können, sind Modelle von uns, wie wir Modelle erfinden...

An diesem Punkt sollte man sich bequem zurücklehnen und anfangen, die Show zu geniessen.

Das nennen die Hindus *Shivadarshana* oder heiligen Tanz. Sie sind noch am Leben oder das Leben an Ihnen, aber da jedes Ding unendlich viele Aspekte hat, ganz besonders «Sie», die Sie all diese Umrisse und Wirrnisse beobachten und/oder schaffen, gibt es einfach keine Grenzen.

Deshalb ist es in diesem Fall das einzig Vernünftige, einen Realitätstunnel für nächste Woche aufzubauen, der grösser, lustiger, geiler, optimistischer und weniger langweilig ist als alle Ihre früheren.

Und wenn Sie dieses grössere, lustigere, glücklichere Gedankenuniversum aufgebaut haben, dann fangen Sie mit einem noch grösseren und besseren für nächsten Monat an.

* Etwa der Kopenhagener Zusammenbruch der Objektivität

Übungen

1. Wenn, soweit Sie das beurteilen können, das Gehirn seine Programme selber produziert, existiert auch das ganze Universum, so wie Sie es erfahren, in Ihrem Kopf. Versuchen Sie, an diesem Modell mindestens eine halbe Stunde festzuhalten. Achten Sie darauf, wie oft Sie in die alte Vorstellung zurückfallen, dass das Universum *ausserhalb* von Ihnen existiert.

2. Versetzen Sie sich in das Glaubenssystem oder den Realitätstunnel eines gebildeten Lesers von vor zwölfhundert Jahren – also 785 n. Chr. Wieviel von seinem Realitätstunnel scheint auch heute noch «real»? Wieviel von unserem gegenwärtigen Realitätstunnel war den Menschen damals noch unbekannt oder verschlossen?

3. Versetzen Sie sich in den Realitätstunnel einer gebildeten Person in zwölfhundert Jahren – also im Jahre 3185 n. Chr. Wieviel von unserem heutigen Realitätstunnel wird dann noch «real» sein? Wieviel davon ist uns heute noch unbekannt oder verschlossen?

4. Lesen Sie noch einmal den Bericht von Moses Begegnung mit ICH BIN DER ICH BIN im fünften Buch Mose. Betrachten Sie das Ganze unter der Theorie, dass Moses mit seinem eigenen Metaprogrammierungsbewusstsein kommunizierte.

KAPITEL 15

UMRISSE UND WIRRNISSE

Es* ist nicht nur ein Durcheinander
von Kleckserei und Schmiererei und zusammenhangslosen Notizen,
durch Raserei verbunden,
– es sieht nur so aus verdammt wie noch eins.

James Joyce
Finnegans Wake

* Wahrscheinlich der Input (Software)
oder das Gehirn (Hardware)
oder beides.

Wenn wir mit einer Paradigmen-Verschiebung zu tun haben, wir uns also von einer Art, die Dinge zu sehen, entfernen und sie plötzlich anders sehen, dann erneuert sich damit für uns die Welt. Alles, was wir «wissen», ist das, was von unserem Gehirn registriert wird. Das, was Sie wahrnehmen (Ihr individueller Realitätstunnel), besteht somit aus nichts anderem als Gedanken. Das gleiche beobachtete auch Sir Humphrey Davy, als er 1819 Selbstversuche mit Lachgas anstellte. Oder Buddha, der so lange einsam sass, bis all seine sozialen Prägungen schrumpften und von ihm abfielen.

Die Kopernikanische Revolution im Bereich der Astronomie, die Darwinsche Revolution im Bereich der Biologie, die Relativitäts- und Quantenrevolution im Bereich der Physik – sie alle waren erschütternd für die, die sie erlebten, so wie die Unsterblichkeitsrevolution für uns.

Ihr Realitätstunnel kann entweder durch einen umweltbedingten Zufall oder durch Sie selber bestimmt sein. Sie können Bewusstseinsveränderungen durchmachen, die so radikal und negativ sind wie die von Patty Hearst und Rusty Calley, so transzendental und schön wie die von Buddha und Jesus und so epistomologisch revolutionär wie die von Darwin und Einstein.

Sie können sich jeder beliebigen Gruppierung anschliessen, egal, ob sie sich für den immortalistischen, den scientologischen oder den kommunistischen Realitätstunnel entschieden hat.

«Heutzutage gibt es massenhaft unterschiedliche Realitäten» hat Abbie Hoffman einmal gesagt. Die atemberaubende Geschwindigkeit der Evolution zwingt uns an einen Punkt, an dem jeder von uns Verantwortung für die von ihm bevorzugte Realität übernehmen muss.

Fünfzehn Millionen Amerikaner warten in aller Zuversicht auf den Tag, an dem die Space Brothers in ihren UFOs endlich über den Stadions einschweben und den Weltfrieden bringen.

Das UFO ist natürlich ein Extremfall. Ganz allgemein befindet sich alles, was wir sehen, nur in unserm Kopf.

Das beweist auch diese wohlbekannte optische Darstellung, die in jeder Physikklasse anzutreffen ist:

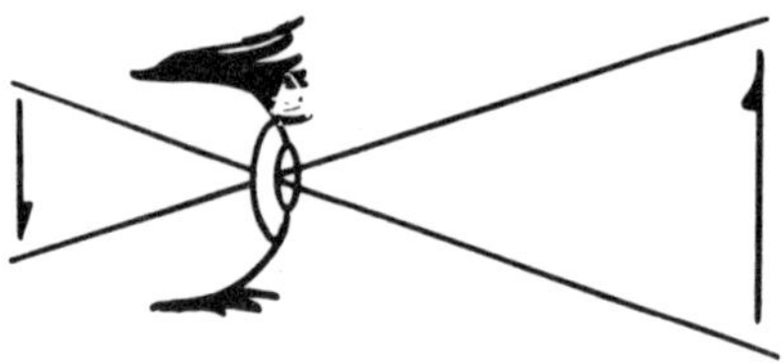

Die Lichtstrahlen des Objekts werden durch die Linse des Auges auf die Retina reflektiert und im Verlauf dieses Prozesses umgedreht. Brav dreht das Gehirn das Bild wieder auf die richtige Seite, korrigiert es auf andere subtilere Weise und «entschlüsselt» es.

Was für das Sehvermögen gilt, trifft auch auf andere Sinne zu. Alles, was wir wissen, ist das, was vom Gehirn registriert wird. Und genau das ist die Antwort auf den berühmten zen-buddhistischen Koan: «Wer ist der Meister, der das Gras grün färbt?»

In der Routine-Verarbeitung der anfangs erwähnten hundert Millionen Programme pro Minute nimmt das Gehirn alle unverarbeiteten, «existentiellen» Erfahrungen auf, korrigiert, orchestriert, organisiert, verpackt, etikettiert und klassifiziert sie entsprechend dem neurologischen Dezimalsystem. Dieses System variiert von Gesellschaft zu Gesellschaft, und daraus wiederum ergibt sich der sogenannte kulturelle Relativismus: Was für den Eskimo «real» ist, ist noch lange nicht dasselbe wie das, was für einen New Yorker Taxifahrer «real» ist.

Um es noch einmal zu verdeutlichen: jedes Individuum verfügt über ein neurologisches System oder Spiel, das sich von denen anderer Mitglieder dieser Gesellschaft unterscheidet. In Übereinstimmung mit Einsteins physikalischem Relativismus und dem Kultur-Relativismus der Anthropologen nennen wir das *neurologischen Relativismus.*

Der Vegetarier «sieht» (erfährt) ein Stück Fleisch am Haken des Metzgers nicht in derselben Weise wie ein Fleischesser. Der Rassist sieht ein Mitglied einer anderen Rasse nicht wie, sagen wir, seine eigenen Eltern. Oder allgemeiner ausgedrückt: «Der Narr sieht nicht denselben Baum wie der Weise.»

Unter den vielen Korrekturaufgaben, die das Gehirn zu bewältigen hat und die es so schnell und unauffällig erledigt, dass wir es gar nicht bemerken, ist auch die Klassifikation unterschiedlicher Wahrnehmungsquanten in «Inneres» und «Äusseres». Dass dieses hübsche Modell nichts mit der rauhen Wirklichkeit zu tun hat, lernen wir aus der Optik und der Neurologie; dass es völlig abgeschafft werden könnte, und zwar mit einigem Nutzen für die Erkenntnis, lernen wir aus den metaprogrammierenden Erfahrungen, die in der hinduistischen und buddhistischen Tradition *Dhyana* genannt werden.

Crowley sagt dazu:

> «Im Verlauf der Konzentration bemerkten wir, dass der Inhalt des Geistes zu jedem beliebigen Zeitpunkt aus zwei und nicht mehr Dingen bestand: dem (externen) Objekt, das veränderlich war und dem (internen) Subjekt, das unveränderlich blieb – jedenfalls rein äusserlich. Erfolgreiches *Dharana** macht das Objekt genauso unveränderlich wie das Subjekt.
>
> Das Resultat: zwei wurden zu eins. Normalerweise empfindet man ein solches Phänomen als grossen Schock.»

* Stille, mehrwöchige Meditation über ein bestimmtes Objekt; etwa der Mönch mit seinem Ochsen.

Mit unseren Worten: Geist (was immer man auch darunter verstehen will) und Inhalt sind funktional identisch. Das normale System der Klassifizierung dieser Inhalte in «ich» (Teil des «Geistes») und «Nicht-ich» («Äusseres») kann aufgegeben werden – nicht nur durch Meditation, sondern auch gewisse Drogen –, um die Einheit im Bereich der Wahrnehmung zu erkennen. Dabei werden wir zu Metaprogrammierern.

Genau das wäre nach den Triumphen der Feldtheorie und der allgemeinen Systemtheorie in Soziologie, Anthropologie, Quantentheorie usw. auch zu erwarten. Aber es wirkt auch heute noch immer wie ein Schock, wenn man es am eigenen Leib erfährt, statt einfach nur darüber zu reden. Wenn «ich» und «meine Welt» (Wahrnehmungsbereich) miteinander verschmelzen, werde «ich» mich völlig verändern – «wie durch ein läuterndes Feuer», würden die Mystiker sagen.

Für eine normale Person ohne jede Erfahrung in Bewusstseinsveränderungsspielen klingt das vielleicht ein wenig verwirrend. Versuchen Sie es, indem Sie sich folgendes vorstellen: Nehmen wir an, Sie sitzen zu Hause. Machen Sie sich klar, dass alles, was im Bereich Ihres Blickfeldes liegt – Möbel, Bilder, Poster an der Wand, Stereoanlage oder auch Abwesenheit derselben, Teppiche, TV usw. –, in gewissem Sinne Ihre Schöpfung, bzw. Mit-Schöpfung ist. Sie und/oder Ihr(e) Partner oder Freund(e) suchten aus, was sich in diesem Raum befindet. Sie entschieden sich entweder allein oder mit anderen auch für dieses Zimmer, ausgerechnet dieses bei Millionen von anderen Zimmern auf diesem Planeten, in denen Sie jetzt sitzen könnten. Die Tunnelrealität dieses Zimmers ist folglich aus einem Universum mit unendlich vielen Möglichkeiten in diesem sehr realen Sinne von Ihnen «geschaffen» oder «manifestiert» worden.

Natürlich würde nur ein fanatischer Freud-Schüler oder buddhistischer Mystiker behaupten, dass Sie auf diese Art auch Ihr ganzes Leben «ausgesucht» haben. Aber warten Sie und überlegen Sie einen Augenblick: Die Geschichte Ihres Lebens, die Sie zu haben *glauben,* also der Teil, der in Ihrem Gehirn gespeichert ist, der ist ganz sicher «ausgesucht». Sie können sich ja nicht mal mehr präzise an alles erinnern, was innerhalb der letzten fünf Minuten passiert ist. Wenn Sie versuchen, innerlich ruhig (passiv, nicht-verbal) alles zu beachten, was sich während einer Minute im Bereich Ihrer Wahrnehmung abspielt, werden Sie von Tausenden aller möglichen Eindrücke überwältigt, und es ist einfach unmöglich, sie alle zu katalogisieren und zu speichern.

Folglich gilt: Wer Sie sind und was Sie zu sein glauben, ist eine Schöpfung, die Ihr Gehirn orchestriert und korrigiert hat.

Und jeder, mit dem Sie zu tun haben, ist ein «Künstler» mit einer ähnlichen Schöpfung.

Insgesamt sind diese genauso verschieden und idiosynkratisch wie die Musik von Bach, Beethoven, Wagner, Vivaldi, Bizet, Orff, Chopin, John Cage, den Beatles, Harry James, Rockmusik, schottische Folklore, Soul, Disco, afrikanische Hymnen...

Was das Universum «ausserhalb» Ihrer selbst angeht: Natürlich haben Sie das nicht «gemacht». Aber gerade deswegen können Sie es auch nie ganz kennen. Was Sie vom Universum wissen und «für die Welt draussen» halten, ist nur ein Teil Ihres Gehirns, der aus seinen Schaltkreisen ein Modell entwickelt hat, das Sie mit «der Welt draussen» identifizieren.

Diese Modelle sind ebenso unterschiedlich und zahlreich wie die Gemälde von Botticelli, Rembrandt, Van Gogh, Picasso, Paul Klee, Dali, Monet...

Darin liegt die Bedeutung der These, dass Geist und Inhalt funktional identisch sind.

Denken Sie an den alten Volksreim:

Wirst nicht glauben, was geschah –
Ich sah 'nen Mann, der war nicht da,
Auch heute bog er nicht ums Eck,
Ach Gott, ich wünscht, er wär schon weg!

Dieser kleine Mann ist ein semantisches Spukgespenst; er existiert nur in der Sprache und doch – seit die Sprache ihn herbeibeschworen hat, scheint es fast sogar schon einen Sinn zu ergeben, wenn man wünscht, er würde so schnell wie möglich wieder verschwinden.

Jüngste Fortschritte in Semantik, Semiotik, linguistischer Analyse, den Grundpfeilern von Mathematik, Logik usw., haben ergeben, dass unser begriffliches Umfeld – unsere symbolische Umgebung – von vielen solcher Spukgespenster heimgesucht wird.

Da wären Empedoklessche Paradoxe wie dieses hier:

Alles in diesem Kasten ist falsch

Die Theologen quälen sich mit dieser und ähnlichen Fragen bis zum Überdruss herum, etwa der: Kann ein allmächtiger Gott einen Felsen erschaffen, der so schwer ist, dass selbst er ihn nicht heben kann? (Wenn nicht, dann ist er nicht allmächtig; wenn ja, dann auch nicht.) Die Philosophen und Physiker zerbrechen sich den Kopf darüber, was vor Beginn der Zeit los war. Irgendwer soll einmal gesagt haben: «Ich bin nur froh, dass ich keinen Blumenkohl mag, denn wenn ich ihn mögen würde, dann würde ich ihn auch essen und dabei kann ich das Zeug nicht ausstehen.» *Alice im Wunderland* und sämtliche Abhandlungen über mathematische Logik werden Hunderte von ähnlichen Kopfzerbrecher-Beispielen zutage fördern.

Ein Zen-Spruch fasst sie alle zusammen: «Der Gedanke, dass ich nicht länger an dich denken werde, bedeutet, weiter an dich zu denken. Lass mich also versuchen, nicht daran zu denken, dass ich nicht weiter an dich denken werde.»

Bertrand Russell und Alfred North Whitehead versuchten solche Vexierfragen mit einem mathematischen Theorem zu lösen, das sie Typentheorie nannten. Dummerweise kamen sie schnell dahinter, dass die Typentheorie sich a) entweder auf sich selbst bezieht, in welchem Fall sie sich durch ihre eigenen Bedingungen selbst einschränkt und nicht alle unsere semantischen Probleme lösen kann, oder b) sich nicht auf sich selbst bezieht, in welchem Fall es Bedingungen geben könnte, auf die sie sich auch nicht bezieht und von daher auch wieder nur begrenzt anwendbar ist. Auch hier stehen wir also mit unseren Problemen alleine da.

Diese Verwicklungen des dritten Schaltkreises sind von mehr als nur technisch-logischer und philosophischer Bedeutung. Oft sieht es im wirklichen Leben so aus, als würden uns unsere semantischen Spukgespenster verfolgen. Ein berühmter Roman mit dem Titel *Catch 22* hat einen solchen Empedoklesschen Knoten zum Thema: Der Held kann dem Krieg nur entkommen, wenn er beweist, dass er verrückt ist. Wenn er das aber versucht, beweist er damit im Grunde nur, dass er kerngesund ist, denn es ist völlig vernünftig, aus gefährlichen Situationen zu fliehen.

Auch die Logik der Traumwelt in *Finnegans Wake* ist gar nicht so weit vom wirklichen Leben entfernt. Ein Patient deutscher Abstammung würde im Elisabeth-Krankenhaus nicht einfach durch die Türen spazieren und dazu erklären: «Da fressen mich die Türen.» Phonetisch lässt sich das leicht mit «Da fressen mich die Tiere» verwechseln.

Wortmagie? Schizophrenie? Wenn er kein Vegetarier ist, wird der Durchschnittsmensch positiv auf das «zarte saftige Filet Mignon» auf der Speisekarte reagieren und negativ auf «ein Stück toter kastrierter Bulle». Dabei bedeuten die beiden Bezeichnungen genau das gleiche.

Wir alle neigen dazu, Sätze so zu konjugieren, wie sie Bertrand Russell einmal karikiert hat: «Ich bin stark. Du bist stur. Er ist ein Schwachkopf.» (Ich bin hinreissend originell. Du bist anmassend. Sie stinkt.) (Ich bin flexibel. Du hängst dein Mäntelchen nach dem Wind. Sie sind ein Haufen von Opportunisten.)

Die Magie der Dichtung schafft «wirkliche Kröten in imaginären Gärten» hat mal jemand gesagt. Wenn Robert Burns schreibt:

Der Mond sinkt schon unter im wogenden Meer
Und die Zeit versinkt mit mir, oh

kann man sich nur schwer dem Eindruck entziehen, dass hier die Abstraktion «Zeit» so wirklich ist wie der physikalische Mond oder der Mond – oder auch der kleine Mann, der heute nicht um die Ecke bog.

Betrachten wir einmal folgende Tabelle:

Spalte I	*Spalte II*
Niggerfreund und Rumtreiber	Bürgerlicher Libertarier
Schmutz und Schund	Realistischer Roman
Gewagte und originelle Theorie	An den Haaren herbeigezogene, unglaubwürdige Spekulation
Sexistisches Unternehmen	Handel mit seltener und exotischer Kunst
Wirrköpfiger Liberaler	Leidenschaftlicher Friedensapostel
Vernünftig und ökonomisch	Knauserig und knickerig

Mit jeder einzelnen Definition aus Spalte I könnte ich Personen, Dinge oder Ereignisse beschreiben, die jemand anders mit dem entsprechenden Begriff aus Spalte II belegen würde. Nun mag der Einwand gelten, dass einige der Definitionen so abwertend, so mit Vorurteilen befrachtet sind, dass nur Ignoranten oder Fanatiker sie in den Mund nehmen würden, aber das spielt keine Rolle. Wichtig ist, wie einfach es ist, im semantischen Schaltkreis eines anderen Voreingenommenheit zu erkennen, und wie schwer, sie auch bei sich selbst festzustellen. Sollten Sie, lieber Leser, aus Arkansas stammen und in den zwanziger Jahren geboren worden sein, dann wird Ihnen die erste Definition in Spalte I nicht nur vertraut sein, sondern Sie werden sie wahrscheinlich auch als ganz natürlich, korrekt und normal empfunden haben, als die ersten NAACP-Mitglieder in Ihrem Dorf auftauchten und versuchten die Schwarzen zu organisieren.

So etwas ist natürlich symbolisch, aber mehr als reine Linguistik. Der sprichwörtliche Engländer beispielsweise, der sich in seiner tropischen Palmhütte jeden Abend zum Dinner umzog, war kein Narr. Er sorgte nur dafür, dass ihm seine gewohnte englische Realitätsblase erhalten blieb, und bekämpfte damit die Gefahr, von der der Eingeborenen verschlungen zu werden.

Im Gefängnis dauert es nur ein paar Wochen, bis man selber «Sträfling» ist, ganz gleich, wie man sich vorher selber sah, und ebenso ergeht es jungen Rekruten in der Armee.

Diese Beobachtungen geben weitere Hinweise darauf, dass Geist und Inhalt funktional identisch sind. Der Symbolisierungsprozess verläuft so, dass es praktisch unmöglich ist (jedenfalls ohne entsprechendes neurologisches Know-how), einem Realitätstunnel, den man sich entweder selbst geschaffen hat oder der einem von der Umwelt aufgezwungen wurde, zu entkommen, nachdem er einmal aktiviert worden ist.

Kurt Saxon ist ein Autor, der u. a. *The Poor Man's James Bond* geschrieben hat, ein Handbuch, das dem Leser praktisch alles erläutert, was mit Mord und Totschlag zu tun hat, dann *The Survivor,* eine vierbändige Fortsetzung des gleichen Librettos, in der alle denkbaren Waffen der Welt inklusive Verkaufsstellen beschrieben werden, *Root Rot,* ein Pamphlet gegen Alex Haley, der behauptet hatte, dass Sklaverei unfair gegen die Schwarzen sei, und diversen Schmökern ähnlichen Kalibers. Mr. Saxon wird in den Sonntagsbeilagen der liberalen Presse, die darüber befindet, welcher Autor wichtig ist und welcher nicht, selbstverständlich nicht genannt, aber er hat eine grosse Anhängerschaft, vor allem bei den apokalyptischen Sekten am rechtsextremen Ende des politischen Spektrums.

Mr. Saxon glaubt und wird nicht müde, es immer wieder zu beteuern, dass die Vereinigten Staaten bis zum Jahr 1982 fast völlig zerstört sein werden. Das führt er darauf zurück, dass die Regierung alle «kompetenten Mitarbeiter» durch rücksichtslose Besteuerung aus dem Geschäft gedrängt hat und statt dessen dreissig Millionen «inkompetente Mitbürger» mit Hilfe der Wohlfahrt und weitere dreissig Millionen über die Sozialversicherung unterstützt. Auf diese Weise, so argumentiert Saxon, hat die Regierung die Nation zu einem «Disneyland für Dummköpfe» gemacht.

Etwa um 1982 wird seiner Meinung nach die Wirtschaft in Amerika völlig zusammenbrechen. «Millionen von Steuerzahlern werden arbeitslos... Millionen, die sich heute mit Valium und anderen Tranquilizern ruhig halten, werden ausflippen, wenn sie keinen Nachschub mehr kriegen... Drogenabhängige, die die Apotheken stürmen und alles kurz und klein schlagen, was sie nicht mitnehmen können...» Eine Verteidigung gegen eventuelle russische Angriffe wird unmöglich sein, «weil unsere Politiker sich darauf spezialisiert haben, inkompetente Drogensüchtige am Leben zu erhalten und damit die Industrialisierung, mit deren Hilfe ein Krieg gegen die Russen überhaupt erst möglich würde, unbezahlbar zu machen. Und selbst wenn das alles nicht zutreffen sollte: von unserer gegenwärtigen, gewerkschaftsverwöhnten, Rechte fordernden Arbeiterschaft kann man wohl kaum erwarten, dass sie sich so verhält wie unsere Eltern in der Kriegsindustrie der dreissiger und vierziger Jahre.»

Die einzige Lösung, so Saxon, besteht darin, Farmen zu kaufen, seine Bücher zu bestellen und sich darüber zu informieren, wie man richtig tötet und wie man jede Art von Waffen hortet, um im Notfall die «geifernden Schwachköpfe und Parasiten» abzuwehren, die aus den zum Untergang bestimmten Grossstädten fliehen und versuchen, sich an anderer Leuts Ernten gütlich zu halten.

Mr. Saxon ist davon überzeugt, dass all das «objektive Einschätzungen der Lage» sind, die auf «knallharten» Gesetzen der Soziologie und Wirtschaft beruhen, so wie Ms. Ayn Rand sie in ihren Schriften dargestellt hat. Er glaubt nicht, dass sein apokalyptischer Realitätstunnel in irgendeiner Art «künstlich geschaffen» wurde und im Grunde nur seine eigenen Ängste und Aggressionen widerspiegelt.

John White dagegen ist davon überzeugt, dass die Erde sich irgendwann vor 1999 auf ihrer Achse verschieben wird. Er sagt «massive Verluste an Menschenleben» voraus und meint, dass die Zivilisation, so wie wir sie heute kennen, dabei fast völlig zerstört wird. Die einzige Möglichkeit zu überleben, so White, besteht darin, sich auf eine Farm zurückzuziehen (ganz wie Mr. Saxon), wo Sie wahrscheinlich auch verrecken werden, aber einen gewissen Vorteil den Leuten aus der Stadt gegenüber haben. Sie haben dort nämlich keine grossen Gebäude in Ihrer unmittelbaren Nähe, die bei den durch die Verschiebung der beiden Pole ausgelösten Erdbeben überall auf der Welt zusammenbrechen und sie verletzen oder töten könnten.

Mr. White ist der Ansicht, dass dies eine «objektive Einschätzung der Lage» ist, die auf den ewigen «Gesetzen» des Karmas beruht, so wie diverse Gurus und Okkultisten sie gelehrt haben. Er glaubt nicht, dass sein apokalyptischer Realitätstunnel in irgendeiner Weise «künstlich geschaffen» wurde und im Grunde nur seine eigenen Ängste und Aggressionen widerspiegelt.

Mr. White ist ausserdem überzeugt, dass viele UFOs in Wirklichkeit Dämonen sind und dass nach der Verschiebung der Pole die meisten von uns «zur Hölle fahren», die übrigens, Gott sei Dank, nicht ewig, sondern nur zeitlos ist.

Wenn wir der Welt ohne eigene Vorstellungen von ihrer Natur gegenüberstehen, sehen wir nur ein Wirrwarr, eine formlose Leere, die existierte, ehe «Gott» (Intellekt) in der Genesis sich daran machte, das Universum (ein System) zu erschaffen.

Wenn wir unser eigenes Universum geschaffen haben und damit zum «Ebenbild Gottes» geworden sind, haben wir den ersten Umriss von dieser Wirrniss. Der Umriss ist sehr bequem – abgesehen davon, dass wir ohne ihn keine Menschen wären –, aber er ist auch irreführend, denn allzu leicht vergessen wir – dass wir selbst ihn erst geschaffen haben.

Keins der Realitätsmodelle, die wir in diesem Kapitel analysiert haben, so bizarr es dem einen oder andern Leser auch erschienen sein mag, ist willkürlicher als das offizielle Realitätsmodell, das auch Konsensus-Realität genannt wird. Hierbei handelt es sich um einen statistischen Durchschnitt und nicht einmal annähernd um die Übereinstimmung, die der Name uns glauben machen will. Reisen Sie einmal hundert Meilen weit in jede beliebige Richtung und schon beginnt der Konsensus zu bröckeln. Reisen Sie tausend Meilen und es bleibt so gut wie nichts davon übrig.

«Die Völker unserer Welt sind Inseln», hat der verstorbene Clement Albee einmal gesagt, «die sich über Ozeane des Missverständnisses gegenseitig zurufen.» Jede Insel ist ein eigener Realitätstunnel, der entweder von unserer Kultur, von unserer Subkultur oder dem Mythenerfinder oder auch «Künstler» in uns entwickelt wurde. Darin besteht die enorme Individualität, die aus Ihnen und mir einmalige menschliche Wesen macht und nicht ersetzbare Einheiten, wie Ameisen in einem Ameisenhaufen.

Robert Anton Wilson ist ein Schriftsteller, der u. a. *Cosmic Trigger, Schrödingers Katze* und *Sex and Drugs* geschrieben hat. Wie Mr. Saxon und Mr. White wird auch er von den Sonntagsbeilagen der liberalen Presse nicht beachtet, hat aber eine grosse Anhängerschaft bei den Science Fiction-Fans, politischen Libertariern und den Veteranen der Bewusstseinsrevolution.

Dr. Wilson ist davon überzeugt, dass die Techniken der Lebensverlängerung und intelligenzsteigernde Drogen noch in diesem Jahrzehnt entwickelt und bis ca. 1995 auf dem Markt sein werden. Nicht ganz so radikal wie Dr. Silverstein erwartet Wilson einen wirklichen Durchbruch in der Unsterblichkeitsforschung nicht vor Mitte des nächsten Jahrhunderts – hofft aber, dass lebensverlängernde Drogen ihn bis dahin über Wasser halten.

Dr. Wilson geht davon aus, dass ein grosser Teil der Menschheit bis ca. 2028 in Weltraumsiedlungen ausgewandert sein wird. Diese Post-Terrestrianer werden, mit grösserer Intelligenz und einer längeren Lebensdauer ausgestattet als die vergangenen Generationen, im Vergleich mit unserem historischen Durchschnitt, allmählich zu Super-Menschen.

Wilson glaubt, dass dies ganz gute Schätzungen sind, die auf wissenschaftlichen Wahrscheinlichkeiten basieren; er glaubt aber nicht an irgendwelche knallharten ökonomischen oder karmischen Gesetze, die sie garantieren. Er weiss, dass dieser Realitätstunnel eine Schöpfung seines eigenen Kopfes ist und nur seine Hoffnungen und Wünsche, aber auch wissenschaftliche Wahrscheinlichkeiten widerspiegelt. Er ist sich jedoch voll und ganz bewusst, dass ihn dieser Realitätstunnel für den Rest seines Lebens glücklich, kreativ, fleissig und lebensbejahend machen wird.

Er findet nicht, dass sein Realitätstunnel auch nur einen Deut verrückter ist als der von irgend jemand anders und behauptet, dass er viel mehr Spass macht als andere.

Übungen

1. Konzentrieren Sie sich auf das Modell der ersten vier Schaltkreise und versuchen Sie, rauszukriegen, von welchen spezifischen Prägungen Mr. Saxons Realitätstunnel abhängig ist.

2. Machen Sie das gleiche bei Mr. White und Dr. Wilson.

3. Machen Sie das gleiche bei Jesus, Hitler, Walt Whitman und Ihren Eltern.

4. Schreiben Sie aus der Perspektive des Christlichen Fundamentalismus eine Kritik an diesem Kapitel.

KAPITEL 16

DAS SNAFU*-PRINZIP

. . . die eigenartige Natur des Spiels. . .
macht es (den Beteiligten) unmöglich . . .
es anzuhalten, wenn es erst einmal begonnen ist.
Solche Zustände bezeichnen wir als *Spiel ohne Ende.*

Watzlawick, Beavin, Jackson
Pragmatics of Human Communication

* SNAFU: Situation Normal All Fucked Up

Die säugetierische Soziobiologie, die in den ehrwürdigen neuralen Schaltkreisen des alten Gehirns verwurzelt ist, enhält einige Faktoren, die der Entwicklung domestizierter Primaten zu echter Freiheit und objektiver Intelligenz im Wege stehen.

Den wichtigsten dieser «reaktionären» Faktoren habe ich in meinem Roman *Illuminatus!* das «Snafu-Prinzip» genannt, oder auch «Celines Gesetz». Es geht davon aus, dass Kommunikation nur zwischen Gleichen möglich ist.

Aus fiktionalen (satirischen) Gründen musste ich diese Theorie etwas vereinfachen. Präziser ausgedrückt würde sie lauten:

> Adäquate Kommunikation fliesst nur zwischen Gleichen ungehindert. Kommunikation zwischen Nicht-Gleichen ist missverständlich und von Dominanz- und Unterwerfungsri-

tualen gefärbt, die immer wieder zum Zusammenbruch der Kommunikation führen und zu einem Spiel ohne Ende.

Politische Macht wächst aus dem Lauf eines Gewehrs, hat ein typisches Alpha-Männchen mal gesagt. Dies ist nicht nur metaphorisch, sondern auch buchstäblich zu verstehen. Das Gewehr kann ein Symbol sein, eine Abstraktion und aus ritualisierten sozialen Erwartungen bestehen («Gib deinem Vater gefälligst keine Widerworte!»), es kann aber genauso gut in einer gewaltlosen und trotzdem tödlichen Art konkret gemeint sein, wie beispielsweise die Fähigkeit, das, was für das Bio-Überleben notwendig ist, zu kontrollieren, indem man die Unterworfenen in einem kapitalistischen System von ihrem Nachschub (Geld) abschneidet. («Noch ein Wort und Sie sind gefeuert, sie Schwachkopf!»)

Unter den soziologischen Gesetzen des zweiten Primaten-Schaltkreises neigt jedermann dazu, ein bisschen zu schwindeln, zu schmeicheln, oder Unannehmlichkeiten aus dem Weg zu gehn, wenn er mit Leuten kommuniziert, die in der Hierarchie des Rudels über ihm stehen.

Jede autoritäre Struktur kann man sich vorstellen wie die Pyramide mit dem Auge obendrüber. Dies ist das typische Diagramm jeder Regierung, jedes Konzerns, jeder Armee, jeder Bürokratie und jedes Säugetier-Rudels. Auf jeder Sprosse wird den Mitspielern eine neue Last des Nicht-Wissens aufgebürdet und zwar immer von denen, die über ihnen stehen. Sie müssen also sehr vorsichtig sein und aufpassen, dass die natürlichen sensorischen Aktivitäten bewusster Organismen, also die Fähigkeit, zu hören, zu sehen, zu riechen oder bestimmte Rückschlüsse aus ihrer Wahrnehmung zu ziehen, mit dem Realitätstunnel der über ihnen Stehenden übereinstimmen. Das ist lebensnotwendig. Der Status innerhalb des Rudels, aber auch die Sicherheit, seinen Arbeitsplatz erhalten zu können, hängen davon ab. Es ist viel weniger wichtig – tatsächlich ein Luxus, den man problemlos über Bord werfen kann – ob diese Wahrnehmung mit den objektiven Tatsachen übereinstimmt.

So musste ein FBI-Agent unter J. Edgar Hoover die Fähigkeit entwickeln, überall gottlose Kommunisten zu wittern. Agenten, die diese Fähigkeit nicht entwickelten oder der Ansicht zu sein schienen, dass es gar nicht so viele gottlose Kommunisten gab, jedenfalls zu dieser Zeit und in diesem Land, hatten bald mit dem Problem der kognitiven Dissonanz zu kämpfen, weil seine oder ihre Realität vom offiziellen Realitätstunnel in der Pyramide abwich. Solche Ansichten (oder Wahrnehmungen) überhaupt zu äussern, hiess Verdacht auf sich zu lenken, sei es wegen exzentrischen Verhaltens oder intellektueller Besserwisserei. Im schlimmsten Fall galt man plötzlich selber als gottloser Kommunist.

Das gleiche traf auch für den dominikanischen Inquisator im Mittelalter zu, wenn es ihm an der Fähigkeit mangelte, überall Hexen zu «sehen». In autoritären Situationen wie dieser ist es wichtig, dasselbe zu sehen wie die Oberen (Alpha-Männchen) und unbequem, möglicherweise sogar gefährlich, das zu sehen, was objektiv passiert.

Aber das führt zu einer vergleichbaren, wenn auch umgekehrten Last der Allwissenheit bei denen an der Spitze, im Auge über der Pyramide. Alles, was unten verboten ist, bewusste Wahrnehmung und Einordnung zum Beispiel, wird von der Machtelite oder Herrenklasse gefordert. Sie muss die schwere Aufgabe bewältigen, für die ganze Pyramide zu sehen, zu hören, zu riechen usw., und den gesamten Bereich des Denkens und Wertens mit übernehmen.

Nun wird man aber dem, der das Gewehr in der Hand hat (und damit die Macht hat, zu bestrafen), immer nur das sagen, was man als Zielscheibe glaubt, ihm zumuten zu können, ohne dass er gleich losballert (die Kündigung schreibt, das Kriegsgericht anruft). So steht eine Elite mit der Last der Allwissenheit einer Horde von Untergebenen mit ihrer Last des Nicht-Wissens gegenüber und kriegt natürlich nur das Feedback, das mit ihren eigenen Vorurteilen und Realitätstunneln übereinstimmt. Auf diese höchst subtile Weise verwandelt sich die Last der Allwissenheit im Lauf der Zeit unmerklich in eine neue und komplexere Last der Unwissenheit. Im Grunde weiss eigentlich keiner mehr Bescheid, und wenn doch, dann versucht er, diese Tatsache sorgfältig geheimzuhalten. Die Last der Unwissenheit wird allgegenwärtig. Und immer mehr sensorische Erfahrung wird unaussprechlich.

Paul Watzlawick hat nachgewiesen, dass das, was objektiv unterdrückt wird (das Unaussprechliche), nach kurzer Zeit auch subjektiv unterdrückt wird (das Undenkbare). Niemand wird sich gern für einen notorischen Feigling oder Lügner halten wollen. Es ist einfacher, man hört auf, die Unterschiede zwischen den existenziellen Tatsachen und der offiziellen Tunnelrealität zu bemerken. So nimmt SNAFU zu und der *rigiditus burocraticus* setzt ein – das letzte Stadium, ehe jede

Gehirntätigkeit eingestellt wird und die Pyramide als intellektuelle Einheit klinisch tot ist.

Auch der Begriff «nationale Sicherheit» ist übrigens in diesem Kontext so ein semantisches Schreckgespenst, ein Empedoklesscher Knoten, und deshalb sind wir der Ansicht, dass das Streben nach nationaler Sicherheit ein Hauptgrund für nationale Unsicherheit und einen höchst potenten Anti-Intelligenz-Mechanismus ist.

Leary meint dazu:

> «Geheimhaltung ist die eigentliche Erbsünde. Das Feigenblatt im Garten Eden. Das Hauptverbrechen gegen die Liebe.
>
> Der Sinn des Lebens liegt doch gerade darin, Energie zu empfangen, durch Synthese zu steigern und weiterzugeben. Kommunikationsverschmelzung – darum gehts. Jeder Stern könnte das bestätigen. Kommunikation ist Liebe. Geheimhaltung, Horten von Signalen, Zurückhalten, Verstecken, das Licht zu verbergen – all das ist durch nichts anderes als Scham und Angst motiviert.
>
> Wie so oft, hat auch hier der rechte Flügel aus den falschen Gründen schon wieder halb recht. Er sagt: Wenn du nichts getan hast, brauchst du auch keine Angst zu haben, abgehört zu werden. Richtig. Aber diese Logik gilt doch wohl auch umgekehrt. Dann sollten nämlich auch die FBI-Akten und CIA-Dossiers und die Gespräche im Weissen Haus für alle zugänglich sein. Macht alles öffentlich. Macht die Regierung durchsichtig wie Glas. Die letzten, aber wirklich die allerletzten, die irgendwas zu verbergen haben, sollten doch wohl Polizei und Regierung sein.»

Was mein berühmter Kollege hier so poetisch geschildert hat, lässt sich funktionaler auch folgendermassen ausdrücken:

Jede Geheimpolizei muss von einem Elite-Korps oder einer in zweiter Linie verantwortlichen Geheimpolizei überwacht werden. Erstens, weil Infiltration der Geheimpolizei aus subversiven Gründen stets ein Hauptziel interner subversiver Elemente, aber auch fremder, feindlicher Mächte sein wird. Zweitens, weil die Geheimpolizei eine geradezu phantastische Fähigkeit dafür entwickelt, andere, egal ob sie der Regierung angehören oder nicht, zu bedrohen und zu erpressen.

Stalin liess drei Chefs seiner Geheimpolizei hintereinander exekutieren, weil er diese Gefahr erkannt hatte. Und Nixon seufzte mitten im Watergate-Skandal einmal sehnsüchtig: «Tja, Hoover war ein Schauspieler. Er hätte gekämpft. Das war der Punkt. Er hätte ein paar Leute fertiggemacht, sie zu Tode erschreckt. *Er hatte über jeden ein Dossier.*» (Kursiv Gedrucktes stammt vom Autor.) Also müssen die Auftraggeber der Geheimpolizei auch diese überwachen lassen, um sicher zu gehen, dass sie nicht zuviel Macht bekommen.

Hier schleicht sich ein ziemlich düsterer Fall von unendlichem Rückschritt ein. Jede in zweiter Linie verantwortliche Elite-Truppe wird ebenfalls Gefahr laufen, infiltriert zu werden oder nach Meinung ihrer Herren die Möglichkeit besitzen, zuviel Macht zu bekommen. Also muss auch sie von einer in dritter Linie verantwortlichen Geheimpolizei-Truppe observiert werden.

Kurz: wenn eine Regierung *n* Geheimpolizei-Organisationen beschäftigt, die sich gegenseitig bespitzeln, dann sind auch alle potentiell verdächtig und es bleibt ihr nichts anderes übrig, als den Rang $n + 1$ zu schaffen. Und so weiter und so weiter.

In der Praxis lässt sich dieses Spiel natürlich nicht bis zur mathematischen Unendlichkeit durchspielen, sondern nur bis zu dem Punkt, wo alle Bürger sich gegenseitig bespitzeln. Oder bis kein Geld mehr da ist.

Die nationale Sicherheit zieht also im Wettstreit mit dem logisch Empedoklesschen unendlichen Rückschritt immer den Kürzeren, weil sie ihn gerade für die «Sicherheit» unbedingt braucht. In dieser Lücke zwischen dem Ideal «Eine ganze Nation unter Überwachung – mit Abhöranlagen und Postkontrolle für jeden» und der recht eingeschränkten Wirklichkeit von begrenztem Personal und begrenzten Geldmitteln schiesst die Paranoia ins Kraut, nicht nur bei den Bürgern, sondern auch bei der Polizei.

So hat die UdSSR nach zweiundsechzig Jahren marxistischer Spielchen mit der Geheimpolizei endlich einen Punkt erreicht, an dem die Alpha-Männchen sich vor Dichtern und Malern fürchten.

Bei Bespitzelungs- und Tarnungs-Aktionen führt Unsicherheit zu mehr Unsicherheit, Misstrauen zu mehr Misstrauen. Schon der blosse Akt einer Beteiligung an diesem Spiel, wie unbewusst er auch sein mag, selbst als observiertes Opfer oder als abgehörter Bürger, aktiviert letztendlich alle klassischen Symptome klinischer Paranoia.

Der Agent weiss zwar, wen er bespitzelt, aber er kann nie sicher sein, wer ihn bespitzelt. Könnte es nicht auch seine Frau sein, seine Geliebte, seine Sekretärin, der Zeitungsjunge, der Eismann?

Wenn es in einem Land eine Geheimpolizei gibt, ganz gleich wo das ist, dann werden in den Augen sämtlicher vorsichtiger und intelligenter Menschen alle Abteilungen und Unterabteilungen der Regierung, inklusive aller Institutionen, die gar nicht als Teil der Regierung zugelassen sind, verdächtig, weil sie entweder eine potentielle Tarnung der Geheimpolizei oder auch ein Zugang zu ihr sein könnten. Die Schlauen werden sich also merken, dass hinter dem Etikett HEW oder auch *International Silicon and Pencil* der CIA oder die N.S.A. stecken könnte.

In einem solchen Netzwerk aus Täuschung und Irreführung schiessen Verschwörungstheorien wie Pilze aus dem Boden. Wenn die Leute keine offiziellen Nachrichtenquellen haben, denen sie trauen und die ihnen auch verraten, was wirklich los ist, sind Gerüchte von entscheidender Bedeutung, wie man kürzlich herausgefunden hat. Ich selbst habe bei der Bürgerrechtsbewegung, der Anti-Kriegs-Bewegung, der Legalize Pot-Bewegung und anderen Dissidenten-Gruppierungen mitgearbeitet und bin dabei wiederholt von Freund A angesprochen worden, der mich vor Freund B warnte, der angeblich mit hoher Wahrscheinlichkeit ein Agent der Geheimpolizei war, wobei ich später von Freund C informiert wurde, dass Freund A Agent des CIA war. Es erfordert schon empfindliches neurologisches Geschick, um in dieser Umgebung seinen Sinn für Humor zu behalten.

Je allgegenwärtiger die Geheimpolizei ist, um so wahrscheinlicher ist es, dass intelligente Männer und Frauen die Regierung fürchten und verabscheuen.

Die Regierung wiederum wird Grösse und Machtbefugnisse der Geheimpolizei erweitern, um sich selbst zu schützen, wenn sie entdeckt, dass eine wachsende Zahl von Mitbürgern die Regierung mit Furcht und Abscheu betrachtet.

Die einzige Alternative hat der Dramatiker Bert Brecht in seiner sarkastischen Art formuliert (er wurde übrigens von der Geheimpolizei der Vereinigten Staaten als Kommunist gejagt und später von ostdeutschen Geheimdiensten verfolgt, weil er ihnen nicht kommunistisch genug war). «Wenn die Regierung ihrem eigenen Volk nicht mehr traut», fragte er unschuldig, «warum löst sie es dann nicht einfach auf und wählt ein neues?» Bisher hat man allerdings noch keine

Möglichkeit gefunden, ein neues Volk zu wählen, so dass die Regierungen das alte noch eifriger als zuvor bespitzeln müssen.

Alle Abteilungen der Geheimpolizei sind damit beschäftigt, Informationen zu sammeln und Miss-Informationen (euphemistisch auch Desinformationen genannt) auszustreuen. Das heisst, sie machen Punkte im Spiel der Geheimpolizei, wenn sie Signale (Informationseinheiten) horten, Tatsachen vor Konkurrenten geheimhalten und den andern Mitspielern falsche Signale (erfundene Informationseinheiten) andrehen. Daraus entsteht eine Situation, die ich Optimum Snafu nenne und in der alle Mitspieler rationale (nicht-neurotische) Gründe haben, zu befürchten, dass die andern versuchen könnten, sie zu täuschen, in die Irre zu leiten, zu beschwindeln, sie auszuhorchen und allgemein falsch zu informieren. Wie Henry Kissinger angeblich gesagt haben soll: «Jeder in Washington, der nicht paranoid ist, muss verrückt sein.»

Vielleicht existieren objektiv gesehen tatsächlich UFOs, vielleicht ist das ganze UFO-Phänomen aber auch nur eine Tarnung für irgendein Desinformationsspielchen der Geheimpolizei. Vielleicht gibt es wirklich schwarze Löcher, in denen Zeit und Raum implodieren, vielleicht wurden sie aber auch nur erfunden, um russische Wissenschaftler zu verwirren und ihnen so was wie das Schreckgespenst des «kleinen Mannes, der gar nicht da war», anzudrehen. Vielleicht existiert Jimmy Carter wirklich, vielleicht ist er aber auch, wie *National Lampoon* einmal behauptete, ein Schauspieler namens Sidney Goldfarb, der darauf getrimmt wurde, ein attraktives, vollkommen amerikanisches «Image» zu verkörpern. Vielleicht wissen nur die drei Alpha-Männchen an der Spitze der Nationalen Sicherheits-Pyramide wirklich alle Antworten auf diese Fragen, vielleicht werden sie aber auch nur von bestimmten Untergebenen getäuscht – so wie man Lyndon Johnson über den Vietnamkrieg täuschte.

So verhält es sich also mit der neurosomatischen «Logik» einer Desinformationsmatrix. Es ist, wie Paul Watzlawick nachgewiesen hat, die Logik der Schizophrenie.

Es dauerte weniger als zehn Jahre, nachdem das Geheimpolizeispiel hier mit dem National Security Act von 1948 etabliert worden war, bis man die Bücher von Dr. Wilhelm Reich auf Befehl der Regierung in einem New Yorker Verbrennungsofen vernichtete. Für einige von uns, die sich daran erinnerten, dass wir einen langen Krieg gegen das Nazi-Regime von Deutschland geführt hatten, u. a. wegen seiner «Verbrechen gegen die Zivilisation» (Bücherverbrennungen), war das ein schockierender Anblick. Kurz darauf wurde Dr. William Ivy, früherer Leiter einer Abteilung der Chicago Medical School, Opfer einer mehr als zehnjährigen Verleumdungskampagne, weil er für eine radikale Krebskur eintrat. In jüngerer Zeit verurteilte man Dr. Timothy Leary zu achtunddreissig Jahren Gefängnis, weil er abweichlerische Ideen über chemische Neurotransmitter und die Neuprägung des Nervensystems verbreitete. Und gegenwärtig findet eine Hetzkampagne gegen Laetrile* statt.

Es spielt gar keine Rolle, ob diese Ketzer recht hatten oder nicht. Die wissenschaftliche Wahrheit wird erst nach einer oder mehreren Generationen Forschung festgeschrieben und nicht dadurch entschieden, dass man die Abweichler ins Gefängnis steckt oder ihre Bücher verbrennt. Tatsache ist, dass das Geheimpolizeispiel einen sozialen Kontext für die Rückbesinnung auf die Mechanismen der Heiligen Inquisition schafft.

Die Intelligenz einer Gesellschaft, also die Informations-Vernetzungen, über die Signale empfangen, entschlüsselt und übermittelt werden, bleibt als erstes auf der Strecke.

«Ich fühle mich grossartig und übermittle Dr. Andrej Sacharow in Russland brüderliche Grüsse», sagte Dr. Leary, als er aus dem Gefängnis kam. Damit spielte er auf die Tatsache an, dass die Mechanismen eines Polizeistaates überall auf der Welt die gleichen sind, ebenso wie die Mythen, die sie schützen. «Brave Russen» glauben, dass Dr. Sacharow ein übergeschnappter Alkoholiker ist und «brave Amerikaner» glauben, dass Dr. Leary ein ausgeflippter Drogenapostel ist.

Ich habe einmal in einem Artikel behauptet, dass das UFO-Phänomen auf irgendwelche ungewöhnlichen elektro-magnetischen oder Schwerfeld-Fluktuationen zurückgeht und dass diese geophysikalische Anomalie nicht nur echte Energiestörungen zur Folge hat, die sich in herumhüpfenden Möbelstücken, elektrischem Versagen, Kugelblitzen und unerklärlichen Lichterscheinungen am Himmel manifestieren, sondern auch Störungen der Gehirntätigkeit, und zwar bei Menschen und Tieren, wenn sie sich in der betroffenen Region aufhalten. Dann kommt es zu jenen Ausbrüchen von Panik und Halluzinationen, von denen wir sicher alle schon mal gehört haben.

* Ein angebliches Heilmittel gegen Krebs, in den USA verboten. (A.d.Ü.)

Eine statistische Untermauerung dieser Theorie findet sich bei Persinger und Lafreniere, die Computer-Auswertungen von Gemeinsamkeiten bei zwölfhundertzweiundvierzig UFO-Erscheinungen und viertausendachthundertachtzehn anderen anormalen Vorfällen wie «Poltergeisterscheinungen», «Teleportationen», «Wundern» und «Mysterien» aller Art erstellt haben. Ihre Daten beweisen, dass nicht nur UFO-Phänomene, sondern auch andere Energiestörungen sich vorzugsweise entlang von Erdbebengebieten und insbesondere kurz vor Ausbruch eines Erdbebens beobachten lassen. Persinger und Lafreniere gehen ebenfalls davon aus, dass die geophysikalischen Kräfte, die hier am Werk sind, echte Anomalien (hüpfende Möbel etc.), aber auch Halluzinationen verursachen können. Herausfinden zu wollen, was da wirklich los war, würde mithin ein exquisites Urteilsvermögen erfordern.

Der bekannte Astronom, Kybernetiker und Physiker Dr. Jacques Vallee hat ausserdem die Theorie aufgestellt, dass das UFO-Phänomen tatsächlich als Tarnung für ein komplexes Desinformationssystem der Geheimpolizei ins Spiel gebracht worden sein könnte.

Eine kombinierte Wilson-Persinger-Lafreniere-Vallee-Theorie, die wahrscheinlich mehr Daten einbeziehen würde als jede einzelne für sich genommen, würde davon ausgehen, dass das UFO-Phänomen das synergetische Produkt irgendeiner geophysikalischen Anormalität ist, die abweichende Energie-Fluktuationen erzeugt, bei Menschen in der unmittelbaren Umgebung sogar Bewusstseinsveränderungen, und nach dem Ereignis selbst von einem oder mehreren intelligenten Geheimdiensten oder auch esoterischen Gruppierungen für ihre eigenen Zwecke ausgeschlachtet wird.

Stellen wir uns folgendes Szenario vor:

Irgendwas Komisches passiert. Nehmen wir an, es ist die geophysikalische Anormalität und das bewusstseinsverändernde Trauma, von dem wir oben gesprochen haben. Nehmen wir weiter an, dass es genauso gut ein in den volkstümlichen Mythen so beliebtes Raumschiff sein könnte. Dann sind die folgenden Ereignisse wahrscheinlich, was immer dieses Komische «in Wirklichkeit» auch war.

Sobald die ersten Zeugen aussagen, versammeln sich alle interessierten Parteien in der Gegend. Geheimdienstler Mo kommt, um alle Spuren, die dafür sprechen könnten, dass es ein Raumschiff war, zu verwischen – das ist die Politik seiner Vorgesetzten, die dafür vielleicht sogar ihre Gründe haben. Geheimdienstler Joe taucht auf, allerdings mit der Absicht, solche Spuren gerade anzulegen – das ist die Politik *seiner* Bosse, denn die tun genau das, was Dr. Vallee vermutet. (Das britische Double Cross Bureau dachte sich im Zweiten Weltkrieg ähnlich komplexe und absurde Geschichten aus, die scheinbar nichts mit seiner eigentlichen Aufgabe zu tun hatten, doch als Desinformationsschirm für diese Aufgabe äusserst nützlich waren.)

Auch Philip Klass und andere Skeptiker werden anwesend sein und versuchen, alles zu einer «Halluzination» zurechtzuschrumpfen, auch wenn Leute erblindeten und Autos zerstört wurden, usw. Die Space Freaks, die möglicherweise von Verbündeten des Geheimdienstlers Joe infiltriert sind, kommen, um alle Spuren zu sichern, die zu ihrem Realitätstunnel der gütigen Space Brothers passen. Und diverse Okkultisten versuchen, das alles in ihren Mythos von Angelologie und Dämonologie zu integrieren.

Wir wollen damit eigentlich folgendes deutlich machen: jede Verschwörung betrachtet sich als Affinitätsgruppe, also Männer und Frauen mit gleichen Zielen, die zusammenarbeiten. Wenn Sie und ich das tun, ist es eben nur eine Affinitätsgruppe. Wenn die Bande da drüben es tut, dann ist es gleich eine verdammte Verschwörung.

Eine echte Verschwörung haben wir dann vor uns, wenn die Gruppe Spuren verwischt, bewusst Falschinformationen verbreitet und Zeugen erpresst oder terrorisiert. Jede Affinitätsgruppe zeigt Tendenzen zu solchem Verhalten. Dies kann so weit gehen, dass die Mitglieder anderen den gemeinsamen Realitätstunnel regelrecht aufzwingen, insbesondere dann, wenn es um epistomologisch entscheidende Fragen geht, etwa darum, was wichtig genug ist, um beobachtet und diskutiert zu werden und was man besser ignoriert, weil es zu trivial ist. Wie aggressiv muss man werden, um Zeugen einschüchtern zu können? Die meisten Menschen lassen sich ziemlich schnell dazu verleiten, das auszusagen, was die Autoritätsperson hören will; auch das hat unser SNAFU-Prinzip ergeben.

Aber bleiben wir noch ein wenig beim UFO-Syndrom, denn es ist ein gutes Beispiel, das das gesamte Spektrum der Bewusstseinsveränderung und Gehirnprogrammierung illustriert.

Leute, die UFOs gesehen haben, berichten häufig von einer enormen, neurosomatischen Hochstimmung, einer Erfahrung reiner Glückseligkeit; manche werden später sogar Heiler oder rufen okkulte Bewegungen ins Leben. Andere zeigen negative neurosomatische

Effekte – sie ertragen kein Licht mehr, verhalten sich schizophren und müssen manchmal gar ins Krankenhaus eingeliefert werden.

Seltener tritt auch Metaprogrammierungs-Bewusstsein auf (die Fähigkeit, zwischen alternativen Realitätstunneln zu wählen), was mit ungenauen Metaphern wie «Parallele Universen», «andere Realitäten» und okkulten Termini umschrieben wird.

Neurogenetische Visionen (Jungs «kollektives Unterbewusstsein») sind normal und reichen von Dämonen, behaarten Zwergen usw. bis zu Weltraumgöttinnen und Sternenprinzessinnen aus der antiken und/oder katholischen Ikonographie.

Selbst von metaphysischen Erfahrungen (Quantenebenen) wird in der UFO-Literatur berichtet – sie reichen von Reisen aus Zeit und Raum hinaus bis zu scheinbaren oder angeblichen Teleportationen.

Ich will nachdrücklich betonen, dass positive und negative Visionen auf all diesen Schaltkreisen in der UFOlogie alltäglich sind. Wenn die Programmierer es gut mit uns meinen, scheinen sie vielen Menschen versehentlich Schaden zuzufügen, wenn sie es aber schlecht mit uns meinen, wie Dr. Vallee annimmt, dann tun sie offenbar versehentlich zu viel Gutes. Aber das trifft wiederum auch auf alle bewusstseinsverändernden Technologien zu.

Mir scheint, dass Dr. Vallees monistische Verschwörungstheorie hier wie auch in der Politik unangemessen ist. Es ist meiner Ansicht nach wahrscheinlicher, dass die UFO-Erfahrung, wie die anderen bewusstseinsverändernden Erfahrungen, die wir analysiert haben, manchmal spontan und manchmal programmiert auftritt, und dass es rivalisierende Programmierer-Banden mit radikal unterschiedlichen Zielen für die Entwicklung der Menschheit gibt.

Als Dr. Leary und ich zum ersten Mal eine neurologische Analyse von Patty Hearsts Fall im *Oui*-Magazin veröffentlichten, erfanden die Redakteure eine dramatische Schlagzeile dazu:

Der Kampf um Patty Hearsts Kopf
ist die Ouvertüre einer weltweiten Schlacht
um die Kontrolle des menschlichen Bewusstseins.

Nicht ganz, meine Herren. Sie hätten besser daran getan, den Hearst-Fall als einzelnen Takt ziemlich gegen Ende des zweiten Satzes in der Bewusstseinssymphonie zu bezeichnen. Der erste Satz war die primitive Neurowissenschaft der antiken und mittelalterlichen Tyrannen, die ein grosses praktisches Wissen über die Effekte von Isolation, Terror und Einschüchterung entwickelten, aber auch der Schamanen und Okkultisten, die sich aneigneten, wie sie mit Hilfe von Neuro-Chemikalien wahrgenommene Realitätstunnel verändern konnten. Der zweite Satz begann mit der modernen Psychologie, mit Freud, Pawlow, Jung, Skinner usw., und hatte seinen Höhepunkt mit der LSD-Revolution, bei der Millionen von Menschen entdeckten, dass sie ihre Realitätstunnel mit Hilfe der Neurochemie auf jeden Fall vorübergehend, manchmal aber auch auf Dauer und radikal, verändern konnten.

Der dritte Satz ist der offensichtliche Kampf zwischen denen, die uns alle programmieren wollen und denen, die lieber ihre eigenen Meta-Programmierer sein wollen.

Übungen

1. Versuchen Sie einmal, Indizien dafür zu finden, dass Ihr Telefon abgehört wird.

2. Jeder kriegt mal einen Brief, der leicht beschädigt ist. Versuchen Sie, sich vorzustellen, dass irgendwer Ihre Post liest und nur unzureichend wieder zuklebt.

3. Versuchen Sie, Indizien dafür zu finden, dass Ihre Nachbarn Sie für leicht übergeschnappt halten und den Plan verfolgen, Sie zwangsweise in ein Irrenhaus einweisen zu lassen.

4. Versuchen Sie, eine Woche nach folgendem Programm zu leben: «Jeder mag mich und will mir beim Erreichen meiner Ziele behilflich sein.»

5. Versuchen Sie, einen Monat nach folgendem Programm zu leben: «Ich habe mich entschlossen, mir dieser speziellen Realität bewusst zu werden.»

6. Versuchen Sie, einen Tag nach folgendem Programm zu leben: «Ich bin Gott und spiele nur die Rolle eines menschlichen Wesens. Die Realitäten, die ich dabei wahrnehme, stammen alle aus meinem Kopf.» Gehen Sie davon aus, dass *Gott* die Antwort auf Da Free Johns Frage nach dem ist, der einen jetzt gerade lebt.

7. Versuchen Sie, den Rest Ihres Lebens nach folgendem Programm zu leben: «Alles ist in Wirklichkeit noch perfekter, als ich es geplant hatte.»

KAPITEL 17

QUANTEN-EVOLUTION

Was ist der Mensch?
Eine Brücke zwischen Affe und Übermensch –
eine Brücke über einen Abgrund.

F. W. Nietzsche
Also sprach Zarathustra

Eine andere Perspektive der Entwicklung des domestizierten Primaten bietet Alvin Toffler in seinem Buch *Die Dritte Welle.*

Der Einfachheit halber reduziert Toffler den Wirrwarr der menschlichen Geschichte auf ein Modell von drei Stadien oder Wellen. Präziser sollte man vielleicht Quantensprünge auf Energie-Kohärenz-Ebenen sagen. Die erste Welle, so Toffler, brauchte Millionen von Jahren, um sich zu bilden, aber dann transformierte sie den grössten Teil der Menschheit vom Stammesleben (einfache jagende und sammelnde Primaten) in eine erweiterte landwirtschaftlich-feudal orientierte Zivilisation.

Die zweite Welle bildete sich viel schneller und verwandelte innerhalb von wenigen Jahrhunderten fast die gesamte Menschheit von feudal-landwirtschaftlichen Dorfgemeinschaften in urbane und industrielle Marktwirtschaftsgesellschaften.

Die dritte Welle, behauptet Toffler, setzt diesen Trend in Richtung beschleunigter Entwicklung weiter fort und wird nur noch wenige Jahrzehnte dauern. Er nennt sie Informationsexplosion, post-industrielle Ökonomie usw.

Jede Welle ist etwa zehnmal so schnell wie die vorangegangene. Und jede Welle ist grösser, da sie mehr Menschen erfasst, sie noch intensiver verändert, und im Verlauf dieses Prozesses das Konzept von der menschlichen Natur und der menschlichen Gesellschaft völlig über den Haufen wirft.

Jede von Toffler auf diese Weise beschriebene Welle kann als neuer Quantenzustand betrachtet werden, mit Energie-Ebenen und Realitätsdimensionen, die auf der vorangegangenen Stufe noch gar nicht da und deshalb auch noch völlig unvorhersehbar waren.

Die erste Welle mutierte Stammesangehörige in Leibeigene (beziehungsweise Damen und Herren). Sie schuf eine völlig neue soziale Vielfalt, die so subtil und allgegenwärtig war, dass Anthropologen und Soziologen Jahre damit verbringen, ihre unsichtbaren Aspekte zu studieren. Und doch ist diese Transformation so enorm, dass sie auch für die untrainiertesten Augen sichtbar ist: man kann einen Stammesangehörigen so wenig mit einem Feudalisten verwechseln wie einen Esel mit einem Hund.

So sorgte die zweite Welle gleichzeitig auch für die von Toffler mit «Indust-Realität» umschriebene Umwelt, die aus industriell orientierten Individuen besteht, die sichtbar und fassbar sich ebenso sehr von Stammesangehörigen oder Feudalisten unterscheiden wie Delphine von Rosensträuchern oder Gürteltieren.

Die dritte Welle, die mit Shannons und Wieners Definition von «Information» einsetzte und sich in Von Neumanns erstem programmierbarem Computer manifestierte, schlägt gerade über uns zusammen. Viele Experten sind einmütig zu dem Ergebnis gekommen, dass Heimcomputer Ende der achtziger Jahre so alltäglich sind wie Fernsehapparate in den siebzigern. Auch diese Transformation wird ziemlich umfassend sein: sie wird einen neuen Mann, eine neue Frau, ein neues Kind, eine neue Gesellschaft, ein neues Ich, ein neues Konzept von Arbeit, Energie und Realität schaffen.

Der Durchschnittsmann oder die Durchschnittsfrau von 1983 wird im Jahre 2002 so altmodisch sein wie heute der Leibeigene aus dem Mittelalter. Was wir für normale Jobs, normale soziale Rollen, normale «Menschen» halten, wird so archaisch wirken wie eine Horde von Alchimisten, Schmieden, Stadtausrufern, Höflingen und Barbierärzten in unserer Mitte.

Natürlich behauptet Toffler nicht, dass der Computer die gesamte dritte Welle *ausmacht,* aber er sagt recht deutlich, dass er die Synekdoche oder auch das Paradigma dessen ist, was passiert. In diesem Sinne war etwa die Fabrik die Synekdoche der zweiten Welle. Sie war nicht nur das Agens, durch dessen Einfluss sich die «Indust-Realität» überall auf der Welt ausbreitete und den kollektiven Wohlstand (aber auch die Armut) vervielfachte, sondern sie galt auch als Modell für alles andere. Unsere Schulen sind kleine Minifabriken, denn bei ihrer Gründung bestand ihre Hauptaufgabe darin, Menschen auf die Arbeit in der Fabrik vorzubereiten. Die Schulen waren in der Tat auch deshalb notwendig, weil der Industrialismus im Gegensatz zum Feudalismus eine gewisse Bildung der Masse voraussetzt. Ebenso wurden Büros wie Fabriken aufgebaut und zeitlich organisiert, auch wenn das im Grunde wenig oder gar nichts damit zu tun hat, wie man Büros am effizientesten strukturiert. Und ganz allgemein gesehen zwang die «Indust-Realität», die Realität des industriellen Zeitalters, jeden in den Roboter-Gleichschritt des Fabriksystems*.

Die «Indust-Realität» ist immer noch so allgegenwärtig, dass sie, wie McLuhan einmal sagte, «beinahe unsichtbar» ist. Das feudale Zeitalter kam beispielsweise nie über die Kammermusik hinaus: Terzette, Quartette usw. Die moderne Symphonie erfordert ein grosses Orchester, prometheische Inhalte, einen gottähnlichen Dirigenten («Kapitalist»), einen Konzertmeister («Vorarbeiter»), Streicher, die mit Bläsern zusammenspielen können usw. und ist ein wirklich schöner künstlerischer Ausdruck der verschiedenen menschlichen Massenorganisationen, die normalerweise in weniger schöner Form an den Fliessbändern der Fabriken auftauchen. (Und die Fabriken brauchten

* Ein selbständiger Schriftsteller kann offensichtlich arbeiten, wann er will. Kürzlich berichtete jedoch der erfolgreiche (und mit Preisen ausgezeichnete) Autor John Mac Donald in einem Interview, dass er jeden Tag von neun bis fünf Uhr am Schreibtisch sitzt, weil ihm «das natürlich erscheint». So hat sich die Stechuhr aus der Fabrik unmerklich in Mac Donalds Neuronen eingeschlichen. Ich selbst habe zwanzig Jahre in fabrikähnlichen Büros hinter mir und arbeite heute Tag und Nacht, wann immer mich «die Muse küsst». Ich fange aber nie um neun an und höre nie um fünf auf, weil ich vermeiden will, wieder in die Gewohnheiten der Vergangenheit zurückzufallen.

die Städte – massive Arbeiterpotentiale an einem Ort –, die Symphonien ökonomisch überhaupt erst ermöglichten. Der Aristokrat konnte es sich weder leisten noch vorstellen, mehr als die wenigen Musiker, die er für seine Kammermusik brauchte, bei Hof zu halten.)

Beethovens «kosmischer Optimismus» spiegelt nicht nur das Zeitalter der Aufklärung wieder, aus der sich auch die Indust-Realität entwickelte – auch die Orchester, für die er komponierte, waren Paradigmen des industriellen Organisationsstils.

Selbstverständlich resultierte aus dem Industrialismus (der zweiten Welle) neben dem neuen Wohlstand auch mehr Armut, weil der Grossteil des Wohlstandes von einer kleinen Minderheit enteignet wurde. Mag sein, dass die Sozialisten sich darüber aufregen, aber diese Entwicklung war bei einer Spezies von domestizierten Primaten einfach unausweichlich. Ein paar Alpha-Männchen können eben ihren persönlichen Vorteil immer etwas besser einschätzen als die Mehrheit ihren kollektiven Anteil.

Trotzdem, je mehr sich die Indust-Realität ausbreitete, um so weiter verbreitete sich auch der Sozialismus. Ob der Leser nun damit einverstanden ist oder nicht (der Autor übrigens gesteht offen ein, dass er Vorurteile hat und ganz und gar dagegen ist), auch das ist unausweichlich. Wenn Reichtum in sichtbar grösseren Massstäben angehäuft wird als je zuvor in der Geschichte der Menschheit, wird es mit Sicherheit zu Ressentiments gegenüber Alpha-Männchen kommen und natürlich auch zu mehr Versuchen, sich das zurückzuholen, was die anderen sich selbstsüchtig angeeignet haben. Selbst unter Pavianen ist dieses Muster beobachtet worden: ein Alpha-Männchen, das sich unbeliebt gemacht hat, wird von einem Kollektiv aus jüngeren Männchen verprügelt und aus dem Rudel verjagt, wo es nun allein zurecht kommen muss.

Weder die kapitalistische noch die sozialistische Indust-Realität waren bisher in der Lage, der Menschheit das zu verschaffen, was die meisten von uns vor allem brauchen: Freiheit *und* Gerechtigkeit, Unabhängigkeit *und* die Abschaffung der Armut, Wachstumsfortschritt *und* Sicherheit. Wenn wir Kapitalismus gegen Sozialismus abwägen, stehen wir eher vor einem Dilemma als einer freien Entscheidung.

Die dritte Welle kann und wird dieses Problem des Industrialismus transzendieren. Sie wird weder kapitalistisch noch sozialistisch sein, sondern vielleicht eine Art Verschmelzung von beiden. Sie wird eine völlig neue Art von Wirtschaftssystem erfordern, genauso wie der Feudalismus ein dem Stamm unbekanntes Wirtschaftssystem und der Industrialismus die beiden miteinander wetteifernden Systeme von Kapitalismus und Sozialismus entwickelte, die übrigens beide aus der Sicht des Feudalismus noch völlig undenkbar und unvorhersehbar waren.

Im Jahre 1973 erhielt Dr. Ilya Prigogine den Nobelpreis für physikalische Chemie.

Vielleicht hätte man ihm besser den Nobelpreis für Intelligenz und Optimismus verliehen.

Dr. Prigogines Arbeit beschäftigt sich mit den Prozessen, die wir schon zu Beginn des Buches erörterten – der Bildung von negativer Entropie (einer kohärenten Ordnung) aus stochastischen Prozessen. Er hat jedoch einen Riesenschritt über die Pionierarbeiten Schrödingers, Wieners und Shannons hinaus getan.

Laut Prigogine existiert jedes organisierte System in einer dynamischen Spannung zwischen Entropie und Negentropie, zwischen Chaos und Information. Je komplexer das System, um so grösser seine Instabilität. Prigogine hat das mathematisch nachgewiesen. Etwas verständlicher ausgedrückt heisst das zum Beispiel, dass es leichter ist, mit zwei als mit zwanzig Kindern einkaufen zu gehen. Oder: Ein Streichholzhaus aus hundert Streichhölzern ist weniger stabil als ein kleines aus zehn Streichhölzern.

Instabilität ist jedoch nicht unbedingt ein Nachteil: Sie ist zum Beispiel unumgänglich, wenn man Evolution will. Insektengesellschaften sind sehr stabil und haben sich nach vielen Millionen Jahren so gut wie gar nicht weiterentwickelt. Menschliche Gesellschaften sind sehr instabil und befinden sich in einem Zustand permanenter Evolution.

Prigogine beweist den evolutionären Wert der Instabilität durch sein Konzept der «dissipativen Strukturen.»

Eine dissipative Struktur ist sehr komplex und deshalb auch sehr instabil. Je komplexer sie ist, um so instabiler ist sie – mathematisch ausgedrückt – und je instabiler sie ist, um so wahrscheinlicher lässt sie sich auch verändern. Oder entwickeln.

Alle dissipativen Strukturen pendeln ständig zwischen Selbstzerstörung und Reorganisation hin und her; letztere findet dann allerdings auf einer höheren Informationsebene statt (Kohärenz) als zuvor.

Das klingt vielleicht düster, ist es aber ganz und gar nicht. Prigogines Mathematik ist im Gegenteil unglaublich optimistisch. Sie beweist, dass die komplexeren Strukturen – etwa solche wie die in der ganzen Welt ähnlichen menschlichen Gesellschaftssysteme beim Übergang von der zweiten Welle der Indust-Realität und der am Horizont sich auftürmenden dritten Welle – mathematisch gesehen, eher dazu tendieren, sich in höhere Kohärenz umzuwandeln als sich selbst zu zerstören.

Mit anderen Worten: im intellektuellen Konflikt zwischen Utopisten und den Dystopisten liegen die mathematischen Chancen vor allem bei den Utopisten. Die menschliche Welt ist so reich an Information (Kohärenz), dass sie mit fast hundertprozentiger Sicherheit zu noch grösserer Kohärenz «zusammenbrechen» muss, statt in Chaos und Selbstzerstörung zu enden.

Prigogines Werk ist der mathematische Beweis von McLuhans intuitiver Erkenntnis, dass viele scheinbare Symptome eines Zusammenbruchs in Wirklichkeit die ersten Vorboten eines Durchbruchs sind.

Noch eine Anmerkung für überzeugte Pessimisten: Prigogines These basiert auf der Wahrscheinlichkeitsrechnung und ist deshalb nicht sicher. Wenn Sie die letzten Seiten übertrieben beunruhigend fanden, trösten Sie sich deshalb mit der Vorstellung, dass es immer noch eine kleine Chance gibt, dass wir uns alle in die Luft jagen oder Ihr Lieblingsszenario für die Apokalypse doch noch zustande kommt, obwohl der menschliche Erfolg ziemlich sicher ist, und trotz des allgemeinen Trends zu mehr Kohärenz und höherer Intelligenz.

In der Zwischenzeit können Sie natürlich, auch wenn die Menschheit letztendlich zum Erfolg verdammt ist, Ihr persönliches Leben verpfuschen. Ich will mit diesem Buch die wirklich entschlossenen Elendssüchtigen keineswegs von ihrem Weg zu Frustration und Misserfolg abbringen.

Die neuesten kosmologischen Erkenntnisse deuten darauf hin, dass unsere Sonne und ihre Planeten, einschliesslich der Erde, sich aus einer Wolke von galaktischem Staub verdichtete. Das war vor fünf oder sechs Milliarden Jahren.

Die ersten Formen einzelligen Lebens, die ersten Anzeichen also für das Bio-Überlebensbewusstsein des ersten Schaltkreises, scheinen vor 3–4 Milliarden Jahren aufgetaucht zu sein.

Wirbeltiere mit emotional-territorialem Schaltkreis-II-Bewusstsein entwickelten sich vor einer halben Milliarde (fünfhundert Millionen) Jahren.

Das Auftauchen erster Anzeichen für menschliche Intelligenz (Schaltkreis III), also Sprache und Gedanken, müsste vor etwa hunderttausend Jahren anzusetzen sein. Der voll entwickelte menschliche domestizierte Primat, *homo sapiens,* mit dem moralischen Bewusstsein des vierten Schaltkreises, ist etwa dreissigtausend Jahre alt, vielleicht auch jünger. Die Schaltkreise V bis VIII sind innerhalb unserer historischen Zeitrechnung entstanden.

Alle diese Zahlen werden mit dem Fortschritt der Wissenschaft immer weiter revidiert, aber die ungefähren Proportionen zwischen ihnen haben sich nicht viel verändert und diese Proportionen sind erschütternd.

Wie schon oft durchgespielt: wenn wir dieses evolutionäre Szenario zu einem 24-Stunden-Tag verdichten würden, beginnend bei Mitternacht, dann taucht das Leben selbst erst kurz vor Mitternacht auf und die gesamte menschliche Geschichte (vom grunzenden keulenschwingenden Affenmenschen Afrikas bis zum ersten Schritt Neil Armstrongs auf dem Mond) schrumpft auf die letzte Hälfte der letzten Sekunde, ehe es wieder Mitternacht schlägt und der Tag vorbei ist.

Dieses Modell ist insofern irreführend, als es davon ausgeht, dass die Gegenwart ein «Ende» bedeutet und das ist höchst unwahrscheinlich. Selbst ohne Auswanderung ins All erwartet man für die irdische Biosphäre immer noch eine Lebensdauer zwischen zehn und fünfzehn Milliarden Jahren, ehe die Sonne aufhört, das Leben hier auf der Erde überhaupt zu ermöglichen. Wenn wir die geschätzte Lebensdauer der Sonne, also etwa zwanzig Milliarden Jahre, in unserem Modell auf einen einzigen Tag reduzieren würden, dann wäre es jetzt etwa acht Uhr morgens.

Bisher hat sich das Leben nahezu unbewusst abgespielt, auf Auto-Pilot gestellt, könnte man sagen, aber in der letzten Million Jahre (also die letzten paar Sekunden in diesem Modell) tauchten die ersten Anzeichen für erwachendes Bewusstsein auf.

«Das Universum ist so angelegt, dass es zu Selbstbetrachtung fähig ist», hat Spencer Brown einmal gesagt. Mit dem Auftauchen der neurosomatischen, neurogenetischen und metaprogrammierenden Schaltkreise ist die Art und Weise des Universums gemeint, sich immer deutlicher und umfassender zu sehen und sich dann zu entscheiden, wohin es sich entwickeln will.

In seinem Buch *Genetic Code* beobachtet Dr. Isaac Asimov einen Sechzig-Jahre-Zyklus zwischen dem ersten Verständnis eines neuen wissenschaftlichen Prinzips und der endgültigen Veränderung der Welt durch dieses Prinzip.

Beispielsweise entdeckte Oersted die elektromagnetische Äquivalenz, also die Tatsache, dass Elektrizität in Magnetismus und Magnetismus in Elektrizität umgewandelt werden kann, im Jahre 1820. Erst sechzig Jahre später, also 1880, waren die elektrischen Generatoren in Gebrauch und die Industrielle Revolution auf dem Höhepunkt. Fernschreiber und Telefon waren schon erfunden und das Zeitalter der Massenkommunikation dämmerte herauf.

1883 beobachtete Thomas Edison zum ersten Mal den sogenannten Edison-Effekt, den Schlüssel zur Elektronik, die sich von der Elektrotechnik deutlich unterscheidet. Sechzig Jahre später, also 1943, hatte sich die Elektronik überall durchgesetzt; seine primitive Anfangsform, das Radio, feierte seinen zwanzigjährigen Triumph und wurde gleichzeitig vom Fernsehen überrundet.

1896 entdeckte Becquerel die Radioaktivität des Uraniums. Sechzig Jahre später waren zwei Städte von Atombomben dem Erdboden gleichgemacht und überall auf der Welt wurden Atomkraftwerke gebaut. (Dies war ein Beitrag zur Verarmung, nicht zur Bereicherung der Welt.)

1903 hoben die Gebrüder Wright mit ihrem Eindecker zum ersten Mal für ein paar Minuten vom Erdboden ab. Sechzig Jahre später, also 1963, waren Jets, die über hundert Passagiere zugleich beförderten, das Alltäglichste der Welt.

Wenn wir annehmen, schätzen, damit spielen, dass dieser Sechzig-Jahre-Zyklus normal ist, können wir folgendes voraussagen:

Shannon und Wiener legten den mathematischen Grundstein für die Kybernetik im Jahre 1948. Sechzig Jahre später, also ca. 2008, wird die Kybernetisierung der Welt uns genauso umfassend wie die Elektrifizierung im 19. Jahrhundert auf eine neue Energie-Ebene oder in eine neue soziale Realität transzendiert haben – wie Toffler prophezeit hat.

Hoffmann entdeckte LSD und die chemische Kontrolle des Bewusstseins im Jahre 1943. Sechzig Jahre später, also ca. 2003, wird jede denkbare Bewusstseinsveränderung durch Verabreichung der entsprechenden Chemikalien möglich sein.

McKay berichtete 1938 von seinen ersten Erfolgen bei der Verlängerung der Lebensdauer von Laborratten. Sechzig Jahre später, also ca. 1998, müsste man Unsterblichkeitspillen in jeder Apotheke kaufen können.

DNS wurde 1944 identifiziert; sechzig Jahre später (2004) müsste jede Art von genetischer Technik zur Routine geworden sein, so wie es heute die Elektronik ist.

All diese Schätzungen sind wahrscheinlich noch ziemlich konservativ, denn sie gehen von Asimovs ursprünglichem Sechzig-Jahre-Zyklus aus, ohne zu berücksichtigen, dass sich auch der Bereich der Technologie immer schneller weiterentwickelt. Es wäre also wahrscheinlich angebrachter, jede Schätzung durch zwei zu teilen und uns mit dem Gedanken vertraut zu machen, dass die meisten dieser Veränderungen schon innerhalb der nächsten zehn Jahre auf uns zukommen – also noch ehe die achtziger Jahre vorbei sind.

Der neuste Versuch, das Ausmass der Informationsbeschleunigung, also die Manifestation von Kohärenz, einzuschätzen, stammt von dem französischen Wirtschaftsexperten Georges Anderla, der ihn 1973 für die Organisation für Wirtschaftliche Zusammenarbeit und Entwicklung (OECD) unternahm.

Anderla ging völlig willkürlich davon aus, dass die Menschheit zu Beginn der christlichen Ära (1 n. Chr.) die Information besass, die man als Messeinheit für weitere Entwicklungen zugrunde legen könnte. Er erklärte also diesen bestimmten Informationspool zu einer Einheit im Fundus des gesamten Wissens der Menschheit.

Darauf entdeckte er, dass es bis zum Jahre 1500 dauerte, ehe sich genug neues Wissen angesammelt hatte, um diesen «Fundus» auf zwei zu verdoppeln.

Anschliessend dauerte es nur zweihundertfünfzig Jahre (bis 1750), bis sich der Informationsfundus wiederum verdoppelt hatte und nun über insgesamt vier Einheiten verfügte.

Die nächste Verdoppelung war hundertfünfzig Jahre später erreicht, so dass die Menschheit um 1900 schon acht Einheiten auf ihrem Informationskapitalkonto verbuchen konnte.

Der nächste Sprung dauerte nur noch fünfzig Jahre, 1950 waren es sechzehn Einheiten.

Und wieder zehn Jahre später, also 1960 schon zweiunddreissig Einheiten.

Sieben Jahre später war die nächste Verdoppelung perfekt: vierundsechzig Einheiten. (Zufällig fiel sie mit dem ersten Höhepunkt der Jugendrevolte zusammen, als überall auf der Welt die alten

Realitätstunnel zusammenbrachen und neue, wilde Realitäten von allen Seiten auf uns einprasselten.)

Zwischen 1967 und 1973 verdoppelte sich das Guthaben auf unserem intellektuellen Bankkonto auf nunmehr hundertachtundzwanzig Einheiten. Hier beendete Anderla seine Studie.

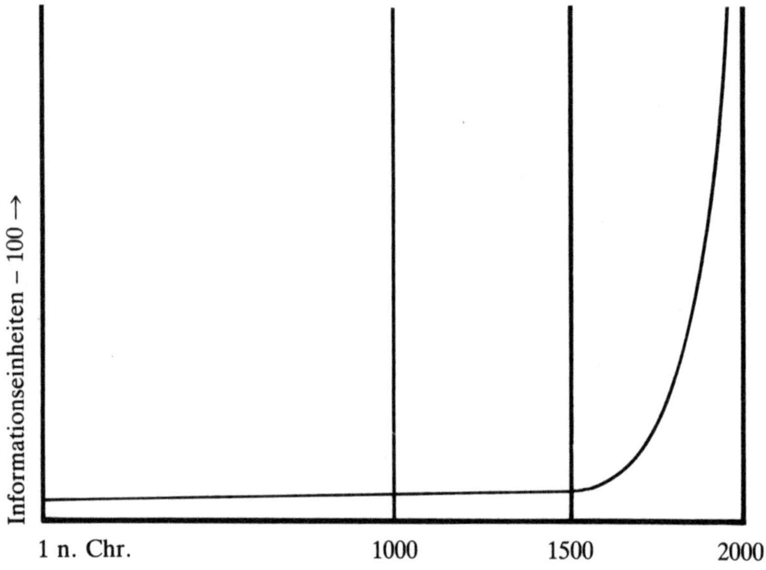

Die Informationsexplosion

Dr. Alvin Silverstein hat geschätzt, dass sich das menschliche Wissen millionenfach vervielfältigen müsste, wenn man Anderlas Diagramm auf die nächsten siebzig Jahre (1980 bis 2050) überträgt. Das heisst, wir würden am Ende dieser Periode über hundertachtundzwanzig Millionen Mal so viel Wissen verfügen wie im Jahr 1 nach Christi Geburt.

Langlebigkeitsdrogen werden wahrscheinlich noch früh genug kommen, um auch Ihnen den grössten Quantensprung in der Geschichte der menschlichen Evolution zu ermöglichen.

So ist es wohl einsichtig, wenn man davon ausgeht, dass sich die höheren Schaltkreise (neurosomatisch-ganzheitliches Bewusstsein, neurogenetisch-evolutionäre Vision, metaprogrammierende Flexibilität) auch deshalb entwickeln, damit wir mit dieser Fülle von mehr

Information und potentiell höherer Kohärenz überhaupt fertig werden können.

Tofflers dritte Welle ist der soziologische Aspekt einer Mutation, die auch biologisch und «spirituell» ist.

Wir werden viel länger leben, als wir je zu träumen gewagt hätten und obendrein viel klüger werden.

Eine ganz neue Realität wird sich aus dieser Mutation entwickeln.

Übungen

1. Stellen Sie eine Liste von zehn Bereichen auf, in denen Ihr Denken oder Fühlen noch konservativ ist. Schätzen Sie, wie lange es dauert, bis die Welt sich so total verändert hat, dass diese Ideen nicht mehr nur einfach konservativ, sondern irrelevant sind (etwa so wie heute die theologischen Debatten von 300 n. Chr.)

2. Stellen Sie eine Liste von zehn Bereichen auf, in denen Ihr Denken radikal ist, und schätzen Sie, wie lange es dauert, bis die Welt sich so total verändert hat, dass Ihre Ansichten in diesem Bereich völlig überholt erscheinen.

3. Akzeptieren Sie die Langlebigkeits-Hypothese. Stellen Sie sich vor, dass Sie mindestens dreihundert Jahre alt werden. Wieviel davon wollen Sie mit Faulenzen vertun? Wieviele verschiedene Jobs würden Sie gern haben? Wieviele Sportarten, Künste oder Wissenschaften, für die Sie bisher nie Zeit hatten, würden Sie gern lernen?

KAPITEL 18

DER NICHT-ÖRTLICHE QUANTEN-SCHALTKREIS

Die Wege des Herrn
sind nicht die unseren,
sagte Mr. Deasy.
Die ganze Geschichte bewegt sich
nur auf ein einziges Ziel zu:
die Manifestation Gottes.

James Joyce
Ulysses

Ein domestizierter Primatenphilosoph, der auf einem sauerstoffhaltigen und kohlenstoffreichen Planeten lebte, der wiederum einen Stern vom Typ G umkreist – es war der Autor –, wurde einmal gefragt:

«Wie denken wir eigentlich?»

«Nun, wir haben einen eingebauten Bio-Überlebensschaltkreis, der schützende von feindlichen Aspekten unterscheiden kann . . .»

«Aber erledigt er auch unser ganzes Denken?»

«Nein, das nicht, es gibt aber auch noch den emotional-territorialen Schaltkreis . . .»

«Aber, aber, aber . . .»

«Tja, es sind Schaltkreise über Schaltkreise», meinte ich.

Was der Denker denkt, wird der Beweisführer beweisen.

Wir haben ein wunderbares Modell vom Bewusstsein aufgestellt (das hoffen wir doch zumindest). Doch nun müssen wir uns wieder daran erinnern, dass das Modell nie das ganze System ist, obwohl das Gehirn durchaus nach dem Modell eines Computers mit allen Hardware- und Software-Einheiten eines solchen gesehen werden kann. Der Architekt oder der Metaprogrammierer ist jedoch immer grösser als das Modell oder Programm.

Bei dem, was die Parapsychologen mit «Erfahrungen ausserhalb des Körpers» umschreiben, *scheint* das Bewusstsein den Grenzen des Nervensystems völlig entfliehen zu können.

Solche Erfahrungen sind bei Fortgeschrittenen in bestimmten Yoga-Lehren Routine und treten ausserdem spontan auch bei Leuten auf, die kurz vor dem Tod stehen oder auch schon klinisch tot sind, also in Situationen, in denen der Patient nach allen medizinischen Regeln zu sterben scheint, von modernen Wiederbelebungstechniken jedoch gerettet werden kann.

Solche Erfahrungen «ausserhalb des Körpers» treten gelegentlich auch nach starken Dosen von LSD und Ketamin auf, einem Betäubungsmittel mit merkwürdigen psychedelischen Nebenwirkungen. Diese Erfahrungen sind übrigens auch Bestandteil vieler schamanischer Überlieferungen auf der ganzen Welt und werden von Okkultisten in unseren Gesellschaftsystemen ausprobiert.

Beispiel: Eines Tages «sah» ich während eines Neuroprogrammierungs-Experiments im Jahre 1973, wie fünfhundert Meilen weiter weg, aber haargenau zur gleichen Zeit, meinem Sohn etwas passierte.

Eine solche Erfahrung lässt sich in verschiedener Art verarbeiten. Man könnte sagen, dass mein «Astralkörper» tatsächlich in Arizona war – das wäre die Theorie der Okkultisten. Man könnte auch, etwas konservativer, sagen, dass ich eine aussersinnliche Wahrnehmung hatte und «Arizona» sah, ohne tatsächlich da gewesen zu sein. Es gibt viele Parapsychologen, die diese Schaltkreis-III-Erklärung einer Schaltkreis-VIII-Erfahrung vorziehen. Wir könnten auch versuchen, zu beweisen, dass ich «zufällig» gerade daran dachte, als es passierte, also eine Synchronizität vorlag; das wäre die Jungsche Theorie. Man könnte das Ganze aber einfach unter den Teppich kehren und an dem «puren Zufall» festhalten, was die traditionelle Erklärung wäre.

In Übereinstimmung mit früheren Schriften von Timothy Leary und mir selbst, wie auch den Erkenntnissen der Physics/Consciousness Research Group in San Francisco ziehen wir folgende Erklärung vor: Solche Fälle sind der spezielle Ausdruck dessen, was man in der Quantentheorie unter Bells Theorem versteht.

Bells Theorem ist ein technischer Ausdrück, der in die normale Alltagssprache übersetzt etwa meint, dass es keine voneinander isolierten Systeme gibt, sondern jedes Teil im Universum in umittelbarem (schneller als Lichtgeschwindigkeit) Kontakt mit jedem anderen Teil steht. Das ganze *System,* auch die Teile, die in kosmischer Entfernung voneinander existieren, funktioniert stets als *ganzes* System.

Nun scheint aber eine derartige unmittelbare Kommunikation, die schneller als Lichtgeschwindigkeit ist, von der Speziellen Relativität her unmöglich zu sein und das stellt uns tatsächlich vor ein Problem. Bells Theorem kennt jedoch keine Alternative und ist zwingend: In der Physik ist ein Theorem nicht einfach nur eine «Theorie», sondern ein mathematischer Beweis, der richtig sein *muss,* wenn die Berechnungen stimmen und die Experimente, auf denen sie basieren, wiederholbar sind und auch tatsächlich mehrmals nachvollzogen worden sind.

Andererseits können wir die Spezielle Relativität auch nicht einfach über Bord werfen, denn hier sind die Gleichungen genauso stimmig und die Experimente, die ihnen zugrunde liegen, Legion.

Man hat zwei Lösungen aus diesem Dilemma erwogen, und beide gehen davon aus, dass die «Kommunikation» in Bells Übermittlungen keinerlei Energie verbraucht. Denn es ist die Energie, die sich nicht schneller als mit Lichtgeschwindigkeit fortbewegen kann. Dr. Edward Harris Walker ist der Ansicht, dass das, was sich schneller als mit Lichtgeschwindigkeit bewegt und das ganze System zusammenhält «Bewusstsein» ist. Möglich, dass wir letzten Endes gezwungen sind, das zu akzeptieren; in diesem Fall wird die Physik den Pantheismus oder doch wenigstens den Panpsychismus gerechtfertigt haben. Die andere Alternative wurde von Dr. Jack Sarfatti vorgeschlagen und geht davon aus, dass das Medium der Bellschen Übermittlungen «Information» ist.

Reine Information im mathematischen Sinne erfordert keinerlei Energie; sie ist das, was die Energie regelt, der Gegensatz von Entropie, also dem, was Unordnung in Energiesysteme bringt.

Dr. Sarfatti erklärt seine Theorie folgendermassen:

> «Stellen Sie sich vor, dass Ihr Gehirn ein Computer ist, so wie es die moderne Neurologie formuliert. Stellen Sie sich weiter vor, dass das ganze System ein grosser Computer, ein

> Mega-Computer ist, wie Dr. John Lilly sagen würde. Und nun stellen Sie sich vor, dass der Sub-Quantenbereich, der Bereich dessen, was Dr. David Bohm die «Verborgene Variable» nennt, aus lauter Mini-Mini-Computern besteht. Damit ist die Hardware jeden Computers – also des Universums, Ihres Gehirns, der Sub-Quantenmechanismen – lokalisiert. Jedes ihrer Teile befindet sich irgendwo in Raum und Zeit, hier – nicht da; jetzt – nicht damals. Aber die Software, die Information also, ist nicht örtlich oder lokalisierbar. Sie ist hier, da, überall, jetzt, damals und immerfort.»

Höchstens schamanistisches und/oder Yoga-Bewusstsein scheint aus der Ausdehnung über das Unmittelbare hinaus (Erfahrungen ausserhalb des Körpers) zu entstehen und sich mit schwindelerregender Beschleunigung auszudehnen, um schliesslich mit dem Kleinsten und Grössten, dem «kosmischen Geist», zu verschmelzen. Und genau das müsste anscheinend passieren, wenn das Gehirn auf das nicht-örtliche Informationssystem von Sarfatti, das ja implizit auch in Bells Theorem mitschwingt, eingestellt würde.

Der metaphysiologische Schaltkreis ist dann also genau dieses kosmische Informationssystem. Die Synchronizität der Schaltkreise V bis VII stellt nur die ersten Töne einer Symphonie aus allen miteinander verbundenen Harmonien dar, die sich denen offenbart, die den achten Schaltkreis in Aktion erlebt haben. Es ist wirklich schwer, sich vor Übertreibung zu hüten, wenn man von solchen Dingen spricht, aber alles, was man bei der Idee von einer Vereinigung mit Gott assoziieren kann, ist nur ein Bruchteil dessen, was man mit diesem metaphysiologischen Schaltkreis jenseits von Zeit und Raum erleben kann.

Mystiker geraten ins Stottern, stammeln wirres Zeug und fangen an zu schwärmen, wenn sie versuchen, davon zu erzählen. Beethoven hat es ohne Worte für sie alle im vierten Satz der neunten Symphonie gesagt. Der Text von Schillers *Ode an die Freude,* die Beethoven zu dieser buchstäblich übermenschlichen Musik anregte, ist ein lineares Schaltkreis-III-Schema, das nur einen bruchstückhaften Einstieg in die vielfältigen Bedeutungsebenen der Schaltkreis-VIII-Sprache des Werkes selbst ermöglicht, das wiederum alles Bewusstsein vom primitiven Überleben bis zu metaphysiologischer, kosmischer Verschmelzung umspannt.

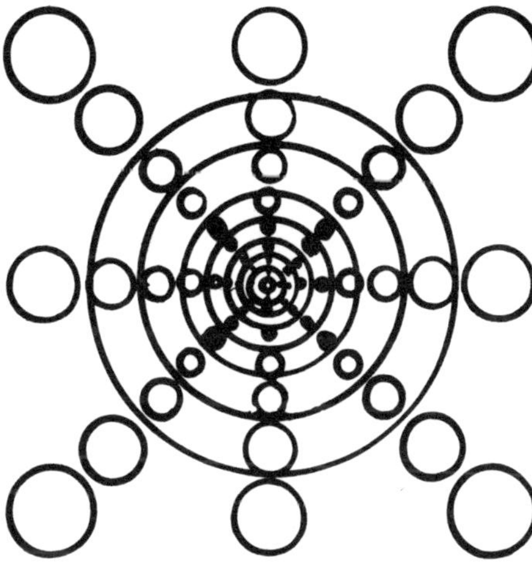

Das ganze *System* ist ein *ganzes* System

Der metaphysiologische Schaltkreis

Rädchen im Rädchen im Rädchen . . .
Dr. Sarfattis Computer im Computer im Computer.
Bewusstsein oder Information als kohärente Intelligenz erfahren,
die sich unendlich weit in sämtliche Richtungen ausbreitet.

KAPITEL 19

DER NEUE PROMETHEUS

Wir dehnen uns in Zeit und Raum aus,
nicht *wegen* Kapitalismus und Sozialismus,
sondern *trotz* dieser beiden Systeme.
Die rechten/linken,
kapitalistischen/sozialistischen Gesellschaften
sind psychologisch nicht
auf die ihnen bevorstehende Situation
in Raum und Zeit vorbereitet.

F. M. Esfandiary
Upwingers

Laut Patanjali besteht Yoga aus sieben «Gliedern», oder wie wir sagen würden, sieben Stufen oder Phasen.

Die erste ist *Asana;* eine bestimmte Stellung (normalerweise eine, die im Sitzen ausgeführt wird) soll so lange wie möglich eingehalten werden. In unserer Terminologie ausgedrückt, wäre das ein Versuch, den Bio-Überlebensschaltkreis zu stabilisieren, indem man ihn mit Eintönigkeit besänftigt. Man sitzt und sitzt und sitzt. Schliesslich erreicht man so etwas wie «inneren Frieden», gleichbedeutend mit dem Wegfall aller «unbewusster» oder unbemerkter Überlebensangst.

Da *Asana* so monoton ist und nur langsam Wirkung zeigt, und Krieg (säugetierische Schaltkreis-II-Kämpfe um Territorium) etwas so Alltägliches unter domestizierten Primaten ist, wird an anderen Schulen eine alternative Technik gelehrt, mit deren Hilfe man Bio-Überlebensstabilität erreichen kann: die Kriegskunst. Aikido, Judo,

Karate usw. entwickelten sich an Yoga-ähnlichen Schulen mit dem Ziel, den Bio-Überlebensschaltkreis neu zu programmieren.

Die zweite Stufe im klassischen Yoga ist *Pranayama.* Über die Effizienz dieser Atemtechnik haben wir schon gesprochen; sie wirkt beruhigend und ausgleichend, vor allem bei emotionalen Programmen des zweiten Schaltkreises.

(Schon hier lässt sich erkennen, dass Yoga wie eine Gehirnwäsche ganz von unten anfängt – bei den primitivsten und ältesten Schaltkreisen.)

Die dritte Stufe im Yoga ist *Dharana* oder *Mantra.* Beim *Dharana* konzentriert man sich auf ein bestimmtes Bild, beispielsweise ein rotes Dreieck und schiebt rücksichtslos alle anderen Bilder, Eindrücke oder Gedankenfetzen beiseite, die sich einem aufdrängen wollen. In der Praxis erweist sich dies für die meisten Schüler als schwierige, wenn nicht unlösbare Aufgabe, deshalb ersetzten die meisten Yoga-Lehrer sie durch *Mantra,* also die (durch Wiederholung erzielte) Konzentration auf einen bestimmten Satz, der gewöhnlich keinen besonderen Sinn hat, etwa «Hare Krishna, Hare Krishna, Krishna, Krishna, Hare, Hare» oder «Om Tat Sat» oder was auch immer es für Möglichkeiten gibt.

Beide Praktiken, *Dharana* und *Mantra,* scheiden den «inneren Monolog» des dritten Schaltkreises ab, wenn man sie täglich lang genug übt.

Das westliche, mystische Äquivalent ist die Kabbala, der komplexeste «jüdische Witz», der je erfunden wurde. Die Kabbala erschöpft den dritten, semantischen Schaltkreis, indem sie ihn damit auf Trab hält, unlösbar erscheinende numerologische und verbale Probleme zu knacken. Das fernöstliche Gegenstück ist der Zen-*Koan,* der, wenn auch weniger verrückt und systematischer, wie die Kabbala funktioniert und auch das gleiche Ziel hat. Ein Beispiel: «Welches Geräusch macht eine einzelne klatschende Hand?» Zen-*Koans* sind immer mit *Zazen* (sitzendem Zen) kombiniert, denn er verbindet das reinigende *Asana* des ersten Schaltkreises mit dem ausgleichenden Atemzählen des zweiten Schaltkreises (schwächere Form von *Pranayama).*

Wenn der Schüler genügend Distanz von den Ängsten des ersten, den Emotionen des zweiten und den Realitätsvorgaben des dritten Schaltkreises gewonnen hat, und dabei *Asana, Pranayama* und *Dharana* oder *Mantra* praktiziert hat, empfiehlt Patanjali die Praxis des *Yama.* Dies umfasst auch das Zölibat, ist aber nicht darauf beschränkt.

Das letzte Ziel des *Yama* besteht darin, alles Interesse an den sozialen und sexuellen Aspekten des vierten Schaltkreises aufzulösen, so dass der Schüler aufhören kann, sich um Familie, soziale oder Stammesangelegenheiten kümmern zu müssen. Dabei spielt die Selbstverleugnung eine grosse Rolle, die Leuten mit Erfahrung in *Asana, Pranayama* und *Dharana* leichter fällt, aber immer noch grosse Entschlossenheit erfordert.

Manche kürzen auch hier den Weg ab, indem sie sich eine Entdeckung zunutze machen, die Patanjali entweder nicht bekannt war oder die erst nach ihm gemacht wurde, nämlich sich in Höhlen zurückziehen. Eine derartige Isolation ist, wie wir oben schon gesehen haben, eine ausserordentlich grosse Hilfe beim Ausbleichen aller vier hominider Schaltkreise.

Eine Alternative für die, die dem Zölibat nichts abgewinnen können und auch keine Lust haben, Einsiedler zu werden, ist das *Tantra,* das etwa zur Zeit Patanjalis im Norden Indiens entwickelt wurde. Es verändert den vierten Schaltkreis durch eine rituelle, physiologische oder «magische» (selbsthypnotische) Explosion eines (in die Länge gezogenen) Geschlechtsaktes in die neurosomatische Verzückung des fünften Schaltkreises.

Für die aber, die dem orthodoxen Pfad Patanjalis folgen wollen, wird der fünfte Schaltkries von *Niyama* geprägt, was so viel heisst wie «Superkontrolle» oder «gar keine Kontrolle» und den paradoxen Zustand der bewussten Spontaneität beschreibt. *Niyama* kann man nicht lernen, sondern nur erfahren. Wir gehen von der Hypothese aus, dass die Bio-Energie sich irgendwo entladen muss, und wenn man sie mittels *Asana* aus dem ersten, mittels *Pranayama* aus dem zweiten, mittels *Dharana* oder *Mantra* aus dem dritten und mittels *Yama* aus dem vierten Schaltkreis vertrieben hat, wird sie in der neurosomatischen Erleuchtung des fünften Schaltkreises explodieren.

Die sechste Stufe im Yoga ist nach Patanjali das *Dhyana,* was «Meditation» nur in der gröbsten Bedeutung des Wortes beschreibt. *Dhyana* heisst eigentlich die Vereinigung mit einem bestimmten Objekt auf dem inneren Bildschirm, also die Erkenntnis von der totalen Einsichtigkeit der These, dass Geist und Inhalt funktional identisch sind, oder – mit anderen Worten – die Öffnung des metaprogrammierenden Schaltkreises. Man kann *Dhyana* mit allem möglichen praktizieren. Yogis machen es mit einem Baum oder einem Hund, und Juan Matus, der mexikanische Schamane aus Castanedas Werken, spricht davon, mit einem Coyoten oder einem Stern eins werden zu können.

Die siebte Stufe im Yoga ist *Samadhi,* von *sam* (Vereinigung; abgeleitet vom griechischen *syn-)* und *adhis* (der Herr; abgeleitet vom hebräischen *Adonai* oder griechischem *Adonis).* Hier widersprechen sich Patanjali und seine Anhänger; einige behaupten, es gäbe nur ein *Samadhi,* andere sprechen von zwei, drei oder gar mehr. Da dies mit der Öffnung und Prägung des neurogenetischen Schaltkreises korrespondiert, müssen wir uns der Ansicht anschliessen, dass es mehrere *Samadhis* gibt und diese davon abhängen, welche oder wieviele göttliche Archetypen aus den genetischen Archiven geprägt wurden. Katholische Mystiker praktizieren *Samadhi* auf die heilige Jungfrau, Sufis auf Allah, Aleister Crowley auf Pan usw. Darüber hinaus ist es möglich, das kosmische Informationsnetzwerk des achten Schaltkreises neu zu prägen und eine derartige Verschmelzung nicht nur mit allen empfindsamen Wesen und einem emblematischen Archetyp des DNS-Mutterprogramms, sondern auch mit dem anorganischen Universum zu erreichen. Aus diesem zweiten oder metaphysiologischen *Samadhi* heraus konnte Gandhi sagen: «Gott ist auch im Felsen, im Stein!» und Pantheisten jeden Kalibers pflichten begeistert dem kanadischen Psychiater R. M. Bucks bei, der nach seinem Schaltkreis-VIII-*Samadhi* verkündete, dass das «Universum keine tote Maschine, sondern lebendige Gegenwart» sei.

Um es klipp und klar zu sagen: dieser Planet wird von domestizierten Primaten bewohnt und grösstenteils auch beherrscht, die nicht in jeder Hinsicht vernünftige Zeitgenossen sind. Vielleicht hat Voltaire übertrieben, als er sagte, man sollte sich das Ausmass der menschlichen Dummheit vorstellen, wenn man die mathematische Bedeutung der Unendlichkeit verstehen wollte, aber die Situation ist nun mal fast so schlimm. Millionen von Menschen wurden von dummen Anführern und dummen Massen aus den dümmsten Gründen der Welt abgeschlachtet und die bizarren (zufällig geprägten) Realitätstunnel, die das ermöglichten, regieren und roboterisieren uns noch heute.

Noch ist Dummheit nicht ausschliesslich im Besitz der einen oder anderen Gruppierung; man braucht dazu keine «Berufung» wie etwa beim Priestertum. Es scheint sich um eine ansteckende sozio-semantische Störung zu handeln, die jeden von uns dann und wann befällt. Berüchtigte Beispiele finden sich in den Biographien grosser Männer.

Bei den Gelehrten zeigt sich das Ausmass, wie schon erwähnt, in der Tatsache, dass jede wissenschaftliche Revolution eine Generation braucht. Ältere Wissenschaftler akzeptieren so gut wie nie eine neue Theorie, egal, wie einleuchtend sie ist, und eine Revolution ist immer erst dann perfekt, wenn eine zweite Generation, die frei ist von den alten Prägungen, die neue Realität prägt.

Wenn aber die Wissenschaft, das Paradigma der Rationalität, schon so mit Dummheit durchsetzt ist, dass sie eine generelle zeitliche Verzögerung von einer Generation bewirkt, was lässt sich dann erst von Politik, Wirtschaft und Religion sagen? Zeitliche Verschiebungen von Tausenden von Jahren wirken in diesen Bereichen völlig «normal». In der Tat kam ja auch Voltaire erst durch seine Beschäftigung mit der Religionsgeschichte zu dem Schluss, dass die menschliche Dummheit mit dem mathematischen Konzept der Unendlichkeit vergleichbar wäre. Eine Analyse der Politik ist kaum ermutigender. Fassen wir die Sache am besten folgendermassen zusammen: Die Dummheit hat mehr Genies (und normale Menschen) umgebracht und eingekerkert, mehr Bücher verbrannt, mehr Völker ausgerottet und den Fortschritt nachdrücklicher verzögert als jede andere Kraft in der Geschichte.

Deshalb ist es auch keine Übertreibung, zu behaupten, dass mehr Menschen an Dummheit gestorben sind als durch andere Krankheiten, die der Medizin und Psychiatrie bekannt sind.

Intelligenz ist die Fähigkeit, Information zu empfangen, zu entschlüsseln und brauchbar weiterzuvermitteln. Dummheit ist die Unterbrechung dieses Prozesses an einem beliebigen Punkt. Fanatismus, Ideologien usw. blockieren die Fähigkeit, zu empfangen; mechanische Realitätstunnel blockieren die Fähigkeit zu dekodieren oder zu integrieren, und die Zensur blockiert die Weitergabe.

Wenn wir unsere Intelligenz steigern könnten, würden wir offensichtlich auch schneller Lösungen für die diversen apokalyptischen Szenarios finden, die uns heute bedrohen.

Wenn jeder Wissenschaftler, der sich mit dem Problem der Energieversorgung beschäftigt, seine Intelligenz verdoppeln oder gar verdreifachen könnte, würde er für seine Forschung nicht mehr zwanzig, sondern nur noch sechs Jahre brauchen.

Wenn die menschliche Dummheit im ganzen reduziert würde, gäbe es weniger Widerstand gegen originelle Ideen und neue Wege für unsere alten Probleme, weniger Zensur und weniger Fanatismus.

Wenn die Dummheit reduziert werden könnte, würden wir weniger Geld für grossangelegte Absurditäten wie das Wettrüsten zum Fenster rausschmeissen und hätten mehr für lebenserhaltende Projekte zur Verfügung.

Es gibt rational nichts Wünschenswertes, das nicht schneller erreicht werden könnte, wenn die Rationalität zunähme. Das ist zwar eine Tautologie, sie hat aber eine Folgerung:

Die Arbeit, die wir darauf verschwenden, unsere Intelligenz zu steigern, kommt gleichzeitig unseren gesunden und lohnenswerten Zielen zugute.

Maurice Nicholl, Physiker, Psychiater, Anhänger Jungs, Gurdjieffs und des Esoterischen Christentums, hat einmal gesagt, dass «der einzige Zweck der Bewusstseinserforschung darin liegt, das Ausmass der Gewalt in der Welt zu mindern». Und genau das ist auch das Problem Nr. 1 für das Gesundheitswesen des Atomzeitalters, dem Zeitalter des Overkills.

Wir sprechen hier nicht von einem blossen Wachstum linearer IQ-Klugheit des dritten Schaltkreises. Auch nicht von den Formen rechtshirniger Intelligenz, zu denen Nicholl über die Jungsche neurogenetische Forschung und Gurdjieffs metaprogrammierende Techniken gelangte. Wir sprechen von, sagen wir, Beethovens Intelligenz, die Lenin so aus der Fassung brachte, dass er es nicht ertragen konnte, die *Apassionata* zu hören, weil sie ihn zu Tränen rührte und er danach «wildfremden Leuten übers Haar streichen wollte», statt «sie auf den Kopf zu schlagen, und zwar kräftig, damit sie gehorchen». Mehr von Beethovens Intelligenz tut not, dringend sogar, um ein Zeichen zu setzen, das die heutigen Lenins nicht übersehen können, das sie zum Weinen bringt, damit sie endlich aufhören, andern dauernd eins überzubraten.

Wir brauchen mehr Meditation und weniger Munition. Die säugetierischen politischen Spielchen des zweiten Schaltkreises sind seit Millionen von Jahren überholt.

Dr. Nathan Kline hat vorausgesagt, dass wir innerhalb von einundzwanzig Jahren über Drogen verfügen, die unser Gedächtnis verbessern, Drogen, die unangenehme Erinnerungen löschen oder bestimmte Emotionen steigern, bzw. mildern, Drogen, die unsere Kindheit verlängern oder verkürzen könnten etc. Man braucht nicht viel Phantasie, um vorauszusehen, dass solche Chemikalien uns grössere Kontrolle über unsere neuralen Tunnelrealitäten ermöglichen würden als je zuvor. Natürlich werden die Menschen diese Zaubermittel auf alle möglichen Arten ge- und missbrauchen, aber die intelligentesten werden sie auch auf die intelligenteste Art gebrauchen, nämlich um ihre Intelligenz zu steigern und in jeder Dimension zu intensivieren, die auf dem Spektrum des achten Schaltkreises denkbar ist. In der Hauptsache werden sie sie benutzen, um überholte Realitätsprogramme abzuklemmen und neu zu programmieren, die neurologische Freiheit zu vergrössern und ganz allgemein das Bewusstsein und die Sensibilität für Signale und Informationen zu erweitern.

Das Potential für eine neurologische Revolution – planetarische Intelligenzsteigerung – sollte jedem einsichtig sein, der auch nur einen Hauch von Erfahrung mit so primitiven Psychedelika wie LSD hat. Bezeichnenderweise ist es so gut wie unbekannt, dass das längste Einzelprojekt mit LSD, das in den sechziger Jahren im Spring Grove Hospital, Maryland, durchgeführt wurde, einen durchschnittlich zehnprozentigen Anstieg allein des linearen IQ nachwies, abgesehen von Metaprogrammierungsaspekten und neurogenetischer Erleuchtung, die von einer LSD-erfahrenen Gegenkultur und ihren Gurus schon lange verkündet wurden.

Darüber hinaus gibt es ein direktes Feedback zwischen Neuropharmakologie und anderen Wissenschaften vom Gehirn. William S. Burroughs behauptet: «Alles, was chemisch machbar ist, lässt sich auch anders erreichen.» Yoga plus Biofeedback führt schneller zu Abstand von alten Prägungen als Yoga allein; Hypnose und Gehirndrogen produzieren zusammen mehr als eins der beiden Phänomene allein; John Lilly hat LSD-Wirkungen in seinen Isolationstanks verdoppeln können usw.

Schwarzseher haben uns schon immer davor gewarnt, dass die voll ausgerüstete Waffenkammer von synergetisch zusammenwirkenden Neuro-Wissenschaften, die gerade im Aufbau begriffen ist, skrupellosen Tyrannen die Möglichkeit bietet, uns mit umfassenderen Gehirnwäschen zu Leibe zu rücken als jemals zuvor.

Nun liegt es aber auf der Hand, dass die gleiche Technologie, wenn sie intelligent eingesetzt wird, uns von jeder Form neurotischer oder irrationaler Sturheit befreien kann und wir unser Nervensystem genauso problemlos einschalten können wie unseren Fernseher, und jeden Kanal beliebig oft ein- oder ausstellen können. Das nennt man Metaprogrammierungs- (oder kybernetisches) Bewusstsein.

Warum deprimiert sein, wenn man glücklich sein kann? Warum

dumm bleiben, wenn man klug werden kann, warum erregt sein, wenn man gelassen sein kann? Offensichtlich sind die meisten Menschen deprimiert, dumm oder erregt, weil es ihnen an Werkzeugen fehlt, mit denen sie die beschädigten oder kaputten Schaltkreise in ihrem Nervensystem reparieren können. Diese Werkzeuge stehen jetzt zur Verfügung und die damit erreichbare Intelligenzsteigerung funktioniert nach dem Lustprinzip. Je mehr innere Freiheit man erlangt hat, um so mehr will man davon haben. Es macht einfach mehr Spass, glücklich zu sein, als traurig, seine Emotionen selber zu bestimmen, als mechanischen Drüsenfunktionen unterworfen zu sein, und seine Probleme zu lösen, statt ewig an ihnen herumzudoktern.

Kurz: Intelligenzsteigerung heisst Intelligenz, die von sich selbst lernt (I^2), und das erste, was sie von sich selbst lernt (das Gehirn studiert das Gehirn: Metaprogrammierung), ist: Je mehr Intelligenzformen einem zur Verfügung stehen, um so mehr Spass macht der Versuch, die subtileren, empfindlicheren zukünftigen Ebenen des Bewusstseins und höhere Intelligenz zu entwickeln.

Zusammenfassend möchte ich betonen, dass eine Intelligenzsteigerung durchaus wünschenswert ist, weil es kein einziges Problem für die Menschheit gibt, das nicht von der überwiegenden Dummheit (Unempfindlichkeit) der Spezies entweder verursacht oder verschlimmert würde: Lauter schlecht eingestellte Roboter, die alle durcheinandertorkeln und sich gegenseitig verstümmeln oder gar töten.

Intelligenzsteigerung ist machbar, weil die Fortschritte in der modernen Neurowissenschaft uns zeigen, wie wir geprägte, konditionierte oder erlernte Reflexe verändern können, die uns früher eingeschränkt haben.

Intelligenzsteigerung ist hedonistisch: je mehr Freiheit und Bewusstsein man erlangt, um so mehr will man davon, und um so weniger ist man bereit, in die dummen alten und blinden mechanischen Schaltkreise zurückzufallen.

Intelligenzsteigerung kann den Fortschritt in Richtung auf Abschaffung von Krieg und Armut beschleunigen, Mittel gegen Krebs und Schizophrenie entwickeln, die Auswanderung ins All und Lebensverlängerung durchsetzen (die uns Raum und Zeit genug schenken, um uns noch weitere kosmische Ebenen des Bewusstseins zu erschliessen) oder andere erstrebenswerte Ziele verwirklichen.

Wie Tod und Armut war uns die Dummheit so lange vertraut, dass die Menschen sich ein menschliches Leben ohne sie schon gar nicht mehr vorstellen können. Aber jetzt ist es bald aus mit ihr. Wenn auch diverse Interessensgruppen (sogenannte Intelligenz-Agenturen, Sponsoren, Tyrannen, Klerus usw.) von der Dummheit profitieren – die Menschheit als Ganzes hat mehr davon, wenn sie endlich abgeschafft wird.

Etwa fünfzig Prozent der menschlichen Spezies haben bisher ihren dritten Schaltkreis noch nicht voll entwickelt. Sie tauschen zwar primitive Symbole aus und gehen mit primitiven Werkzeugen um, richten sich aber die meiste Zeit nach ihren säugetierischen, emotionalen Schaltkreisen und dem vor-säugetierischen Bio-Überlebensschaltkreis.

In den Vereinigten Staaten ist Ronald Reagan momentan ihr Anführer. Die Typen des dritten Schaltkreises wollen das nicht einsehen, aber in Wirklichkeit zeigen sie nichts anderes als simples, säugetierisches Herdenverhalten. Reagan ist der typische Primatenführer; die Geräusche, die er von sich gibt, hält der Rationalist des dritten Schaltkreises für völlig bedeutungslos, während sie für eine territorial-emotional-patriotisch veranlagte Mehrheit der Primaten von immenser Bedeutung sind.

Weitere zwanzig Prozent sind «verantwortungsbewusste, intelligente Erwachsene» mit voll ausgebildetem dritten und vierten Schaltkreis. Sie verbringen einen Grossteil ihrer Zeit damit, sich aufzuregen, weil die vorherrschenden Primaten-Parameter der menschlichen Gesellschaft ihnen absurd, unmoralisch und zunehmend auch gefährliche erscheinen.

Weitere zwanzig Prozent sind neurosomatische Adepten. Moralisten des vierten Schaltkreises halten sie für «Mystiker», «Wirrköpfe», «Verrückte», die «Ich-Generation», «unverantwortlich», «hedonistisch» usw.

Die meisten dieser Schaltkreis-V-Adepten (Verschwörer des Wassermannzeitalters) haben sich Joyces «Kunst des Schweigens, des Exils und der List» angeeignet: sie sind einfach unsichtbar. Andere haben ihr Talent als Heiler zur Verfügung gestellt oder sich anderen okkulten Techniken dieser Art gewidmet und achten sorgfältig darauf, dass ihre Klienten nur ja nichts davon merken, dass es in Wirklichkeit die lokale Moral, Ideologie und der vorherrschende Realitätstunnel waren, die sie krank gemacht haben. Sie strahlen «positive Energie» aus und vermeiden vernünftigerweise alle Konflikte mit moral-ideologischen «Obrigkeiten».

Weitere fünf Prozent haben neurogenetisches Bewusstsein erlangt und arbeiten als Evolutionsagenten (Entwicklungshelfer). Ihr Gott ist Pan (das Leben) und ihr Ziel die Unsterblichkeit.

Weitere drei Prozent haben den Metaprogrammierungs-Schaltkreis gemeistert und bilden damit den «bewussten Kern der Menschheit» (Gurdjieff). Sie sind *Freimaurer* im ursprünglichen Sinn dieses entwerteten Begriffs: Mit-Schöpfer zukünftiger Realitäten.

Nur zwei Prozent sind Neuroquanten-Adepten und stehen völlig über irgendwelchen Raum/Zeit-Kategorien.

Alle diese Schätzungen sind annähernde Werte.

Die neueren Schaltkreise (neurosomatische Verzückung, neurogenetisches *«Atman»*-Bewusstsein, metaprogrammierende Realitätsspiele, nicht-örtliches kosmisches Bewusstsein) müssen eine Funktion haben.

Wir können nur annehmen, dass sie uns auf unsere neue Situation in Raum und Zeit vorbereiten, nachdem die Kolonialisierung des Weltraums, die Langlebigkeits- und Unsterblichkeitsforschungen abgeschlossen und ein noch grösserer Beschleunigkeitsfaktor erreicht worden sind.

Ingenieure messen eine Maschine nach Drehzahl pro Minute. Wenn wir das auf die Geschichte der Menschheit übertragen, ergibt sich folgendes Bild:

Im frühen Steinzeitalter machte sich der Beschleunigungsfaktor gerade erst bemerkbar. Damals liess sich Veränderung mit Drehzahl pro zehntausend Jahren schätzen.

Mit der jungsteinzeitalterlichen Revolution beschleunigte sich die Entwicklung. Jetzt galt es etwa Drehzahl pro tausend Jahre.

Nach Galilei vollzog sich die Entwicklung mit Drehzahl pro hundert Jahre.

In unserem Jahrhundert hiess es noch Drehzahl pro Generation.

Doch allmählich steuern wir auf eine Entwicklung von Drehzahl pro Jahrzehnt zu.

Auf dem Höhepunkt der Bewusstseinsrevolution wird die Langlebigkeitspille überall auf dem Markt sein, Klonen zum Alltag gehören, und sämtliche Theorien in diesem Buch, auch die verrücktesten und radikalsten, verblassen und überholt sein. Bis 1995 etwa müssten wir uns daran gewöhnt haben, in Drehzahl pro Jahr zu denken.

Es gibt keinen Grund, die Tunnelrealität dieses Buches als endgültig zu akzeptieren. Wer die Botschaft wirklich verstanden hat, wird sich eine grössere und schönere Zukunft erfinden, als ich sie hier vorgeschlagen habe. Um mit Barbara Marx Hubbard zu sprechen.:

Die Zukunft existiert
zuerst in der
Phantasie,
dann im Willen
und dann in der Realität.

ANHANG

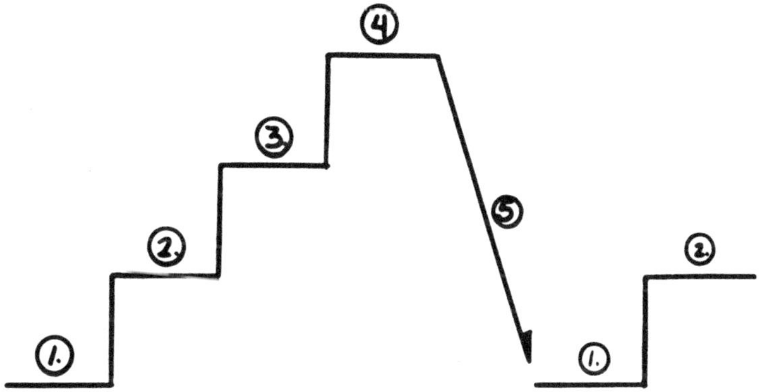

Das neurogenetische Skript (zyklischer Aspekt):

1. Das hilflose Kind (Schaltkreis I)
2. Das laufende, kämpfende, wetteifernde Kind (Schaltkreis II)
3. Das Wort und Werkzeug verwendende ältere Kind (Schaltkreis III)
4. Prägung/Konditionierung des sexuellen Schaltkreises (IV), domestiziertes Eltern-Ich
5. Fortpflanzung und ... so setzt der Zyklus sich fort ...

«... die Liebeleien und Hochzeiten und Bestattungen
und natürliche Auswahl ...»

Joyce,
Finnegans Wake

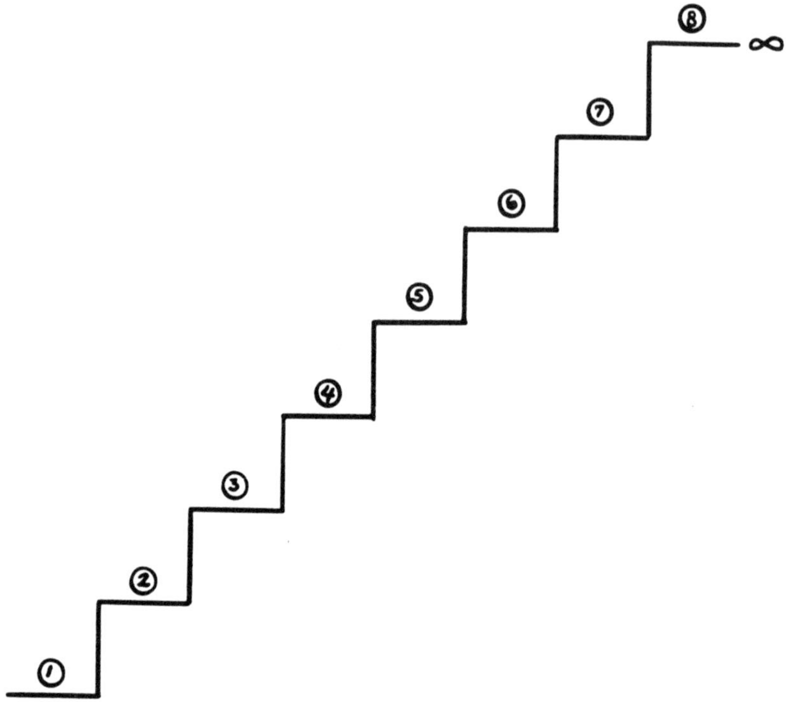

Das neurogenetische Skript (spiralförmiger Aspekt):

1. Primitive Organismen; in der Säuglingsphase rekapituliert
2. Wirbeltierkampf; in der Kleinkindheit rekapituliert
3. Semantisch-technologische Fähigkeiten; in der Schule rekapituliert
4. Sozio-sexuelle Domestizität
5. Neurosomatische Verzückung; Schwerelosigkeit und Auswanderung ins All präkapitulierend
6. Neurogenetische Vision; Langlebigkeit und Unsterblichkeit präkapitulierend
7. Metaprogrammierungs-Geschick; Intelligenz-Steigerung präkapitulierend
8. Metaphysiologische kosmische Vision, präkapitulierend . . . WAS?

Robert Anton Wilson
IST GOTT EINE DROGE
ODER HABEN WIR SIE
NUR FALSCH VERSTANDEN
Und weitere Spielereien
zwischen Gegenwart und Zukunft
220 Seiten, illustriert
broschiert, 28,–

Der vorliegende Text ist ein Sammelsurium aus bizarren Einfällen, anekdotischer Biographie, fiktiven oder realen Interviews, Anmerkungen zur Werkentstehung und Bedeutung der Illuminaten-Romane und allgemeinen Versuchen, die Natur des Universums zu klären.

Science Fiction Times

Robert Anton Wilson
COSMIC TRIGGER
Die letzten Grenzen der Illuminaten
Oder an den Grenzen
des erweiterten Bewusstseins
344 Seiten, illustriert
broschiert, 34.–

In einer galaktischen Mixtur von Joyce, Vonnegut, Castaneda und Burroughs umreisst Wilson die verblüffendsten Mythen und Legenden unseres Zeitalters und weist den Leser mit seinem einzigartigen Scharfblick und beissenden Humor auf die fantastischen Möglichkeiten hin.

SPHINX VERLAG BASEL